utb 5238

Eine Arbeitsgemeinschaft der Verlage

Brill | Schöningh – Fink · Paderborn
Brill | Vandenhoeck & Ruprecht · Göttingen – Böhlau · Wien · Köln
Verlag Barbara Budrich · Opladen · Toronto
facultas · Wien
Haupt Verlag · Bern
Verlag Julius Klinkhardt · Bad Heilbrunn
Mohr Siebeck · Tübingen
Narr Francke Attempto Verlag – expert verlag · Tübingen
Psychiatrie Verlag · Köln
Ernst Reinhardt Verlag · München
transcript Verlag · Bielefeld
Verlag Eugen Ulmer · Stuttgart
UVK Verlag · München
Waxmann · Münster · New York
wbv Publikation · Bielefeld
Wochenschau Verlag · Frankfurt am Main

Dr. Philipp Adorf ist wissenschaftlicher Mitarbeiter an der Rheinischen Friedrich-Wilhelms-Universität Bonn.

Philipp Adorf

Die Republikanische Partei in den USA

Geschichte, Parteistruktur, Radikalisierung

2., vollständig überarbeitete und aktualisierte Auflage

UVK Verlag · München

Umschlagabbildung: © Byrdyak · iStock
Autorenfoto: © privat

Bibliografische Information der Deutschen Nationalbibliothek
Die Deutsche Nationalbibliothek verzeichnet diese Publikation in der Deutschen Nationalbibliografie; detaillierte bibliografische Daten sind im Internet über http://dnb.dnb.de abrufbar.

2., vollständig überarbeitete und aktualisierte Auflage 2024
1. Auflage 2019

DOI: https://doi.org/10.36198/9783838560847

– Ein Unternehmen der Narr Francke Attempto Verlag GmbH + Co. KG
Dischingerweg 5 · D-72070 Tübingen

Internet: www.narr.de
eMail: info@narr.de

Einbandgestaltung: siegel konzeption | gestaltung
CPI books GmbH, Leck

utb-Nr. 5238
ISBN 978-3-8252-6084-2 (Print)
ISBN 978-3-8385-6084-7 (ePDF)
ISBN 978-3-8463-6084-2 (ePub)

Inhalt

1 Einleitung

Nach der erneuten Eroberung der republikanischen Präsidentschaftskandidatur im Frühjahr 2024 lässt sich konstatieren, dass Donald Trump seit nunmehr fast einem Jahrzehnt die Republikanische Partei dominiert. In vielerlei Hinsicht war Trumps Vorwahlsieg ein weiteres seiner zahlreichen Comebacks. Schon lange vor seiner politischen Karriere rühmte Trump sich damit, seine Unternehmen mehrfach aus dem Konkurs (insgesamt ein halbes Dutzend Mal) zur erneuten Profitabilität geführt zu haben. Im Januar 2021 schien nach der Stürmung des Kapitols durch seine Anhänger auch Trumps politische Karriere beendet zu sein. Doch drei Jahre später konnte kein einziger Widersacher in den republikanischen Vorwahlen Trump ernsthaft herausfordern. Im Gegensatz zur Wahl 2016 stellte sich ebenso die überwältigende Mehrheit der relevanten republikanischen Mandatsträger hinter ihn. Trumps Buch aus dem Jahr 1997 „The Art of the Comeback" verdient scheinbar ebenso wie das vorliegende Buch eine weitere, aktualisierte, Auflage.

Donald Trumps erste erfolgreiche Kandidatur und ihr schlussendlicher Erfolg im Jahr 2016 stellte Analysten, Wissenschaftler und das Führungspersonal der Republikanischen Partei vor ein Rätsel. Der politisch vollkommen unerfahrene Immobilienmogul konnte sich trotz einer Vielzahl von Skandalen in einem Feld voller republikanischer Politgrößen gegen den Willen der eigenen Parteielite durchsetzen und schlug mit Hillary Clinton eine Gegnerin, deren Sieg nur wenige Wochen vor der Wahl noch als sicher galt. Um dieses Rätsel zu begreifen, wurden darauffolgend Trump-Wähler wie Patienten einer unheilbaren Krankheit untersucht. Warum hatten sich beispielsweise gerade die weißen Amerikaner ohne Hochschulabschluss (die sogenannte *White Working Class*) mit einer überwältigenden Mehrheit für Trump entschieden? Wie schaffte es dieser Mann, trotz seiner Affären und im allgemeinen chauvinistischen Ansichten, eine klare Mehrheit der weißen Wählerinnen des Landes auf seine Seite zu bringen? In den Jahren danach ist die Unterstützung in traditionellen republikanischen Wählersegmenten nur noch weiter gestiegen, so dass Trump acht Jahre nach seinem ersten Erfolg mit einem erheblich größeren innerparteilichen Vorsprung eine dritte Kandidatur für das Präsidentschaftsamt erlangen konnte.

Auch wenn gerade als Folge der Trump'schen Rhetorik republikanische Politiker in regelmäßigen Abständen die Behauptung aufstellen, Trump verrate mit seiner ressentimentgeladenen Politik die Ideale der Partei Lincolns[1], ist es gerade die Wählerschaft des 45. Präsidenten, die einen Aufschluss über sein Erfolgsgeheimnis liefert. Vielleicht noch viel wichtiger im Kontext dieser Untersuchung legt sie Trumps ideologische Einbettung innerhalb der Republikanischen Partei des späten 20. und frühen 21. Jahrhunderts offen. Donald Trumps Kandidatur und sein innerparteilicher Erfolg auf der Basis seines nativistischen[2] Populismus wären ohne die jahrzehntelange Vorarbeit anderer republikanischer Politiker und Strategen nicht möglich gewesen. Gerade weil Donald Trump als explizit republikanisches Phänomen und nicht als Akteur, der in der Methodik der Geschäftswelt eine „feindliche Übernahme" der Partei umsetzte, verstanden werden muss, wird der Fokus des vorliegenden Buches auf den Aspekten liegen, die Trumps erfolgreiche republikanische Kandidatur ermöglichten, die seine Popularität in den eigenen Reihen erklären und die darüber hinaus die Zukunft der Republikanischen Partei bestimmen werden. Dies bedeutet eine klare Fokussierung auf den Themenkomplex *Race* in der amerikanischen Politik sowie eine Analyse der elektoralen Nachfrageseite, das heißt der republikanischen Wählerschaft, die sich dank der strategischen Ausrichtung der Partei seit den 1960er-Jahren herausgebildet hat.

Ein zentraler Schlüssel zu Trumps Erfolg lässt sich schlussendlich in seinen Appellen an die Ressentiments und Ängste der republikanischen Kernwählerschaft und der gemeinsamen populistischen Grundhaltung finden. Im letzten halben Jahrhundert hat sich die Republikanische Partei zu einem Experten in der Nutzung von „Identity Politics" in der Wählergewinnung entwickelt. Nicht zuletzt dank dieser republikanischen Strategie ist

---

1 Siehe beispielsweise den Gastkommentar des ehemaligen republikanischen Senators John C. Danforth in der Washington Post unter dem Titel „The Real Reason Trump is not a Republican" (24. August 2017). Hier argumentiert der Autor, Trump breche mit den Werten, auf denen die Republikanische Partei etabliert wurde. Wie im Folgenden aufgezeigt wird, stellen Trump und seine Politik die Konsequenz der Entwicklung der Republikanischen Partei seit den 1960er-Jahren dar.

2 Im politikwissenschaftlichen Kontext wird der Nativismus als eine Mischung von Nationalismus und Fremdenfeindlichkeit definiert. Entsprechend dieser Sichtweise sollen die eigene Nation und deren Kultur so weit wie möglich von fremden Elementen (Migranten aber auch „fremde" Ideen) geschützt werden, die als Gefahr für den bevorzugt homogenen Nationalstaat angesehen werden. Vgl. Mudde, Cas (2007): Populist Radical Right Parties in Europe, S. 18–19.

im heutigen politischen Umfeld die eigene Identität – im konkreten Falle die ethnische Zugehörigkeit – zu einer der zentralen gesellschaftlichen und politischen Konfliktlinien in den Vereinigten Staaten geworden. Politik wird hierbei innerhalb eines beträchtlichen Teils der republikanischen Stammwählerschaft immer stärker als Kampf der verschiedenen ethnischen Gruppen wahrgenommen, in dem der Anstieg an politischem Einfluss der Minderheiten (nicht zuletzt symbolisiert durch den Sieg Barack Obamas) unweigerlich auf Kosten der eigenen politischen Relevanz kommt. Es ist ein Narrativ, das von republikanischer Seite seit Jahrzehnten genährt wird – Donald Trumps Triumph stellt hierbei in gewisser Weise nur das jüngste Beispiel dieser bewährten Strategie dar.

Ziel des vorliegenden Buches ist es, den heutigen Zustand der Republikanischen Partei auf der Basis einer historischen Aufarbeitung näher zu erläutern und aufzuzeigen, welche Konsequenzen die ideologische Verfassung der Partei für die konservative Mehrheitsfindung in einem Land hat und haben wird – einem Land, dessen demographische Entwicklung die Republikaner vor immer größere Probleme stellt. Gegenüber einer Wählerschaft, die immer säkularer, gebildeter und weniger weiß geworden ist (und werden wird), präsentiert sich die Republikanische Partei kurz vor der Präsidentschaftswahl 2024 als eine Partei der weißen, (christlich)konservativen Wählerinnen und Wähler ohne Hochschulabschluss. Es ist gerade der Weg zu dieser Zusammensetzung, der im historischen Teil des vorliegenden Werkes erläutert wird. Verstanden werden können der heutige Zustand der Partei sowie das Phänomen Trump nur im Kontext des parteipolitischen Wandels einer Region des Landes: den Südstaaten. Die Transformation des Südens von der Bastion des demokratischen *Solid South* in die Herzkammer der Republikanischen Partei hat Veränderungen innerhalb des Parteiensystem der Vereinigten Staaten bewirkt wie keine andere jüngere Entwicklung und die Republikaner zur Partei Trumps verwandelt.

Dementsprechend fängt die historische Analyse der Republikanischen Partei der Neuzeit mit der diesbezüglichen Stunde Null an: Der Präsidentschaftswahl von 1964. In ihr trat der republikanische Kandidat Barry Goldwater auf einer programmatischen Plattform an, deren Absicht darin bestand, die weißen Wähler des Südens zu erobern. Bis zu diesem Jahrzehnt fest in demokratischer Hand (da im Süden die Demokratische Partei die Partei der Befürworter der Rassentrennung war), sahen republikanische Politiker und Strategen die Region der ehemaligen *Confederacy* als Fundament zukünftiger konservativer Mehrheiten. Auch wenn Goldwater 1964 eine klare Niederlage hinnehmen musste, bewies die *Southern Strategy* der Partei ihr Potenzial, denn ihr Kandidat gewann im Süden Einzelstaaten, die seit fast einem Jahrhundert fest in demokratischer Hand gewesen waren. In den darauffolgenden Jahrzehnten wurde diese Strategie der Eroberung des Südens insbesondere von Richard Nixon und Ronald Reagan ausgebaut und perfektioniert. Die heutige Republikanische Partei ist ein Ergebnis dieses Masterplans. Sie hat die Republikaner des 21. Jahrhunderts zu einem ideologisch gefestigten Konstrukt weißer Wähler gemacht, die ihrerseits die Werte des „weißen Südens" in vieler Hinsicht widerspiegeln. Migration und den wachsenden Bevölkerungsanteil der Minderheiten betrachtet der durchschnittliche Republikaner heute mit Sorge und Argwohn.

Die Kapitel bezüglich der heutigen Zusammensetzung der Republikanischen Partei zeigen im Detail auf, wie sehr diese Partei auch auf der Nachfrageseite ein Produkt der Entscheidungen der frühen 1960er-Jahre ist. Die Republikanische Partei des 21. Jahrhunderts ist die Partei der amerikanischen Südstaaten und damit auch der weißen evangelikalen Christen. Sie stellen einen überproportional hohen Teil der Parteianhänger und dominieren mit ihren konservativen Standpunkten weiterhin die Agenda der Partei in gesellschaftspolitischen Fragen. Die *Tea Party* besitzt ebenso Wurzeln, die über ein halbes Jahrhundert zurückreichen. Die Opposition der Bewegung gegen Barack Obama basierte oft mehr auf der Hautfarbe des Präsidenten, denn seinen konkreten politischen Vorstößen.

Viele Schlussfolgerungen bezüglich des Elektorats der *Tea Party* treffen auch auf die Wählerschaft Donald Trumps zu. Dessen Fokussierung auf die Statusängste bestimmter Segmente der weißen Wählerschaft des Landes evoziert Erinnerungen an die Kampagnen von Goldwater, Nixon und Reagan in vorherigen Jahrzehnten. Trumps nativistischer Populismus konnte innerhalb der Partei nur erfolgreich sein, da die Vorarbeit dieser Akteure eine Kernwählerschaft mit rassistischen und xenophoben Ressentiments im republikanischen Lager geschaffen hat, die heute eine beträchtliche Größe besitzt und auch in zukünftigen Jahren Vorwahlen entscheiden könnte.

Diese Strategie steht jedoch mit jeder Wahl vor einer größeren Herausforderung. Zusammengefasst gesagt gehen der Republikanischen Partei die Wähler aus. Denn so gut wie jeder demographische Trend des Landes spricht für ihren demokratischen Gegner. Das → Kapitel 4 wird diese Entwicklungen und das Ausmaß der Kluft zwischen den Republikanern und den wachsenden Wählergruppen aufzeigen. Es ist eine Kluft, deren Größe die Frage aufwirft, ob die Republikaner sie jemals überwinden können –

und damit auch die Zukunft der Partei infrage stellt. Nicht zuletzt da die republikanische Stammwählerschaft mit einer Wagenburgmentalität auf den demographischen Wandel reagiert. Sie interpretiert diesen als Gefahr für den eigenen gesellschaftlichen Status und die Werte des Landes und reagiert teilweise gewaltsam auf den wahrgenommenen gesellschaftlichen Statusverlust, wie man am prägnantesten an den Ereignissen des 6. Januars 2021 erkennen konnte.

Für die amerikanische Demokratie birgt diese Sichtweise auch Gefahren, da fragwürdige republikanische Maßnahmen des Machterhalts (wie die Durchsetzung von Restriktionen bezüglich der Nutzung des Wahlrechts) in den eigenen Reihen wachsende Unterstützung finden. Auch mit Blick auf die allgemeine Akzeptanz demokratischer Normen und Konventionen hat sich die Republikanische Partei weit von den Positionen einer konventionellen Mitte-Rechts-Partei entfernt. Die Stürmung des Kapitols durch radikale Anhänger Trumps mit dem Ziel der Annullierung des Präsidentschaftswahlergebnisses 2020 ist dabei nur das plakativste Beispiel eines politischen Akteurs, der für den eigenen Machterhalt den demokratischen Willen der Mehrheit übergeht. Der Werdegang der Republikaner liefert somit auch Einblicke in die allgemeinen Herausforderungen, mit denen sich die amerikanische Demokratie im 21. Jahrhundert konfrontiert sieht.

2 Die Eroberung des Südens

Es waren gerade drei Politiker, die mit verschiedenen Strategien die heutige Republikanische Partei prägen sollten. Barry Goldwater, Richard Nixon und Ronald Reagan weisen grundsätzlich unterschiedliche politische Werdegänge und Erfolge auf. Goldwater konnte in der Präsidentschaftswahl 1964 nicht mehr als eine Handvoll von Einzelstaaten gewinnen, während Nixon das Weiße Haus als politischer Aussätziger verließ und Reagan zu einer Ikone des amerikanischen Konservatismus wurde. Doch die politischen Entscheidungen des Trios haben die Republikanische Partei in einem Ausmaß verändert, das sich gerade auch in der Trump-Ära erkennen lässt. Es ist die Geschichte einer Partei, die nach einem Jahrhundert der politischen Pleiten im amerikanischen Süden während der zweiten Hälfte des 20. Jahrhunderts zur dominanten Kraft in der Region wurde. Es ist somit auch die Geschichte einer politischen Transformation, die in einem nicht unbeträchtlichen Maße auf rassistischen Ressentiments beruht, die heute wieder verstärkt einen beachtenswerten Einfluss auf den politischen Diskurs des Landes ausüben.

2.1 Die Republikaner und der Süden – ein Jahrhundert gegenseitiger Animosität

Die amerikanische Politik von heute lässt sich auf Entscheidungen führender Politiker in den 1960er-Jahren zurückführen. Vergleicht man die heutzutage ideologisch klar definierte Demokratische und Republikanische Partei mit ihren Pendants vor einem halben Jahrhundert, erscheint es fast unfassbar, dass sich aus diesen Gruppierungen innerhalb von einigen wenigen Jahrzehnten gänzlich andere politische Gebilde entwickeln sollten. Ist der amerikanische Nordosten heute eine Bastion der Demokratischen Partei, so war er in den ersten beiden Jahrzehnten nach dem Zweiten Weltkrieg noch eine Region, in der republikanische Kandidaten eine Mehrheit der Abgeordneten stellten. Das Etikett einer „Partei" mögen die Demokraten in dieser Ära des „Fünften Parteiensystems" der Vereinigten Staaten (zwischen den 30er- und 60er/70er-Jahren des 20. Jahrhunderts) aufgrund ihrer fundamentalen internen Differenzen vielleicht gar nicht verdient haben. Sie setzte sich zusammen aus liberal-progressiven Akteuren aus dem Norden des Landes sowie erzkonservativen Südstaatlern, die ihrerseits alles daransetzten, die Unterdrückung ihrer schwarzen Mitbürger auch ein Jahrhundert nach dem Ende des amerikanischen Bürgerkrieges fortzuführen. Mit dem Aufkommen der Bürgerrechtsbewegung der frühen 1960er-Jahre stießen die Demokraten auf eine Weggabelung, die unweigerlich zu einem Bruch der Partei und somit einer fundamentalen Neuausrichtung des amerikanischen Parteiensystems führen musste.

Im Zentrum dieser Neuausrichtung sollten die Südstaaten sowie die Frage der Rassenbeziehungen stehen. Der amerikanische Süden, der Themenkomplex *Race* und die Entwicklung der Republikanischen Partei sind seit jeher untrennbar miteinander verbunden. Es war der Kampf gegen die weitere Ausbreitung der Sklaverei, der 1854 zur Gründung der Republikanischen Partei führte und diese somit unverzüglich zum Erzfeind des politischen Establishments des Südens machte. Anlass zur Parteigründung bot die Verabschiedung des *Kansas-Nebraska Act* im selben Jahr, der den drei Jahrzehnte alten *Missouri Compromise* verwarf. Letzterer hatte 1820 die Sklaverei nördlich des Breitengrades 36°30‘ in neuen Staaten westlich des Mississippi (bis auf Missouri) für illegal erklärt. 1854 schlug nunmehr der demokratische Senator Stephen A. Douglas vor, dass die Siedler in den neuen Territorien im Westen selbst über die Frage der Legalität der Sklaverei in den Gebieten entscheiden sollten. Mit der Verabschiedung des Gesetzes im Mai 1854 geriet das delikate Gleichgewicht zwischen Pro- und Anti-Sklaverei-Staaten somit endgültig ins Wanken. Für Gegner des *Kansas-Nebraska Act* symbolisierte dieser in vielerlei Hinsicht einen Verrat an den amerikanischen Idealen, nicht nur aufgrund des potenziellen Ausbaus der Sklaverei und der damit fortwährenden Unterdrückung von, zum damaligen Zeitpunkt, über drei Millionen Menschen.[3] Die geplante Reform schien zudem aufzuzeigen, dass die mächtigen Sklavenbesitzer (für die das Label der „Oligarchen“ passend erscheint) im Kongress politischen Einfluss erkauft hatten. Dieser Einfluss, so die Befürchtung, würde in den darauffolgenden Jahren nur noch weiter ansteigen. In den landwirtschaftlich vielversprechenden Regionen des Westens würden die Sklaverei-Magnaten zweifelsfrei ihre ökonomische Dominanz erweitern und damit ihren politischen Einfluss ebenso.[4]

---

3 Vgl. Gould, Lewis (2003): Grand Old Party: A History of the Republicans, S. 7.

4 Vgl. Richardson, Heather Cox (2014): To Make Men Free: A History of the Republican Party, S. 6–7.

Am Tag nach der Verabschiedung des *Kansas-Nebraska Act* sollten in der amerikanischen Hauptstadt ungefähr 30 Abgeordnete zusammenkommen, die sich als Ziel vornahmen, eine weitere Verbreitung der Sklaverei in den Westen mit allen erdenklichen Mitteln zu verhindern. Israel Washburn, Mitglied der konservativen und marktliberalen *Whig*-Partei und Repräsentant aus Maine, war nicht nur der Initiator dieses Treffens, sondern schlug auch einen Namen für die neugeborene Partei vor: Republikaner. Damit griff Washburn die Idee anderer unzufriedener Aktivisten auf. Bereits anderthalb Monate zuvor waren ehemalige politische Unterstützer der demokratischen und *Whig*-Parteien in Ripon, Wisconsin, mit dem Ziel zusammen gekommen, eine neue Partei des Republikanismus zu gründen.[5] Der Name *Republicans* sollte die Ideale der amerikanischen Revolution in Erinnerung rufen – schließlich war es Thomas Jefferson, Autor der Unabhängigkeitserklärung und ihres „*All men are created equal*"-Grundsatzes, der seiner eigenen politischen Bewegung denselben Namen gegeben hatte.[6]

Die parteipolitischen Verhältnisse sowie darauffolgende regionale Spaltungen, die durch die Neugründung der Republikanischen Partei geschaffen wurden, sollten ein beachtliches Maß an Resilienz und Stabilität vorweisen. Die elf Einzelstaaten der *Confederacy*,[7] die zwischen 1861 und 1865 für die Aufrechterhaltung der Sklaverei zu den Waffen griffen, blieben auch nach dem Ende der politischen Aufarbeitung des amerikanischen Bürgerkrieges für fast ein Jahrhundert weiterhin fest in demokratischer Hand. Betrachtet man die heutige Zusammensetzung der Demokratischen Partei, erscheinen diese regionalen Mehrheitsverhältnisse schier unglaublich. Doch der Blick auf die Entwicklungen der Ära des amerikanischen Bürgerkrieges liefert Aufschluss über den ideologischen Aufbau des damaligen Parteiensystems. In den Kämpfen zwischen den *Abolitionists* und den Befürwortern des unmenschlichen Systems der Sklaverei, befanden sich auf ersterer Seite vornehmlich die neu gegründeten Republikaner, auf letzterer hauptsächlich Demokraten. Versinnbildlicht wurde dieser Streit durch einen Vorfall im Mai 1856. Im Kongress hatte der republikanische Senator aus Massachusetts, Charles Sumner, eine Brandrede gegen die Institution der Sklaverei im Allgemeinen und den *Kansas-Nebraska Act* im Speziellen gehalten. Sumner

5 Vgl. Gienapp, William E. (1987): The Origins of the Republican Party, 1852–1856, S. 89; Gould (2003), S. 14.

6 Vgl. Richardson (2014), S. 8.

7 Alabama, Arkansas, Florida, Georgia, Louisiana, Mississippi, North und South Carolina, Tennessee, Texas, und Virginia.

beschrieb den Akt als „crime“ sowie – in Bezug auf die neuen Territorien des Landes und der dortigen potenziellen Durchsetzung der Sklaverei – als „rape of a virgin territory, compelling it to the hateful embrace of slavery“.[8] Ziel weiterer Attacken war unter anderem Andrew Butler, demokratischer Senator aus South Carolina und damit ein glühender Verfechter der Sklaverei. Unter Nutzung sexueller Allegorien beschrieb Sumner die „Beziehung“ Butlers (sowie im generellen Sinne aller Befürworter der Unterjochung der schwarzen Minderheit) zur Institution der Sklaverei. Die Sklaverei, so Sumner, sei Butlers „mistress“, eine Hure („harlot“), die gut zu ihm, aber schlecht zu allen anderen sei.[9] Im Repräsentantenhaus befand sich mit Preston Brooks (ebenfalls aus South Carolina) ein Cousin Butlers, der diesen Angriff gegen einen Verwandten sowie im weiteren Sinne gegen die Werte des Südens nicht ungesühnt lassen wollte. Zwei Tage nach der Rede Sumners begab sich Brooks in den Senatssaal. Bewaffnet mit einem Stock, an dessen Ende sich ein metallener Knauf befand, schlug der Repräsentant mehrfach auf Sumner ein und brachte den Senator an den Rand des Todes.[10]

Der Konflikt zwischen Norden und Süden sollte ein halbes Jahrzehnt danach im amerikanischen Bürgerkrieg gipfeln – anstatt zweier Mitglieder des Kongresses standen sich nunmehr ganze Heere gegenüber. An der Spitze des „Nordens“ stand mit Abraham Lincoln ein republikanischer Präsident. Dieser mag zwar aus heutiger Sicht auch nicht unbedingt progressive Standpunkte bei der Frage der Rassengleichheit vertreten haben,[11] doch war die Beendigung der Sklaverei ein von Lincoln verfügtes Kriegsziel. Auf den Sieg über den Süden folgte die grundlegende Frage, wie mit den ehemaligen Rebellen umgegangen werden sollte. Konnte der weißen Wählerschaft und den Politikern einer Region, die nur wenige Jahre zuvor den Verbund der Vereinigten Staaten zerschlagen hatte, wirklich die politische Selbstbestim-

---

8 Zitiert in: Sumner, Charles (1856): Speech of Hon. Charles Sumner in the Senate of the United States, 19th and 20th May, 1856, S. 5

9 Vgl. ebd., S. 9.

10 Vgl. Sinha, Manisha (2003): The Caning of Charles Sumner: Slavery, Race, and Ideology in the age of the Civil War. In: Journal of the Early Republic 23 (2), S. 233–262.

11 Ein friedliches Zusammenleben zwischen Weißen und befreiten Schwarzen sah Lincoln beispielsweise als höchst unwahrscheinlich an. Dementsprechend präferierte Lincoln bis weit in seine erste Amtszeit hinein die Umsiedlung von ehemaligen Sklaven nach Afrika oder in die Karibik. Vgl. Fredrickson, George M. (1975): A Man but not a Brother: Abraham Lincoln and Racial Equality. In: The Journal of Southern History 41 (1), S. 39–58.

mung wieder anvertraut werden – insbesondere bei der Durchsetzung der nunmehr zumindest justiziell festgeschriebenen Gleichheit der Rassen?

Beträchtliche Teile der damaligen Republikanischen Partei verneinten diese Frage. Problematisch für die Umsetzung der republikanischen Agenda in der *Reconstruction*-Ära nach dem Bürgerkrieg sollte zweifelsfrei die Person im Weißen Haus sein. Nach dem Mord Abraham Lincolns übernahm im April 1865 Andrew Johnson das Präsidentschaftsamt. Auch wenn dieser ein halbes Jahr zuvor zusammen mit Lincoln in den Wahlkampf gezogen war, ließ sich Johnsons demokratische Herkunft aus den Südstaaten (Tennessee) nicht verbergen. Johnson hatte sich seinerzeit als einziger der 22 Südstaatensenatoren gegen die Abspaltung seiner Heimat ausgesprochen, jedoch keinesfalls aufgrund einer vehementen Opposition gegen die Sklaverei. Diese, so bekundete er nach dem Krieg, hätte innerhalb der Vereinigten Staaten besser verteidigt werden können als unter dem Banner der Separatisten der *Confederacy*, deren Niederlage somit auch das Ende der Sklaverei mit sich brachte. [12] Im Interesse der nationalen Einheit und mit dem Ziel, die Partei über ihre klassische Wählerschaft hinaus auszubauen war Johnson jedoch von den Delegierten des republikanischen Parteitages im Sommer 1864 als Lincolns elektoraler Partner einer *National Union*-Kandidatur ausgesucht worden. Inwieweit Johnson die generelle Agenda der Partei, die ein Jahrzehnt zuvor mit dem Ziel der Abschaffung der Sklaverei gegründet worden war, unterstützte, spielte für die Entscheidungsträger eine untergeordnete Rolle – schließlich erwartete niemand, dass Johnson jemals an den Schalthebeln der Macht sitzen würde.[13]

Das Schicksal wollte es jedoch anders und nunmehr saß ein Präsident im Weißen Haus, der zum Thema Rassengleichheit einen klaren Standpunkt vertrat: „Everyone would and must admit that the white race is superior to the black.“[14] Diese Einstellung prägte dementsprechend auch die Standpunkte des Präsidenten bezüglich der Ausgestaltung der *Reconstruction*-Politik. Diese konnte er insbesondere in seinem ersten Amtsjahr relativ frei realisieren, da der Kongress mit seinen republikanischen Mehrheiten für neun Monate zwischen März und Dezember 1865 nicht zusammenkommen sollte. Statt eine *Special Session* einzuberufen, sah sich der Präsident befugt, die

---

12 Vgl. Wineapple, Brenda (2019): The Impeachers: The Trial of Andrew Johnson and the Dream of a Just Nation, S. 65–66.

13 Vgl. Gould (2003), S. 39–40.

14 Zitiert in: Szalai, Jennifer (2019): Impeachment, the First Time Around. In: New York Times, 15. Mai.

monumentale Aufgabe der Reintegration des Südens selbst anzugehen – mit einer Positionierung, die Johnsons Standpunkte und seine geographische Zugehörigkeit immer wieder offenbarte. Die Übertragung des Wahlrechts auf die befreiten Sklaven betrachtete Johnson als Angelegenheit für die Einzelstaaten – und damit Akteuren, die kurz zuvor noch für die Aufrechterhaltung der Sklaverei gekämpft hatten.[15] Eine fast dreistellige Zahl von Persönlichkeiten der *Confederacy* wurde von Johnson in der Anfangsphase seiner Präsidentschaft täglich begnadigt[16] und bereits im Dezember 1865 erklärte der Präsident, dass die erneute Zusammenführung des Landes bis auf die Besetzung der Südstaaten-Sitze im Kongress abgeschlossen sei.[17] Die neu formierten Parlamente der Südstaaten zeigten ihrerseits keinerlei Anzeichen, dass sich an ihrer grundsätzlichen Haltung gegenüber der schwarzen Minderheit etwas geändert hätte. Vielmehr verabschiedeten sie eine Reihe von sogenannten *Black Codes*, deren Umsetzung oftmals eine neue Form der Sklaverei darstellten. So existierten in der gesamten Region Gesetze gegen „Vagabundieren" (*Vagrancy Laws*), die lokalen Ordnungshütern ein großes Maß an Freiheit bezüglich der Festnahme von Afroamerikanern gab. Waren diese etwa nicht imstande, Geldstrafen zu bezahlen, konnten Dritte beispielsweise in Mississippi die Bezahlung dieser Strafe übernehmen – im Gegenzug erhielten sie den „Straftäter" als Arbeitskraft.[18]

Die Reaktion der Republikanischen Partei auf Johnsons Agenda war wenig verwunderlich und alles andere als enthusiastisch. Als die republikanische Mehrheit im Kongress im Dezember 1865 von ihrer Pause zurückkehrte, entschied sie sich, die Sitze des Südens in den beiden Kammern erst einmal unbesetzt gelassen. Mit Nachdruck sollte nunmehr ein weiterer Rückfall des Südens in alte Verhaltensmuster verhindert werden. In Präsident Johnson hatte der republikanische Kongress jedoch einen Gegner, der in fast jeder politischen Frage alles Erdenkliche tat, um den *Antebellum*-Süden in seinen gesellschaftlichen Formen ausgenommen einer erneuten Einführung der Sklaverei wiederherzustellen. Im Frühjahr 1866 verabschiedete der republikanische Kongress ein Gesetz, das den Status der befreiten Sklaven als amerikanische Bürger mit all den damit verbundenen Rechten garantierte (ohne den betroffenen Personen jedoch das Wahlrecht

15 Vgl. Gould (2003), S. 45.
16 Vgl. Szalai (2019).
17 Vgl. Richardson (2014), S. 59.
18 Vgl. Mississippi Black Codes (1865), Abschitt 4 (Penal Laws).

explizit zuzusichern). Hier machte der Präsident, mit dem Argument, das Gesetz zentralisiere ein zu beträchtliches Ausmaß an Macht innerhalb des föderalen Regierungsapparats, jedoch umgehend von seinem Vetorecht Gebrauch[19] – eine Argumentation für die Stärkung der einzelstaatlichen Rechte, die, wie später aufgezeigt wird, auch ein Jahrhundert danach immer wieder Verwendung fand, wenn es darum ging, die institutionelle und rechtliche Gleichstellung von schwarzen Amerikanern zu verhindern.

Auch wenn die republikanische Mehrheit im Kongress den Präsidenten überstimmen konnte (und dies insgesamt in 15 Fällen tat, bis heute ein Rekordwert)[20], zeigte das Verhalten Johnsons und die fehlende Buße im Süden den Republikanern auf, dass weitreichendere Maßnahmen notwendig waren, um die Ziele Lincolns durchzusetzen. Über 350.000 Soldaten des Nordens sollten nicht für ein Land gestorben sein, das eine Fortführung der Leibeigenschaft schwarzer Bürger unter einem anderen Namen billigte. Die Vorgaben für die Wiederaufnahme der Südstaaten in den amerikanischen Bundesstaat waren dementsprechend strikt. Die von südstaatlicher Seite immer stärker als diktatorische Vorgehensweise betrachtete Auferlegung von Bedingungen sollte dem Ansehen der Republikanischen Partei in der Region nur noch weiteren Schaden zufügen und sie für fast ein Jahrhundert in weiten Teilen der Region zu einem politischen Paria machen. Durch die *Military Reconstruction Acts* von 1867/68 in fünf Militärbezirke unterteilt, mussten sich die ehemaligen Mitgliedsstaaten der *Confederacy* neue Verfassungen geben, den 14. Zusatzartikel zur US-Verfassung, der in den Vereinigten Staaten geborenen Personen die Staatsbürgerschaft überträgt (und somit sicherstellte, dass ehemalige Sklaven zu amerikanischen Staatsbürgern wurden) anerkennen und garantieren, dass auch die männliche schwarze Bevölkerung das Wahlrecht erhalten würde.[21] Maßnahmen wie diese schafften in den Jahren nach dem Bürgerkrieg eine durchaus beträchtliche Verbundenheit zwischen großen Teilen der schwarzen Wählerschaft und der Republikanischen Partei. So gab es für Frederick Douglass, den vielleicht bekanntesten afroamerikanischen Abolitionisten, keine Frage,

19 Vgl. Gould (2003), S. 48.

20 Vgl. Priess, David (2018): How a Difficult, Racist, Stubborn President was Removed From Power – If not From Office. In: Politico Magazine, 13. November.

21 Vgl. Gould (2003), S. 50-51.

welcher politische Akteur für die schwarze Minderheit im Land die einzige Option sei: „The Republican Party is the ship and all else the sea."[22]

Die Dispute zwischen den Republikanern der Legislative und dem demokratischen Präsidenten mit rassistischen Ansichten gipfelten 1868 im ersten *Impeachment* eines amerikanischen Staatsoberhauptes. Johnson hatte mit seinem Versuch, Kriegsminister Edwin Stanton aus seinem Amt zu entlassen gegen den erst im März 1867 verabschiedeten *Tenure of Office Act* verstoßen. Dieser sah vor, dass der Präsident Mitglieder des Kabinetts, die vorher mit Zustimmung des Senats berufen wurden nur mit der Billigung des Senats wieder entfernen könne. Stanton, ein überzeugter Befürworter der strikten *Reconstruction* des Südens, der dank seiner Position an der Spitze der Armee wie nur wenige andere Politiker die diesbezüglichen Vorgaben durchsetzen konnte, missachtete hingegen Johnsons Leitlinien bei der Reintegration der Region geflissentlich. Dementsprechend war Stanton dem Präsidenten ein Dorn im Auge. Johnsons Versuch, den Kriegsminister trotz der durch den *Tenure of Office Act* dargestellten Warnung des Kongresses zu entlassen, wurde vom republikanischen Repräsentantenhaus dankbar angenommen. Johnsons Amtsenthebung mit der notwendigen Zweidrittelmehrheit im Senat scheiterte schlussendlich jedoch an einer Stimme.[23] Außerstande, die Kandidatur seiner eigenen Partei für die Präsidentschaftswahl 1868 einzuholen, verließ Johnson im März 1869 das Weiße Haus.

Sein Nachfolger, der Republikaner und dekorierte Nordstaatengeneral Ulysses S. Grant, begann seine Amtszeit mit der Absicht, die Fehler seines Vorgängers in Fragen der *Reconstruction* auszumerzen. Jedoch befand sich seine Partei in einer politischen Zwickmühle. Eines der grundlegenden Ziele der *Reconstruction* – die vollständige Ermächtigung und Gleichberechtigung schwarzer Amerikaner – stieß nicht nur im Süden auf Opposition. Auch im Norden konnten Demokraten mit ihrer fortwährenden Botschaft der Rassenungleichheit punkten und vermehrt lokale Wahlen gewinnen. Dazu gesellte sich die Herausforderung, bei der Reintegration des Südens handfeste Fortschritte vorweisen zu können. Eine republikanische Vorgehensweise, die auf unbestimmte Zeit den Süden wie eine Kolonie behandelte, erschien politisch ebenso nur wenig zweckdienlich. Fast ein halbes Jahrzehnt nach

22 Zitiert in: Pitre, Merline (1979): Frederick Douglass: The Politician vs. the Social Reformer. In: Phylon 40 (3), S. 277.

23 Vgl. Sefton, James E. (1968): The Impeachment of Andrew Johnson: A Century of Writing. In: Civil War History 14 (2), S. 120-147.

dem Ende der Kriegshandlungen stellt sich die Frage, inwieweit eine Südstaaten-Politik fortgeführt werden könne, die weiterhin in vielen Fällen von der Unterstützung durch Armeetruppen abhing.[24] Nachdem der Kongress im Sommer vor der Präsidentschaftswahl 1868 sieben der elf Einzelstaaten der *Confederacy* den Wiedereintritt in den Bund der Vereinigten Staaten erlaubt hatte, lautete für den neuen Präsidenten die Vorgabe, die Ära der *Reconstruction* zu einem Ende zu bringen.

Diese Herausforderung erschien jedoch mit jedem Jahr schwieriger. Mit dem Ku-Klux-Klan hatte sich in weiten Teilen des Südens eine Art paramilitärische Gruppierung etabliert, deren Ziel es war, die Umsetzung der Vorgaben des republikanischen Kongresses im Keim zu ersticken. Ihren Höhepunkt erreichte dieser Aufstand zu Beginn der Grant-Präsidentschaft in Teilen von South Carolina mit einer Kampagne des Terrors gegen Afroamerikaner und ihre politischen Verbündeten. Im Gegensatz zu seinem Vorgänger war Grant nicht willens, die Wiederauferstehung der alten Traditionen des Südens widerstandslos hinzunehmen. In einer Botschaft an den Kongress im Dezember 1870 fasste der Präsident den bemitleidenswerten Zustand der Demokratisierung im Süden zusammen. „Die freie Ausübung des Wahlrechts", so Grant, bliebe „durch Gewalt und Einschüchterung"[25] vielen Bürgern der Region weiterhin verwehrt. Föderale Maßnahmen – basierend auf dem *Ku Klux Klan Act (*auch bekannt als *Third Enforcement Act)* aus dem Jahre 1871 – lieferten für Amos T. Akerman, Grants *Attorney General* an der Spitze des neu gegründeten Justizministeriums, schließlich die Grundlage, den Klan zu bekämpfen. Sie gaben dem Ministerium die juristischen Werkzeuge, gegen Personen vorzugehen, die die Bürgerrechte anderer beschnitten und gab der Bundesregierung größere Freiheiten bezüglich der Nutzung des Militärs zur Durchsetzung eben dieser Rechte.[26] Wie die *Radical Republicans* des Kongresses, erkannte Akerman, dass freundliche Worte und Überzeugungsarbeit bei beträchtlichen Teilen der weißen Südstaatler ein sinnloses Unterfangen darstellten. Ein neuer Süden konnte nur geschaffen werden, in dem der föderale Regierungsapparat mit all seiner Macht die durch die Verfassung garantierten Rechte aller Bürger

---

24 Vgl. Richardson (2014), S. 79–81, Gould (2003), S. 55, 60–61.

25 Zitiert in: Newton, Michael (2014): White Robes and Burning Crosses: A History of the Ku Klux Klan from 1866, S. 18.

26 Vgl. Horwitz, Joshua/Casey Anderson (2009): Guns, Democracy, and the Insurrectionist Idea. Ann Arbor, S. 129.

durchsetzte.[27] Dank des effizienten juristischen Feldzuges gegen den Klan sollten dessen Aktivitäten dann auch wieder eingestellt werden – ein halbes Jahrzehnt nach seiner Gründung war der KKK als Organisation 1871 (erst einmal) wieder verschwunden.

Der Kampf gegen den Ku-Klux-Klan und seine kriminellen Handlungen sollte schlussendlich jedoch die letzte große Maßnahme der Republikaner im *Reconstruction*-Kampf der Gleichberechtigung aller Amerikaner darstellen. Mit jedem Jahr, den der Bürgerkrieg in die Ferne rückte, nahm auch der republikanische Elan zur Sicherung schwarzer Rechte im Süden graduell ab. Andere Aspekte, wie die Entwicklung der Wirtschaft waren nunmehr für die Wähler im Land erheblich relevanter als die Frage, ob Personen, die weiterhin vielfach als inferior betrachtet wurden, ihre verfassungsrechtlich zugestandenen Rechte erhalten würden. Ein wirtschaftlicher Abschwung, der 1873 begann und bis zum Ende der Präsidentschaft Grants andauern sollte, brachte auch die finanziellen Kosten der *Reconstruction* auf den Prüfstand. Die passivere (und kostengünstigere) Positionierung der Regierung im Süden bezüglich der Umsetzung föderaler Vorgaben erschien Grant folglich politisch dienlich.[28] Demokratische Erfolge an den Wahlurnen schienen der Republikanischen Partei und ihren Unterstützern ebenso aufzuzeigen, dass die Zeit gekommen war, sich anderen Themen als dem Süden zuzuwenden. In Präsident Grants zweiten *Midterm*-Wahlen (1874/75) halbierte sich die Zahl der republikanischen Sitze im Repräsentantenhaus nahezu von 203 auf 107, der schlechteste Wert seit dem Ende des Bürgerkrieges. Die den Republikanern nahestehende Bostoner Zeitung *Commonwealth* hatte bereits mehrere Jahre zuvor konstatiert: „A party cannot be maintained on past traditions. It must move on to new conquests."[29]

Mit dem „Kompromiss von 1877" sollte die Ära der *Reconstruction* dann auch ihr offizielles Ende finden. Seit dem Ende des Bürgerkrieges hatte die Armee eine zentrale Rolle in der Implementation der republikanischen Agenda in den Südstaaten gespielt. Als Teil der Demokratisierung durch das Bajonett lag die Registrierung der dortigen Wähler beispielsweise in der Obhut der Streitkräfte während die für Republikaner positiven Wahlergebnisse trotz demokratischer Versuche der Einschüchterung schwarzer

---

27 Vgl. Kaczorowski, Robert J. (1995): Federal Enforcement of Civil Rights During the First Reconstruction. In: Fordham Urban Law Journal 23 (1), S. 159–160.

28 Vgl. Kaczorowski (1995), S. 183.

29 Zitiert in: Gould (2003), S. 64.

Wähler ebenso dank der Präsenz des Militärs umgesetzt werden konnten.[30] Die Frage, inwiefern und wie lange der Süden als eine zumindest partielle Militärkolonie des Nordens behandelt werden sollte, erhielt nach der Präsidentschaftswahl 1876 ein neues Maß an Aufmerksamkeit. In dieser hatte der demokratische Kandidat Samuel J. Tilden zwar die *Popular Vote* gewonnen, doch fehlte ihm eine einzige Elektorenstimme zur Mehrheit von 185. Mit insgesamt 20 ausstehenden Stimmen im *Electoral College* in den Einzelstaaten Oregon, sowie drei Südstaaten mit republikanischen Regierungen, deren Ergebnisse mehr Fragen als Antworten aufwarfen, war es Aufgabe einer Kongress-Kommission herauszufinden, wem diese Stimmen zuzusprechen seien. Vier Monate nach der Wahl entschieden die acht republikanischen Mitglieder der Kommission gegen die sieben Stimmen der Demokraten, dass der republikanische Kandidat Rutherford B. Hayes die 20 Elektorenstimmen und damit ebenso das Amt des Präsidenten erhalten solle.[31] Jedoch musste diese Entscheidung die Zustimmung des Kongresses selbst erhalten.

Im Repräsentantenhaus drohten die dortigen Demokraten mit einem *Filibuster*, der die rechtzeitige Vereidigung des Präsidenten infrage stellte. Als Lösung eröffnete sich der bereits erwähnte Kompromiss von 1877. Nach über einem Jahrzehnt von *Reconstruction*-Maßnahmen war der republikanische Eifer bezüglich der permanenten Demokratisierung des Südens endgültig am Ende. Die Einwilligung der Demokraten zur Präsidentschaft Hayes' wurde mit dessen Versprechen, die politische Involvierung der Armee im Süden einzustellen, eingeholt.[32] Ohne die Armee als Garant der Umsetzung föderaler Vorgaben, übernahmen die Demokraten in den drei verbleibenden von Republikanern geführten Einzelstaaten des Südens (Florida, Louisiana und South Carolina) die politische Gewalt. Das Experiment der radikalen Transformation des Südens war zu einem enttäuschenden Ende gekommen. Nunmehr sollte sich endgültig die *Antebellum*-Politik der Zweiklassengesellschaft des Südens auch nach dem Krieg mehr und mehr in der Region durchsetzen. Mit der demokratischen Rückeroberung der Macht in den Landeskammern, entsandten diese auch wieder Demokraten in den Senat in Washington, D.C. Die Folge war, dass die Demokratische Partei 1878 die

---

30 Vgl. Richardson (2014), S. 67.
31 Vgl. ebd., S. 113–114.
32 Vgl. Gould (2003), S. 76–77.

Mehrheit im Senat erreichte und somit zum ersten Mal seit dem Bürgerkrieg die Kontrolle über beide Kammern des Kongresses zurückerlangen konnte.[33]

Das Parteiensystem der Südstaaten verfiel nach dem Ende der *Reconstruction* und der Machtübernahme der dortigen Demokraten in einen Dornröschenschlaf – es sollte fast ein Jahrhundert dauern, bis der Bürgerrechtskampf nach dem Zweiten Weltkrieg und eine erneute föderale Intervention (dieses Mal unter Führung der Demokratischen Partei) in den frühen 1960er-Jahren für die Rechte der schwarzen Minderheit den dortigen politischen Wettbewerb wieder wachküssen sollten. Trotz des schlussendlichen Rückzugs der Republikaner und der Truppen des Nordens, war die Reputation der Partei im Süden für Jahrzehnte so sehr beschädigt, dass große Teile der Region einem Einparteienstaat glichen. Trent Lott, republikanischer Senator aus Mississippi und zwischen 1996 und 2003 der führende Republikaner in der oberen Kammer des Kongresses, gab mit seiner Erfahrung, er habe in seiner Jugend im Mississippi der 1940er- und 50er-Jahre nie einen „lebendigen Republikaner“[34] getroffen, die Realität der meisten weißen Südstaatler wieder. Ohne den föderalen Druck zur Umsetzung der Gleichberechtigung, konnten die politischen Verhältnisse des „alten“ Südens ihre Wiedergeburt feiern. Der Ausgang von Kongresswahlen wurde innerhalb der Demokratischen Partei in ihren Vorwahlen entschieden und weitreichende Maßnahmen zur Unterdrückung der beträchtlichen schwarzen Minderheit durch die *Jim Crow*-Gesetze durchgesetzt.

2.2 Goldwaters Niederlage – Anfang der erfolgreichen *Southern Strategy*

Als Barry Goldwater 1964 für die Republikanische Partei in den Präsidentschaftswahlen antrat, war der amerikanische Süden weiterhin fest in demokratischer Hand – und damit auch in gewisser Hinsicht die Mehrheiten in der amerikanischen Hauptstadt. Fast ein Jahrhundert nach dem Ende des amerikanischen Bürgerkriegs ließen sich die Nachwehen dieses Konflikts und seiner Aufarbeitung während der Ära der *Reconstruction* immer noch an den Wahlergebnissen ablesen. Von den 105 Abgeordneten, die die Region nach den Wahlen 1960 in das amerikanische Repräsentantenhaus schickte,

33 Vgl. Richardson (2014), S. 116.

34 Zitiert in: Courtwright, David T. (2010): No Right Turn – Conservative Politics in a Liberal America, S. 168.

waren 99 Demokraten.[35] Auch auf Präsidentschaftsebene stellte sich das elektorale Umfeld für Republikaner ähnlich miserabel dar. Dwight D. Eisenhower war 1952 in der Lage, vier der elf Südstaaten für sich zu gewinnen – die ersten dortigen Erfolge eines Republikaners seit 1928. Bei den 18 Präsidentschaftswahlen zwischen 1880 und 1948, konnten republikanische Kandidaten insgesamt nur in drei Prozent aller Fälle Einzelstaaten der Region für sich entscheiden.[36]

Generell war die Demokratische Partei zwischen den 1930er- und 1960er-Jahren der dominante politische Akteur in den Vereinigten Staaten. Ein wesentlicher Grund dafür war zweifelsfrei die Dominanz der Partei im Süden, der für die Demokraten zum *Solid South* geworden war. Wer 100 Wahlkreise des amerikanischen Repräsentantenhauses allein im Süden gewinnen konnte, musste zur Erlangung einer Mehrheit von insgesamt 218 Sitzen nur etwas mehr als ein Drittel aller Wahlkreise im Rest des Landes erobern. Auch deswegen kontrollierten die Demokraten zwischen 1933 und 1995 dementsprechend das Repräsentantenhaus für 58 der 62 Jahre. Ähnlich sah es im Senat aus, in dem sich die Demokraten für ungefähr ein Jahrhundert der 22 Sitze des Südens in der oberen Kammer des US-Kongresses sicher sein konnten – und somit außerhalb der Region ebenso nur etwas mehr als ein Drittel aller Senatswahlen für sich entscheiden mussten, um auch in dieser Kammer das Sagen zu haben. Somit besaßen die Demokraten nach der Wahl Franklin D. Roosevelts bis in die frühen 80er-Jahre im Senat ebenso fast durchgehend die Mehrheit.[37]

Republikanische Politiker sahen trotz des desolaten Zustands ihrer Partei in den Südstaaten spätestens 1948 den ersten Hoffnungsschimmer. Die erste Wahl nach dem Zweiten Weltkrieg zeigte die internen Risse einer Demokratischen Partei auf, deren progressiver Flügel bei den Themen Rassengleichheit und Bürgerrechte für schwarze Amerikaner immer mehr die Überhand gewann. Zum ersten Mal ließ sich im demokratischen Wahl-

35 Vgl. Brookings Institution (2019): Vital Statistics on Congress, Democratic and Republican Seats in the House, by Region, 69th–116th Congresses, 1925–2019, S. 1.

36 Insgesamt handelte es sich hier um 198 Wahlausgänge in den elf Einzelstaaten. Herbert Hoover gewann 1928 fünf und Warren G. Harding 1920 einen Einzelstaat im Süden. In den 192 anderen Wahlen konnte sich kein republikanischer Präsidentschaftskandidat durchsetzen.

37 Vgl. Office of the Clerk of the U.S. House of Representatives (2017): Statistics of the Presidential and Congressional Election From Official Sources for the Election of November 8, 2016, S. 85.

programm ein klares Bekenntnis zum Ausbau der schwarzen Bürgerrechte finden. Dass der demokratische Präsident Harry S. Truman durch Exekutivdekrete die Rassentrennung in der US-Armee aufgehoben und zudem Diskriminierung in der Belegschaft der Bundesbehörden beendet hatte, brachte die Südstaatendemokraten in Aufruhr.[38] An die Spitze der Opposition stellte sich der damalige demokratische Gouverneur South Carolinas, Strom Thurmond, der als Kandidat der *States' Rights Democratic Party* (auch bekannt als *Dixiecrats*) gegen den Parteikollegen Truman 1948 für das Amt des Präsidenten kandidierte. Thurmond kommunizierte seine Ansichten auf Wahlkampfveranstaltungen unmissverständlich:

> *„[T]here's not enough troops in the army to force the southern people to break down segregation and admit the nigger race into our theaters, into our swimming pools, into our homes, and into our churches".*[39]

Die *Dixiecrat*-Kandidatur deutete an, dass weitere Liberalisierungsschritte innerhalb der Demokratischen Partei beim Thema *Race* unweigerlich zu einer internen Zerreißprobe führen würden. Schlussendlich konnte Thurmond mit einer klaren Opposition gegen jegliche Aufweichung der Rassentrennung vier Bundesstaaten im Süden gewinnen und demonstrierte mit seinen Erfolgen die fortwährende Signifikanz der Frage der Rassengleichheit in weiten Teilen der Südstaaten.

Für republikanische Strategen wurden die Südstaaten in den Jahren danach zum Gelobten Land. Verständlicherweise, denn auch sie erkannten, dass der Konflikt innerhalb der Partei ihres politischen Gegenübers nicht zugunsten der Rassisten des Südens ausgehen konnte. Ein Jahrhundert nach der Beendigung des Bürgerkrieges schien somit die Zeit reif, eine Wählerschaft anzusprechen, deren Werte in vielerlei Hinsicht schon damals mehr Überschneidungen mit der republikanischen denn der demokratischen Ideologie vorwiesen. Bereits 1952 äußerte der damalige Vorsitzende des *Republican National Committee* (des Bundesverbandes der Republikanischen Partei) Guy Gabrielson, die Ansicht, Thurmonds *Dixiecrats* und die Republikaner verträten in vielerlei Hinsicht dieselben Standpunkte – nämlich eine klare Opposition gegen föderale Bevormundung. Ein Jahr zuvor hatte der republikanische Senator Karl Mundt bereits ebenso gefordert, dass

38 Vgl. Edsall, Thomas Byrne/Mary D. Edsall (1992): Chain Reaction: The Impact of Race, Rights, and Taxes on American Politics, S. 33.

39 Zitiert in: Crespino, Joseph (2012): Strom Thurmond's America, S. 71.

zukünftige republikanische Kandidaten für das Präsidentschaftsamt die Wünsche der weißen Südstaatenwähler beachten sollten.[40]

Dieses gewaltige Segment der konservativen Wähler des Südens, so der republikanische Stratege Kevin Phillips Ende der 1960er-Jahre, würde „die Säule einer nationalen konservativen Partei“[41] darstellen. Mit der Eroberung der elf Südstaaten konnten wachsende republikanischen Verluste in urbanen Regionen des Landes zudem mehr als kompensiert werden. „Who needs Manhattan, when we can get the electoral votes of eleven Southern states“,[42] lautete die rhetorische Frage, die Phillips an potenzielle Zweifler innerhalb der eigenen Reihen stellte, die möglicherweise ihrerseits ein gewisses Unbehagen beschlich, da die Partei Lincolns nunmehr im Inbegriff war, dessen Erbe abzulegen.

Erreicht werden sollte die Kreation einer dominanten konservativen Partei durch die Umsetzung der *Southern Strategy*, in deren Zentrum Appelle an die rassistischen Ansichten der weißen Wähler des Südens standen. Auch wenn Republikaner heutzutage gerne bestreiten, die Erfolge in der Region seit den 1960er-Jahren seien rassistischen Kampagnen geschuldet, war es zweifelsfrei die Nutzung der Wut und Ängste weißer Wähler durch die gezielte Auslösung dieser Emotionen seitens republikanischer Politiker, die als Basis der Eroberung der Stimmenmehrheit des Südens dienten. Betrachtet man die Historie der Region, war diese Strategie nicht nur der vielversprechendste, sondern wahrscheinlich der einzige Weg, die Wähler des weißen Südens auf die republikanische Seite zu bringen. Wie der amerikanische Historiker der Region V.O. Key, Jr. kurz nach dem Zweiten Weltkrieg schrieb, „in its grand outlines the politics of the South revolves around the position of the Negro“.[43] Mögen andere Themen auch auf der politischen Tagesordnung stehen oder gestanden haben, so argumentierte Key, dass alle Fragen – seien sie soziokultureller oder sozioökonomischer Natur – früher oder später mit den Rechten der lokalen schwarzen Bevölkerung zusammen hingen. Durch die Beschneidung der Rechte von Afroamerikanern nach dem Bürgerkrieg, konnten die Demokraten eine Dominanz in der Region etablieren, wie sie keine der beiden Parteien in einem anderen Teil des Landes genoss – durch

40 Vgl. Adorf, Philipp (2016): How the South was won and the nation lost: The roots and repercussions of the Republican Party's Southernization and Evangelicalization, S 50.

41 Im Original: „[T]he South is shaping up as the pillar of a national conservative party.“ Phillips, Kevin (1969/2015): The Emerging Republican Majority, S. 204.

42 Zitiert in: Tanenhaus, Sam (2013): Original Sin. In: The New Republic, 10. Februar.

43 Key, Jr., V.O. (1949): Southern Politics in State and Nation, S. 5.

Appelle an den fortwährenden Rassismus der weißen Südstaatler konnten Republikaner ihrerseits eine regionale Überlegenheit erreichen, die ebenso bis zum heutigen Tage im nationalen Vergleich heraussticht.

Zu den konservativen Werten gesellte sich noch ein weiterer Faktor, der republikanische Appelle in den darauffolgenden Jahrzehnten prägen sollte: Eine weit verbreitete Statusangst unter weißen Wählern. Für viele weiße Wähler des Südens stellte die Beziehung zwischen ihnen und der großen schwarzen Population der Region eine Art Nullsummenspiel dar. Würde der schwarzen Minderheit im Kampf um Arbeits- oder Schulplätze, um Wohnungen von Seiten der föderalen Regierung geholfen werden, konnte dies nach dieser Lesart nur unweigerlich auf Kosten der weißen Mehrheit kommen. Es überrascht somit nicht, dass die Opposition der weißen Bevölkerungsmehrheit – und damit auch die Unterstützung der Demokratischen Partei – gegen den Ausbau der Rechte schwarzer Amerikaner in den Einzelstaaten des Südens am stärksten war, in denen sich eine besonders große schwarze Minderheit vorfand.[44] In diesen Regionen wurden afroamerikanische Mitbürger nicht nur als Wettbewerber für ökonomische Ressourcen gesehen, sondern auch als Gruppe, die in der Politik die Überhand gewinnen konnte. Kevin Phillips' zynische Strategie rief Republikaner dazu auf, in den 1960er-Jahren die Umsetzung der Bürger- und Wahlrechtsreformen in der Region dementsprechend zu unterstützen – jedoch nicht aus demokratischen Überzeugungen. Phillips' Kalkül sah vor, dass die fortan politisch aktiven Afroamerikaner der Demokratischen Partei beitreten würden, da diese auf nationaler Ebene zweifelslos deren politische Präferenzen vertrat. Im Süden würden sich die lokalen Demokratischen Parteien und ehemaligen Horte der *White Supremacy* graduell zur neuen Heimat der schwarzen Wählerschaft entwickeln. Schon 1969 kam Phillips zu dem Fazit, dass in bestimmten Teilen des Südens Afroamerikaner im Begriff waren, lokale Verbände der Demokratischen Partei unter ihre Kontrolle zu bringen.[45] Nunmehr nicht mehr Herr im eigenen politischen Haus, so Phillips, hätten die weißen Wähler des Südens keine andere Wahl, als der ehemals verhassten Republikanischen Partei beizutreten, die fortan der stärkste Verfechter der weißen Interessen darstellte. Phillips' politische Gleichung war simpel: „The more Negroes who register as Democrats in

---

44 Vgl. Webster, Gerald (1992): Demise of the Solid South. In: Geographical Review 82 (1), S. 43–55; Key, Jr. 1949, S. 5.

45 Vgl. Phillips (1969/2015), S. 543.

the South, the sooner the Negrophobe whites will quit the Democrats and become Republicans".[46] Hierzu sei gesagt, dass sich das politische Gewicht der schwarzen Wählerschaft innerhalb weniger Jahre in der Tat enorm steigerte. Waren 1964 beispielsweise nur sieben Prozent aller Afroamerikaner im Einzelstaat Mississippi als Wähler registriert, stand dieser Wert nur vier Jahre später bei 60 Prozent.[47] Im gesamten Süden stieg dieser Wert von ungefähr 35 auf 65 Prozent zwischen 1964 und 1969 an.[48] Phillips' Strategie sollte in den Jahrzehnten danach aufgehen, denn mit jedem Jahr waren demokratische Amtsinhaber gezwungen, stärker auf die Bedürfnisse und Forderungen der schwarzen Wählerschaft einzugehen, sollten sie Interesse am Erhalt ihres politischen Amts besitzen.[49]

Die politische Gelegenheitsstruktur hängt jedoch immer auch von der Positionierung externer Akteure ab, Begünstigt wurde die *Southern Strategy* ebenso von der weiteren Liberalisierung des demokratischen Gegners in Fragen der Rassengleichheit. Hatte Truman nach dem Ende des Zweiten Weltkriegs noch die ersten zaghaften Schritte für einen Ausbau der Rechte schwarzer Amerikaner gemacht, so trat Präsident Lyndon B. Johnson entschieden für ein Ende der *Segregation* in den Südstaaten ein. Auffallend ist hierbei durchaus das Phänomen einer historischen Wiederholung: Hatten die *Radical Reconstructionists* der Republikaner ein Jahrhundert zuvor jegliche elektoralen Chancen ihrer Partei in der Region zerstört, so läutete der vermeintliche „Bundeszwang" aus Washington – dieses Mal durch einen demokratischen Präsidenten – den Absturz der Demokraten ein. Wie von Phillips vorausgesagt, sollten die Demokraten im Süden ihre Vormachtstellung verlieren nachdem diese zu einer Partei wurde, die sich für die Interessen der schwarzen Minderheit einsetzte.[50]

Einer der entscheidenden Impulsgeber dieser Transformation – der wichtigsten politischen Neuausrichtung der amerikanischen Politik des letzten Jahrhunderts – sollte aus einem unerwarteten Lager kommen. Barry Goldwater war nur einer von sechs Republikanern im Senat, die gegen

---

46 Zitiert in: Boyd, James (1970): Nixon's Southern strategy – ‚It's All In the Charts'. In: New York Times, 17. Mai.

47 Vgl. Edsall/Edsall (1992), S. 84.

48 Vgl. Perman, Michael (2009): Pursuit of Unity: A Political History of the American South, S. 301

49 Vgl. Black, Earl/Merle Black (2002): The Rise of Southern Republicans, S. 143ff.

50 Vgl. Kabaservice, Geoffrey (2012): Rule and Ruin: The Downfall of Moderation and the Destruction of the Republican Party, From Eisenhower to the Tea Party, S. 274.

den *Civil Rights Act* aus dem Jahre 1964 votierten. Dieser Bürgerrechtsakt sollte das Ende der Rassendiskriminierung im Süden einleiten und gab dem föderalen Staatsapparat eine breite Auswahl an Werkzeugen, um gegen die tief verwurzelte Rassentrennung der Region vorzugehen. Generell wurde die Praxis der *Segregation* als rechtswidrig erklärt. Zur Umsetzung der föderalen Vorgaben erhielt der Justizminister die Möglichkeit, Schulen die Rassentrennung praktizierten vor Gericht zu bringen während jegliche finanzielle staatliche Unterstützung für Schulen und andere Institutionen, die eine Rassentrennung vorschrieben, beendet wurde.[51] Dementsprechend entschieden sich auch über 90 Prozent aller Südstaatendemokraten, gegen den legislativen Vorstoß zu stimmen. Senator Goldwater begründete seine Opposition hingegen mit dem *Small Government*-Mantra, für das er der Allgemeinheit auch noch ein halbes Jahrhundert später bekannt ist. Seine Abstimmung, so Goldwater, habe nicht mit einer vermeintlichen Opposition gegen die Gleichheit der verschiedenen Rassen in Verbindung gestanden. Vielmehr sah der libertäre Senator den *Civil Rights Act* als einen verfassungswidrigen Ausbau der Macht der Regierung in Washington gegenüber den Einzelstaaten. Goldwater wurde nicht müde zu erwähnen, dass er in der Vergangenheit für andere Gesetze gestimmt hatte, die ebenso die Rechte der Minderheiten ausbauten (wie beispielsweise den *Civil Rights Act* von 1957), aber dem Bund nicht die Instrumente übertragen hatten, Einzelstaaten zur Umsetzung zu zwingen.

In seinem 1960 veröffentlichten Buch *The Conscience of a Conservative* – ein Werk, das sich seitdem zu einer Art Bibel konservativ-libertärer Amerikaner entwickelt hat – stellte Goldwater (beziehungsweise für ihn sein Ghostwriter Brent Bozell) ebenso klar, dass er natürlich den Grundsatz der Rassengleichheit unterstütze und auch für eine Aufhebung der Rassentrennung in den Schulen des Südens sei. Doch ließ sich schon in diesem Werk der ideologische Grundsatz finden, den Goldwater einige Jahre später bezogen auf seine Opposition zum *Civil Rights Act* von 1964 zitierte, um in den Südstaaten als Präsidentschaftskandidat der Republikaner auf Stimmenfang zu gehen. Goldwater misstraute keinem Regierungskörper mehr als den föderalen Institutionen Washingtons. Gewiss sollte die strikte Trennung der Rassen und die damit einhergehende Benachteiligung der schwarzen Minderheit ein Ende haben; doch dürfte dies nicht implizieren, dass dafür der seit jeher starke föderale Aufbau des Landes geopfert werden

51 Vgl. Edsall/Edsall (1992), S. 35.

solle. Niemand hatte laut Goldwater das Recht, den Süden in diesen Fragen zu bevormunden. Zusammengefasst lautete die von Goldwater bevorzugte Vorgehensweise in *Conscience of a Conservative* folgend:

> *„I believe it is both wise and just for negro children to attend the same schools as whites, and that to deny them this opportunity carries with it strong implications of inferiority. I am not, however, prepared to impose that judgment on the people of Mississippi or South Carolina. [...] That is their business, not mine. I believe that the problem of race relations, like all social and cultural problems, is best handled by the people directly concerned.“*[52]

Goldwater war sicherlich kein Rassist. Verschiedene Aspekte seines Lebenslaufes zeigen dies auf. So setzte er sich auch in seiner Heimat in Arizona für die Rechte von Minderheiten ein und war für vier Jahre Mitglieder der NAACP (*National Association for the Advancement of Colored People*), einer der wichtigsten schwarzen Bürgerrechtsorganisationen der USA.[53] Aber zu Ende gedacht, bedeutete der in *Conscience of a Conservative* formulierte Standpunkt jedoch, dass das rassistische politische Konstrukt des amerikanischen Südens und die Benachteiligung amerikanischer Bürger in der Region in Stein gemeißelt sein sollten, solange eine Mehrheit in den entsprechenden Einzelstaaten dies befürwortete – und Anfang der 1960er-Jahre gab es keine Anzeichen, dass die dortige weiße Bevölkerung willens war, ihre Macht demokratisch zu teilen. Wenn überhaupt führte die anwachsende Bürgerrechtsbewegung unter weißen Südstaatlern zu einer Wagenburgmentalität: Mehr denn je galt es nun, die politische Macht zu bewahren. Objektiv betrachtet war eine föderale Intervention folgerichtig die einzige Lösung zur Durchsetzung der Rassengleichheit.

Doch diesen Schritt lehnte Goldwater vehement ab. Im Falle des *Civil Rights Act* von 1964 plädierte Goldwater, wie bereits erwähnt, dass die Gesetzgebung im Vergleich zu vorherigen föderalen legislativen Vorstößen die *States' Rights* der betroffenen Staaten einschränke. Goldwaters Standpunkt war aber gerade auch von elektoralen Überlegungen beeinflusst. Wie Kevin Phillips erkannte der Senator aus Arizona das Potenzial des Südens in der Schaffung konservativer Mehrheiten. „I sense here a realignment of Southern conservative Democrats with Democrats and Republicans of the

52 Goldwater, Barry M. (1960/2007): The Conscience of a Conservative, S. 31.

53 Vgl. Mayer, Jeremy D. (2002): Running on Race: Racial Politics in Presidential Campaigns, 1960-2000, S. 45.

West and Middle West“[54] hatte Goldwater bereits 1953 kurz nach seiner Ankunft im Kongress in seinem persönlichen Journal vermerkt, da die Demokraten des Südens entsprechend der Interpretation des Senators die Ansicht vertraten, der föderale Staatsapparat habe sich aus lokalen Angelegenheiten rauszuhalten. Die Demokratische Partei der Nachkriegszeit, so erkannte Goldwater ebenso, würde immer stärker vom Ausbau ihrer Popularität innerhalb der schwarzen Minderheit des Landes abhängig sein. Da die Republikanische Partei in Zukunft hingegen ihrerseits ohnehin nur geringe Erfolge unter schwarzen Wählern feiern würde, riet Goldwater seiner Partei „to go hunting where the ducks are“,[55] also dort auf Wählerfang zu gehen, wo vielversprechende Beute vorhanden war. Und dies konnte bezüglich der weißen Südstaatler am besten durch eine entgegenkommende Positionierung beim Thema Bürgerrechte erreicht werden.

Während der Debatten im Kongress zum *Civil Rights Act* von 1964 entwickelte Goldwater seine Position, die er kurz danach für die Appelle an weiße Wähler im Süden einsetzen sollte, weiter. Der Ausbau der Macht des föderalen Staatsapparats gegenüber den Einzelstaaten war für Goldwater „a grave threat to the very essence of our basic system of government“.[56] Für Goldwater war es zudem nicht Aufgabe des Staates, eine nach Rassen getrennte oder vereinte, sondern eine „freie“ Gesellschaft zu schaffen.[57] War es aber nicht an der Zeit, föderale Maßnahmen gegen Restaurantbesitzer oder Hoteliers umzusetzen, die sich weigerten, schwarze Amerikaner in ihren Etablissements aufzunehmen? Barry Goldwaters Antwort nahm auch hier das Narrativ der persönlichen Freiheitsrechte auf, ohne sich direkt auf das Thema *Race* zu beziehen. „Freedom to associate“, so Goldwater, „means the same thing as the freedom not to associate“[58] – mit anderen Worten, jeder Amerikaner besäße das Recht, frei zu entscheiden, mit wem er sich zusammentut, Umgang pflegt oder eine Geschäftsbeziehung unterhält.

Goldwaters Vorgehensweise der gezielten Appelle an die Ressentiments rassistischer Wähler ohne offenkundig rassistisch zu erscheinen war wie

54 Zitiert in: Dean, John W./Barry M. Goldwater Jr. (2008): Pure Goldwater, S. 96.

55 Zitiert in: Hillygus, D. Sunshine/Todd Shields (2008): The Persuadable Voter: Wedge Issues in Presidential Campaigns, S. 117.

56 Zitiert in: Smith, Robert C. (2010): Conservatism and Racism, and Why in America They Are the Same, S. 130.

57 Zitiert in: Perlstein, Rick (2001): Before the Storm: Barry Goldwater and the Unmaking of the American Consensus, S. 461.

58 Zitiert in: Smith (2010), S. 131.

gemacht für die Implementierung der noch jungen *Southern Strategy.* Auch wenn rassistische Ansichten in den frühen 1960er-Jahren noch ein enormes Ausmaß an politischem Potenzial vorwiesen, mussten Politiker bei der Anwendung und Ausnutzung der diesbezüglichen Ressentiments ihrer Wähler mit einem gewissen Maß an Vorsicht agieren. Zu diesem Zeitpunkt hatte sich bereits eine *Norm of Racial Equality* auf der politischen Ebene größtenteils durchgesetzt, die den klassischen Rassismus der biologischen Unterschiede ersetzt hatte.[59] Selbst im Süden waren Politiker oft gezwungen, zumindest in der Öffentlichkeit davon abzusehen, die alten rassistischen Begriffe der Vergangenheit zu verwenden. Statt weiße Überlegenheit zu predigen hieß nun die Devise *Separate but Equal.* Der republikanische Stratege Lee Atwater fasste diese Transformation und ihre Folgen für die Wählergewinnung Jahre später prägnant zusammen. Konnten laut Atwater in den frühen 1950er-Jahren noch problemlos rassistische Ausdrücke wie „Nigger" benutzt werden, sah die Situation etwas mehr als ein Jahrzehnt anders aus: „By 1968 you can't say ‚nigger' – that hurts you. Backfires. So you say stuff like forced busing, states' rights and all that stuff".[60]

Genau dies tat Goldwater auch immer wieder während der Präsidentschaftskampagne. Beim Thema der Aufhebung der Rassentrennung in den Schulen des Südens („forced busing", also des staatlich vorgeschriebenen Transports von Schulkindern in weiter entfernte Schulen, um diese zu „desegregieren") stellte der Senator beispielsweise die föderal oktroyierte Integration auf eine Stufe mit der erzwungenen Segregation und hielt fest, dass beide Maßnahmen gleichermaßen zu verurteilen seien.[61] Wie der Journalist Richard Rovere, der Goldwaters Kampagne verfolgte und später seine Erkenntnisse in Buchform festhielt, erkannte, war dem Publikum im Süden immer bewusst, welches Thema (die rechtliche Stellung der Afroamerikaner) Goldwater wirklich ansprach, auch wenn Aspekte diskutiert wurden, die zumindest vordergründing nicht rassebezogen waren. Goldwater, so Rovere, „covered the South and never, in any public gatherings, mentioned ‚race' or ‚Negroes' or ‚whites' or ‚segregation' or ‚civil rights'."[62] Doch seinen Zuhörern musste keine rassistische Rhetorik vorgelegt werden, um

59 Vgl. Mendelberg, Tali (2001): The Race Card: Campaign Strategy, Implicit Messages, and the Norm of Equality, S. 67ff.

60 Zitiert in: Lamis, Alexander P. (1999): The Two-Party South: From the 1960s to the 1990s, S. 8.

61 Vgl. Perlstein (2001), S. 461.

62 Rovere, Richard (1965): The Goldwater Caper, S. 143.

zu verstehen, dass der Senator einer Beibehaltung des Status quo im Süden zumindest nicht abgeneigt war. Wie Rovere richtig erkannte, nahm in dieser Sprache des Südens der Ausdruck *States' Rights* den Platz einer generellen Opposition gegen die Bürgerrechtsbewegung ein während jedwede Erwähnung von vermeintlichen „Kriminellen", die mit mehr Nachdruck gegen Diskriminierung kämpften, im Publikum unweigerlich Assoziationen mit Schwarzen auslöste.

Barry Goldwaters Ergebnis in der Präsidentschaftswahl 1964 erschien niederschmetternd und konnte zumindest oberflächlich als vollkommene Absage an dessen politische Strategie gesehen werden. Der Senator aus Arizona gewann weniger als 40 Prozent aller Stimmen im gesamten Land (der geringste Anteil eines Kandidaten der beiden großen Parteien seit 1936) und ging in nur sechs Einzelstaaten als Sieger hervor. Wenig überraschend musste die Partei der Sklavenbefreiung nunmehr unter schwarzen Wählern enorme Verluste hinnehmen: Identifizierte sich 1960 noch ungefähr ein Viertel aller Afroamerikaner als Republikaner, lag dieser Wert vier Jahre später bei nur 12 Prozent.[63] Ein genauerer Blick auf das Ergebnis offenbart jedoch, dass 1964 das Fundament für den späteren Kurs (sowie darauffolgende Wahlerfolge) der Republikanischen Partei schuf. Neben seiner Heimat Arizona gewann Goldwater die fünf Einzelstaaten des sogenannten *Deep South*, der Region in der die weiße Opposition zur Gleichstellung der schwarzen Mitbürger am vehementesten geäußert wurde – und dementsprechend auch die Wurzeln der Demokratischen Partei ihre größte Tiefe vorwiesen. Von den fünf betreffenden Einzelstaaten (Georgia, Louisiana, Mississippi, North und South Carolina) hatte zum Zeitpunkt der Wahl 1964 seit den 1870er-Jahren nur Louisiana ein einziges Mal für einen republikanischen Präsidentschaftskandidaten gestimmt (1956 für den Amtsinhaber Dwight D. Eisenhower). Von den 60 Kongresswahlkreisen, in denen Goldwater einen Vorsprung genoss, befanden sich ebenso nur 16 außerhalb des Südens.[64] Mit einem Stimmenanteil von 55 Prozent unter den weißen Wählern der *Confederacy*, erreichte der Senator das zum damaligen Zeitpunkt beste Ergebnis eines republikanischen Kandidaten in der Region.[65] Goldwaters Kandidatur sollte trotz des landesweiten Misserfolgs somit der erste Schritt

63 Vgl. Mayer (2002), S. 59.

64 Vgl. Thurber, Timothy N. (2007): Goldwaterism Triumphant? Race and the Republican Party, 1965–1968. In: The Journal of the Historical Society 7 (3), S. 352.

65 Vgl. Black/Black (2002), S. 209.

eines langen Weges sein, der die amerikanische Politik grundlegend transformieren würde.

2.3 Der Süden wird rot – Nixons Adjustierung der *Southern Strategy*

Rückblickend lassen sich natürlich bereits 1964 die ersten Anzeichen des anschließenden republikanischen Siegeszuges erkennen. Doch manchmal bietet auch ein oberflächlicher Blick lehrreiche Folgerungen. Republikanische Strategen konnten den landesweiten Ausgang der Wahl 1964 nicht kaschieren. Auch wenn Goldwater in der demokratischsten Region der Vereinigten Staaten einen historischen Erfolg feierte, hatte der Rest des Landes eine von Rassismus durchtränkte Botschaft klar abgelehnt. Der Preis des Sieges unter den vehementesten Gegnern der Rassengleichheit war ein Verlust auch derjenigen Wähler, die zwar staatliche Hilfen für Minderheit ablehnten und auf schwarze Amerikaner herabschauten, jedoch Kandidaten, die zu offensiv die rassistischen Segmente der Gesellschaft ansprachen, nicht gutheißen konnten.

Der nächste republikanische Präsidentschaftskandidat, Richard Nixon, erkannte die Defizite der 64er Kampagne. Goldwater, so Nixon, habe schlichtweg die „falschen Einzelstaaten" gewonnen, da er selbst nach Nixons Interpretation als „rassistischer Kandidat"[66] auf Stimmenfang gegangen war. Republikanische Erfolge ließen sich nur durch eine Verfeinerung der *Southern Strategy* erreichen, die zwar weiterhin die Rassisten des Südens für die Partei erobern konnte, aber gleichzeitig eine Rhetorik zur Wählergewinnung anwandte, die zumindest oberflächlich dessen Nutzer erlaubte über jeden Zweifel oder Vorwurf des Rassismus erhaben zu bleiben. Zwar hatte auch Goldwater dies verstanden, doch waren dessen Appelle in vielerlei Hinsicht noch zu krude gewesen. Ebenso konnte die Uhr der Bürgerrechtsrevolution nicht mehr zurückgedreht werden – 1968 ging es in den politischen Diskussionen kaum noch um die Frage, ob staatliche Maßnahmen zur Sicherung der grundlegenden Rechte der schwarzen Minderheit umgesetzt

66 Zitiert in: Carter, Dan T. (2000): The Politics of Rage: George Wallace, the Origins of the New Conservatism, and the Transformation of American Politics. S. 326.

werden sollten, sondern welches Ausmaß diese staatlichen Interventionen besitzen sollten.[67]

Dies hieß jedoch keinesfalls, dass die grundsätzliche Logik hinter der *Southern Strategy* fehlerhaft war oder fallengelassen werden sollte. Wie bereits erwähnt erreichte Goldwater im *Deep South* Ergebnisse, von denen Republikaner wenige Jahre zuvor nicht einmal geträumt hätten. In den späten 1960er- und frühen 70er-Jahren ließ sich auch außerhalb der Bastionen des Rassismus ein durchaus großes Segment an weißen Wählern vorfinden, die mit steigendem Argwohn die Entwicklung der Bürgerrechtsbewegung betrachtete. Waren die eigenen Vorfahren nicht auch ohne staatliche Hilfe ausgekommen? Hatten sich Eltern oder Großeltern, die ohne einen Cent ins Land gekommen waren, nicht selbst hochgearbeitet? Die Früchte der ökonomischen Expansion des Landes in den zwei Jahrzehnten nach dem Zweiten Weltkrieg erlaubten es vielen weißen *Blue Collar*-Amerikanern, ihr eigenes Haus in den Vororten zu erwerben. Und nunmehr sollten schwarze Amerikaner ihnen in die *Suburbs* folgen und dank staatlicher Unterstützung zu Wettbewerbern im eigenen Sektor des Arbeitsmarktes werden? Nixon und seine Mitstreiter im Kabinett erkannten das enorme Potenzial dieser Wählerschaft, die eine Botschaft des offenen Rassismus ablehnte, sich aber eindeutig einem weiteren Ausbau staatlicher Hilfen für schwarze Amerikaner widersetzte. Die Charakterisierung dieser Amerikaner durch Nixons Arbeitsminister George Shultz erinnert fast ein halbes Jahrhundert später durchaus an die Kernwählerschaft Donald Trumps. Shultz argumentierte, die weißen Wähler, auf die sich die Republikaner konzentrieren sollten, seien:

> *„immigrants, or sons of immigrants, and feel insecure about their own place in the mainstream of American society. They tend to live in neighborhoods that the blacks are most likely to move into, and whose schools blacks' children might attend. They sometimes have jobs that they feel blacks aspire to attain, and they get wages that are slightly above liberal states' welfare payments. They suffer a real sense of ‚compression' on both the economic and social scales."*[68]

Wie konnten diese Wähler angesprochen werden, während gleichzeitig auf glaubhafte Art und Weise geleugnet werden konnte, man habe rassistische

---

67 Vgl. Skrentny, John D. (2014): Zigs and Zags: Richard Nixon and the New Politics of Race, S. 29.

68 Zitiert in: Sugrue, Thomas J./John D. Skrentny (2008): The White Ethnic Strategy, S. 187.

Appelle genutzt? Patrick Buchanan, Berater Richard Nixons und Ikone des rechten Rands der Republikanischen Partei, formulierte in den späten 1960er-Jahren, wie Republikaner rhetorisch mit diesen Fragen umgehen sollten. Die Vorgehensweise glich den bereits vorgebrachten Ratschlägen Lee Atwaters. Auf die Frage, wie Nixon das Thema „open housing“ adressieren solle (Maßnahmen der Bundesregierung gegen die Diskriminierung von Minderheiten beim Verkauf oder Vermieten von Wohnungen), schlug Buchanan vor, „sophisticated terminology“[69] – also eine anspruchsvolle Wortwahl – zu nutzen. Obwohl *Race* im Zentrum dieser politischen Frage stand, war es laut Buchanan sinnvoll, die republikanische Opposition zu weiteren Anti-Diskriminierungsmaßnahmen in einen generellen Konservatismus zu verhüllen, mit anderen Worten einer Rhetorik, welche die Freiheit des Individuums beim Verkauf seiner Immobilie in den Vordergrund rückte.

Die Kandidatur eines anderen Kandidaten in der Präsidentschaftswahl 1968 sollte den Kurs der Republikanischen Partei nicht nur in der darauffolgenden Wahl vier Jahre später, sondern für Jahrzehnte beeinflussen. Als Gouverneur Alabamas dominierte der Demokrat George Wallace fast ohne Unterbrechung für ein Vierteljahrhundert die Politik dieses Einzelstaates des *Deep South*. Nationale Bekanntheit erhielt er mit seiner Amtseinführungsrede im Januar 1963, als er für Alabama – und in gewisser Weise den gesamten Süden – die Devise „segregation now, segregation tomorrow, segregation forever“ proklamierte. Doch auch Wallace musste in dieser Ära seine Verteidigung des *Southern Way of Life* und der Rassentrennung in eine zumindest oberflächlich vollkommen vom Thema *Race* losgelöste Rhetorik kleiden. Den *Civil Rights Act* von 1964 attackierte er nicht für dessen Zielsetzung des Ausbaus der Rechte der schwarzen Minderheit. Vielmehr stellte dieser nach Wallaces Ansicht ein Gesetzesvorhaben dar, das kaum unamerikanischer sein könnte. Dieser Gesetzesakt zerstöre, so Wallace, das „free enterprise system, [...] neighborhood schools, [...] the rights of private property“[70] und stellte ebenso eine Gefahr für das fundamentale amerikanische Recht der freien Meinungsäußerung dar. Schwarze Demonstranten wurden von ihm zumindest öffentlich nicht auf der Basis ihrer Hautfarbe attackiert. Für Wallace waren sie vielmehr „communists and

69 Buchanan, Patrick (2014): The Greatest Comeback: How Richard Nixon Rose from Defeat to Create the New Majority, S. 140.

70 Wallace, George (1964): The Civil Rights Movement: Fraud, Sham, and Hoax, 4. Juli.

sex perverts".[71] Wallaces Mischung aus rassistischen Ressentiments (ohne direkten Bezug zum Thema selbst) und Populismus stellte eine Blaupause dar, deren moderatere Version sich sowohl Nixon als auch Ronald Reagan auf republikanischer Seite in späteren Jahren zumindest in Teilen zu Eigen machten.

Der Siegesmarsch der Verfechter der Rassengleichheit in der Demokratischen Partei sowie Zweifel, inwiefern Republikaner verlässliche Fürsprecher des weißen Südens waren, brachte Wallace zu der Überzeugung, dass 1968 die Zeit reif für einen „dritten" Kandidaten in der Präsidentschaftswahl des selbigen Jahres war. Wie Goldwater vier Jahre zuvor, versuchte Wallace als Kandidat der *American Independent Party*, rassistische Wähler mit einer Rhetorik für sich zu gewinnen, die zumindest äußerlich vollkommen von rassebezogenen Fragen dissoziiert war. Die Lösung des Problems der Ansprache rassistischer Wähler ohne rassistisch zu erscheinen ließ sich in einer starken Dosis Populismus finden, die nicht erst seit dem Aufstieg Donald Trumps ebenso republikanische Botschaften definiert. Wallace attackierte Washington D.C. als Hort der „pointy-headed intellectuals"[72], die durch ihre Programme dem einfachen Mann vorschreiben wollten, wie er zu leben habe. Die Integration von Schulen oder Versuche auf dem Arbeitsmarkt, ein gewisses Maß an Chancengleichheit zu schaffen, wurden somit zu Sozialexperimenten einer Elite umgedichtet, deren Testpersonen der durchschnittliche weiße Amerikaner war. Für Republikaner sollte sich diese Strategie als wegweisend für die darauffolgenden Jahrzehnten herausstellen – ihre Reproduktion erlaubte es konservativen Akteuren, eine starke Bindung zwischen der traditionellen Partei des Unternehmertums und der Arbeiterklasse zu schaffen, die ihrerseits die progressiv-liberale Elite mit Misstrauen betrachtete. Steuern und ein starker Sozialstaat stellten nach der Wallace'schen Lesart nicht Maßnahmen dar, die auch der weißen Arbeiterklasse zugutekamen. Vielmehr mutierten die Steuergelder in diesem Narrativ zu oktroyierten Abgaben, die in den Händen der pseudo-intellektuellen Elite einen Umverteilungsmechanismus finanzierten, dessen einziges Ziel darin bestand, Minderheiten einen ungerechten Vorteil gegenüber weißen Amerikanern im Wettbewerb um begrenzte Ressourcen zu verschaffen.[73]

71 Zitiert in: Woods, Randall B. (2006): LBJ: Architect of American Ambition, S. 528.
72 Zitiert in: Edsall/Edsall (1992), S. 85.
73 Vgl. Edsall/Edsall (1992), S. 79.

Es wäre jedoch falsch, Gouverneur Wallace als ökonomisch konservativ zu bezeichnen. Staatliche Programme sah er durchaus als sinnvoll an, solange sie seiner Wählerschaft zugutekamen. Die Ablehnung des „starken Staates" fokussierte sich auf programmatische Bereiche, die in Verbindung mit dem Kampf für schwarze Bürgerrechte und Gleichberechtigung gebracht werden konnten.[74] Das Verbindungsglied zwischen den Wallace-Wählern und der neuen Republikanischen Partei der 1960er-Jahre und danach war somit der *Racial Conservatism*, den Wallace so vehement predigte und der von Republikanern wie Goldwater, Nixon und Reagan zumindest strategisch aufgegriffen wurde.[75] Wähler, die von den konservativen ökonomischen und sozialstaatlichen Zielen der Republikanischen Partei negativ betroffen waren, konnten somit trotzdem für die Partei gewonnen werden, da in den Wahlkämpfen die Fokussierung gerade auf dem Thema *Race* lag, beziehungsweise verschiedene andere Politikbereiche mit diesem Aspekt verbunden wurden. So erhielten insbesondere auch sozialstaatliche Fragen einen rassebezogenen Anstrich – der Wohlfahrtsstaat wurde hierbei durch stete republikanische Botschaften zu einem weiteren Werkzeug der Umverteilung des weißen Wohlstands in schwarze Hände uminterpretiert. Gerade die jüngsten politischen Entwicklungen innerhalb der Republikanischen Partei zeigen die Langlebigkeit dieser Strategie auf. Donald Trump vorzuwerfen, er vertrete die Werte eines George Wallace würde möglicherweise zu weit gehen. Doch lassen sich gewisse ideologische Gemeinsamkeiten festmachen (beispielsweise ein von Nativismus durchtränkter Populismus), die es auch Donald Trump erlaubten, Wähler für eine wirtschaftspolitische Agenda zu gewinnen, die ihren Interessen eigentlich zuwiderläuft.

Wie Goldwater verfolgte auch Wallace das Ziel, durch die Nutzung bestimmter Schlüsselbegriffe oder Codewörter rassistische Ressentiments bei seinen potenziellen Wählern auszulösen, beziehungsweise diese wahlentscheidend zu machen. So fokussierte er sich in seiner Kampagne auf das Motiv von *Law and Order*, der strikten Durchsetzung des Rechts. Politische Demonstrationen in Wahljahr 1968 (insbesondere gegen den Vietnamkrieg), der Aufstieg militanterer schwarzer Bürgerrechtsbewegungen (wie beispielsweise den *Black Panthers*) und die in bestimmten urbanen Umfel-

74 Vgl. Horwitz, Robert B. (2013): America's Right: Anti-Establishment Conservatism from Goldwater to the Tea Party, S. 57–58.

75 Vgl. Black/Black (2002), S. 149.

dern steigende Kriminalität führten innerhalb eines nicht unbeträchtlichen Teils der weißen Bevölkerung zu einem Gefühl des staatlichen Kontrollverlustes. Dabei muss konstatiert werden, dass diese Reaktion keinesfalls auf Desinformationen basierte: Zwischen 1960 und 1966 stieg die Zahl der Straftaten im Land um 60 Prozent, in den fünf darauffolgenden Jahren gar um weitere 83 Prozent. Die Zahl der für Tötungsdelikte festgenommenen Afroamerikaner nahm zwischen 1960 und 1970 zudem um 130 Prozent zu.[76] Dazu gesellte sich unter potenziellen Wallace-Wählern die Auffassung, der Staat habe der schwarzen Minderheit doch bereits ein ausreichendes Ausmaß an Konzessionen angeboten. Und nun stellte sich heraus, dass Teile der schwarzen Bevölkerung trotzdem nicht mit der staatlich implementierten Rassengleichheit zufrieden waren und nunmehr mit noch mehr Nachdruck im Kampf um begrenzte Ressourcen der weißen Bevölkerung weitere Rechte entreißen wollten?

Für die „verweichlichte" Antwort auf diese Themen attackierte Wallace den amtierenden Demokraten im Weißen Haus, Lyndon B. Johnson, sowie die gesamte politische Elite der amerikanischen Hauptstadt. Schon lange vor der Wahl 1968 wagte Wallace die Vorhersage, dass die Wählerschaft genug von den diesbezüglichen liberalen Lösungsvorschlägen haben würde: „The people are going to be fed up with the sissy attitude of Lyndon Johnson and all the intellectual morons and theoreticians he has around him".[77] Wenn Wallace das Thema Kriminalität und seine Lösungsvorschläge ansprach und generell den Staatsapparat in Washington für seine Politik anprangerte, wusste jedoch jeder im Wallace-Publikum, um welchen Aspekt dieser Frage es der Südstaaten-Ikone wirklich ging. Ein lokaler Politiker aus Alabama, der während der Wallace-Ära aktiv war, fasste diese Strategie prägnant zusammen:

> *„[Wallace] can use all the other issues – law and order, running your own schools, protecting property rights – and never mention race. But people will know he's telling them, ‚A nigger's trying to get your job, trying to move into your neighborhood.'"*[78]

Die Ergebnisse von George Wallace außerhalb seiner Heimat im Süden bei der Wahl 1968 ließen republikanische Strategen aufhorchen. Nicht nur

76 Vgl. Edsall/Edsall (1992), S. 52.

77 Zitiert in: Micklethwait, John/Adrian Woolridge (2004): The Right Nation: Conservative Power in America, S. 66.

78 Zitiert in: Mendelberg (2001), S. 96–97.

gewann Wallace im Süden fünf Einzelstaaten (bis dato das letzte Mal, dass ein Kandidat einer dritten Partei Einzelstaaten für sich entscheiden konnte), sondern erlaubte seine Botschaft dem Südstaaten-Politiker auch Achtungserfolge weit außerhalb des Südens zu erlangen. In den großen industrialisierten Staaten des Nordens wie Indiana, Michigan und Ohio erlangte Wallace dank beträchtlicher Unterstützung in der weißen Arbeiterklasse zweistellige Ergebnisse. Insgesamt war Wallace in der Lage außerhalb des Südens acht Prozent der Stimmen zu gewinnen – ein deutlicher Unterschied zur Kandidatur Strom Thurmonds, der 20 Jahre zuvor als Repräsentant des Südens weniger als ein Prozent der Nicht-Südstaatler hinter sich bringen konnte.[79] Wichtig für politische Strategen des Nixon-Lagers waren Daten die aufzeigten, dass sich im Süden vier von fünf Wallace-Wähler für Nixon entschieden hätten, wäre der (zu diesem Zeitpunkt) ehemalige Gouverneur aus Alabama nicht auch als Option auf dem Wahlzettel gewesen.[80]

Fast hätte sich die Wallace-Kandidatur 1968 als ausschlaggebend herausgestellt, insbesondere da der Gouverneur in demokratischen Einzelstaaten nur geringe Stimmenanteile erlangen konnte, dafür aber in konservativen Landesteilen umso stärker war.[81] Schlussendlich setzte sich Nixon mit 301 Elektorenstimmen (31 mehr als notwendig) und einem Vorsprung in den abgegebenen Stimmen von 0,7 Prozentpunkten gegenüber seinem demokratischen Widersacher Hubert Humphrey durch. Bezogen auf die republikanische Wahlkampagne beklagte George Wallace nur halb scherzhaft, es wäre für ihn von Vorteil gewesen, seine Reden urheberrechtlich schützen zu lassen. Denn die Nutzung seiner thematischen Schwerpunkte durch Nixon und dessen Kandidaten für das Amt des Vizepräsidenten, Spiro Agnew, hätte es laut Wallace ihm erlaubt, „immense Lizenzgebühren“[82] einfordern zu können. Die guten Umfragewerte Wallaces im Sommer vor der Wahl und das Kopf-an-Kopf-Rennen zwischen Nixon und seinem demokratischen Gegner Humphrey hatten das republikanische Duo von der Notwendigkeit überzeugt, eine Neuadjustierung ihrer Kampagne mit dem

79 Vgl. Carter (2000), S. 369.

80 Vgl. ebd.

81 Wie Kevin Phillips in *The Emerging Republican Majority* aufzeigte, waren sechs der neun Einzelstaaten, in denen Wallace seine schlechtesten Ergebnisse einfuhr gleichzeitig unter den neun besten Einzelstaaten-Ergebnissen des Demokraten Hubert H. Humphrey zu finden (inklusive Washington, D.C.; Phillips [1969/2015], S. 11).

82 Für Zitat und Kontext vgl. Kruse, Kevin M. (2005): White Flight: Atlanta and the Making of Modern Conservatism, S. 253

Ziel der Eroberung von Wallace-Wählern umzusetzen. Wurde das Thema „Kriminalität" (mit starken anti-schwarzen Untertönen) anfänglich noch hauptsächlich von Wallace thematisiert, so entwickelte es sich auch auf der republikanischen Seite schlussendlich 1968 zum dominanten Wahlthema.

Nixon hatte bereits in einem Kommentar in *Reader's Digest* im Herbst 1967 einen „bewaffneten Aufstand"[83] in den amerikanischen Metropolen beklagt; mit Wallace als potenziellem Zünglein an der Waage erhielt das Thema *Lawlessness* (Gesetzeslosigkeit) eine Schlüsselrolle in der Nixon-Kampagne. In einer seiner schärferen, man mag denken von Wallace inspirierten, Attacken nutzte Nixon das Bild des „Dschungels", um die amerikanischen Innenstädte zu beschreiben – mit den offensichtlichen rassistischen Konnotationen. Nixon warnte die Amerikaner vor einer Ausbreitung eben dieses Dschungels aus den (überproportional schwarzen) amerikanischen Innenstädten in die (weißen) Vororte: „[T]he city jungle will cease to be a metaphor. It will become a barbaric reality, and the brutal society that now flourishes in the core cities of America will annex the affluent suburbs".[84] In einer gemäßigteren Art und Weise griff Nixon in seiner Rede auf dem republikanischen Parteitag im Sommer vor der Wahl das Thema auch wieder auf und prangerte vor dem amerikanischen Fernsehpublikum an, dass ein Land „mit der größten Tradition der *Rule of Law*" nunmehr durch eine „beispiellose Gesetzeslosigkeit"[85] geplagt sei. Ähnliche Töne schlug ein halbes Jahrhundert später übrigens ebenso der republikanische Kandidat auf dem Parteitag an: 2016 argumentierte Trump, dass „mass immigration" unweigerlich mit „mass lawlessness" einhergehe. Auch bei Nixons Wiederwahlgesuch 1972 lautete die strategische Vorgabe, die bewährte Botschaft der Verbindung von Kriminalität und ethnischen Minderheiten ein weiteres Mal anzuwenden. Die Maßgabe, in Nixons eigenen Worten, lautete: „It's all about law and order and the damn Negro-Puerto Rican groups out there".[86]

Mag die Nixon-Kampagne die Fehler von 1964 erkannt haben, so wurde trotzdem versucht, die Verluste im Süden so gering wie möglich zu halten.

83 Im Original: „armed insurrection". Nixon, Richard (1967): What has Happened to America? In: The Reader's Digest, Oktober, S. 49.

84 Nixon, Richard (1968): Remarks in New York City: „Toward Freedom From Fear", 8. Mai.

85 Im Original: „When the nation with the greatest tradition of the rule of law is plagued by unprecedented lawlessness;" Nixon, Richard (1968): Address Accepting the Presidential Nomination at the Republican National Convention in Miami Beach, Florida, 8. August.

86 Zitiert in: Zeitz, Josh (2016): How Trump Is Recycling Nixon's ‚Law and Order' Playbook. In: Politico Magazine, 18. Juli.

So sprach sich auch Nixon gegen *Forced Busing* aus und sagte einer Gruppe von Delegierten aus den Südstaaten auf dem republikanischen Parteitag 1968: „[B]using the child [...] into a strange community – I think you destroy that child".[87] Generell kam Nixons späterer Rechtsberater im Weißen Haus, John Ehrlichman, zu dem Fazit, dass unterschwellige Appelle an die anti-schwarzen Vorurteile der weißen Wählerschaft durchweg in Nixons Reden und politischen Kommentaren vorzufinden waren.[88] Zur Sicherung der weißen Wählerschaft des Südens kümmert sich Nixon besonders intensiv um die Unterstützung des bereits erwähnten Strom Thurmonds. War dieser 1954 noch als Demokrat in den US-Senat gewählt worden, entschied Thurmond sich 1964 der Republikanischen Partei beizutreten (und somit zum ersten republikanischen Senator aus South Carolina seit den späten 1870er-Jahren zu werden). Wie kein anderer Politiker konnte Thurmond in den Südstaaten glaubhaft argumentieren, die Demokratische Partei habe die Werte der ehemaligen *Confederacy* verraten während nunmehr die Republikaner die Partei des weißen Mannes sei. Vorstöße wie Nixons Versprechen bezüglich einer Zügelung der föderalen Maßnahmen bei der Integration der Schulen überzeugten auch Thurmond davon, dass Nixon ein Kandidat sei, dem man vertrauen könne. Somit attackierte Thurmond in Wahlkampfveranstaltungen auch immer wieder Wallace. Nicht für dessen Werte, sondern seine potenzielle Rolle in der Wahl Humphreys. Die Befürchtung lautete, dass Wallace insbesondere Nixon Stimmen „klauen" könnte, die schlussendlich den Demokraten und Verfechter eines weiteren Ausbaus der schwarzen Bürgerrechte Humphrey als lachenden Dritten ins Weiße Haus katapultieren könnten.[89] Thurmonds Strategie und sein unentwegter Einsatz für Richard Nixon sollten sich letzten Endes auszahlen: South Carolina stimmte als einziger Staat des *Deep South* für Nixon anstatt Wallace. Neben Goldwaters Sieg vier Jahre zuvor stellte Nixons Triumph erst den zweiten republikanischen Sieg im Einzelstaat seit den 1880 dar. Dass ein weiterhin überzeugter Vorkämpfer der Rassentrennung wie Thurmond sein gesamtes politisches Kapital für Nixon einsetzte, zeigt nicht zuletzt auch auf, inwieweit die Kandidatur Nixons auf den weißen Süden und dessen Interessen zugeschnitten war.

---

87 Zitiert in: Skrentny (2014), S. 31.

88 Vgl. Haney López, Ian (2014): Dog Whistle Politics: How Coded Racial Appeals Have Reinvented Racism and Wrecked the Middle Class, S. 24.

89 Vgl. Mayer (2002), S. 92.

Wie Goldwater argumentierte Nixon nicht direkt gegen die Ausweitung der Rechte der schwarzen Minderheit, sondern vertrat in der Öffentlichkeit den Standpunkt, dass in vielen Bürgerrechtsfragen der föderale Staatsapparat seinen durch die Verfassung vorgegebenen Kompetenzrahmen überschritten habe. Besondere Aufmerksamkeit erhielt hier die Judikative, insbesondere der *Supreme Court*, der mit der Bekanntgabe der Verfassungswidrigkeit der Rassentrennung in öffentlichen Schulen mit seinem Urteil *Brown v. Board of Education* (1954) einen entscheidenden Schritt zum Ende der *Segregation* einleitete. Weitere Gerichtshof-Entscheidungen der Ära bauten zudem die Rechte Tatverdächtiger sowie von Straftätern aus und erklärten staatlich verordnete Gebete in öffentlichen Schulen als gesetzeswidrig.[90] Entsprechend verhasst war die Institution somit auch im christlich-autoritären Süden. Nixon ließ seinerseits verlauten, dass er im Obersten Gerichtshof nur „strict constitutionalists" sehen wollte – „Men that interpret the law and don't try to make the law".[91] Selbst die „smart judges" des höchsten Gerichts des Landes, konnten nach Ansicht Richard Nixons nicht besser als lokale Schulgremien beurteilen, welche Regeln für die entsprechenden Kommunen, beispielsweise bezüglich der Frage der *Desegregation* der Schulen, zu gelten haben. Dies galt ebenso für den gesamten föderalen Staatsapparat. Die Umsetzung der Vorgaben aus Washington, D.C., von „Bürokraten" vermeintlich ohne jegliches Verständnis für die lokalen Gegebenheiten diktiert, lehnte Nixon zumindest rhetorisch ab. Diese „Doktrin" war seiner Ansicht nach „eine sehr gefährliche".[92]

Nixons Regierungsarbeit reflektierte zumindest in bestimmten Bereichen die Lehren, die aus der Wahl 1968 im konservativen Lager gezogen wurden. Über das Thema *Race* hinaus sollte der 37. Präsident in seiner Zeit im Amt die populistischen Pfeiler der Partei verstärken. Auch wenn Richard Nixon in seiner politischen Karriere so gut wie alles erreicht hatte – Mitglied beider Kammern des Kongresses, Vizepräsident, Präsident – sah er sich in Washington trotzdem als Außenseiter an, dem vom politischen Establishment nicht der Respekt gezollt wurde, den er seiner Ansicht nach verdiente.[93] Als es

90 Vgl. Edsall/Edsall (1992), S. 45.

91 Zitiert in: Ebd., S. 75.

92 Im Original: „[T]o force a local community to carry out what a federal administrator or bureaucrat may think is best for that local community – I think that is a doctrine that is a very dangerous one." Zitiert in: Edsall/Edsall (1992), S. 76.

93 Vgl. Lütjen, Torben (2016): Partei der Extreme: Die Republikaner – Über die Implosion des amerikanischen Konservativismus, S. 62.

um die Zusammensetzung seines Kabinetts ging, gab Nixon beispielsweise seinem Stabschef im Weißen Haus, H.R. Haldeman, die strikte Anweisung, „keinen dieser Harvard-Bastarde" in die Regierung zu holen.[94] Um die Wähler von George Wallace anzusprechen, sollten zudem Maßnahmen, die den Präferenzen weißer Südstaatler zuwiderliefen, vermieden werden. Als Nixons Minister für Gesundheit, Bildung und Wohlfahrt vorschlug, zusätzliche Schritte für die Integration von Schulen umzusetzen, reagierte Nixon schroff mit der Maßgabe, es solle das gesetzliche vorgeschriebene Minimum realisiert werden – „and not one bit more".[95] Der Präsident sah ebenso, dass die Judikative in diesem Themenbereich oft als federführende Institution agierte und somit im weißen Süden alles andere als populär war. Richard Nixon war während seiner Zeit im Weißen Haus in der Lage, insgesamt vier Richter zum *Supreme Court* zu nominieren. Als Richter Hugo Black im September 1971 den Obersten Gerichtshof verließ, sah Nixon die Zeit gekommen, diesen mit einem Mann aus dem Süden zu ersetzen. Für die entsprechende Person hatte Nixon zwei grundlegende Bedingungen. Als erstes musste der Kandidat ein „conservative southerner" sein. Ebenso sollte dieser eine klare Position gegen „busing, and against forced housing integration"[96] (also staatliche Maßnahmen, die Afroamerikanern helfen sollten, besseren Wohnraum zu erhalten) beziehen. Darüber hinaus, so der Präsident, könne der Aspirant auf den Sitz im *Supreme Court* mehr oder weniger machen was er wolle.

Hier muss jedoch angemerkt werden, dass die fünfeinhalb Jahre, die Nixon im Weißen Haus verbrachte, keinesfalls die Leitlinie verfolgten, die Politik Wallaces hinter einer respektableren Fassade durchzusetzen. Die Politik und Programmatik der Nixon-Regierung zeigen auf, in welchem Ausmaß die Figur Richard Nixon schwer zu fassen ist. Mag er öffentlich den *Racial Conservatives* des Südens versprochen haben, nur existierende vorgeschriebene Maßnahmen bezüglich der Integration der Schulen zu implementieren, so tat Nixon genau dies: Er setzte föderale Vorgaben um und trug somit zum Ende des Vermächtnisses der *Segregation* bei. Privat gab Nixon zu, das „Race Problem" werde noch mindestens ein Jahrhundert die amerikanische Politik und Gesellschaft beschäftigen. Lösen könne man

---

94 Im Original: „None of those Harvard bastards." Zitiert in: Thomas, Evan (2016): Being Nixon: A Man Divided, S. 5.

95 Zitiert in: Kruse (2005), S. 255.

96 Zitiert in: Dean, John W. (2001): The Rehnquist Choice: The Untold Story of the Nixon Appointment That Redefined the Supreme Court, S. 46–47.

es als Präsident also nicht. Dies hieß jedoch nicht, dass die Politik in dieser Frage inaktiv sein sollte: „Desegregation, though, that has to happen now".[97] Die Ergebnisse zeichnen in diesem Politikbereich durchaus das Bild eines Präsidenten, der keineswegs die Wünsche eines Wallace oder Thurmond in vollem Umfang übernahm. Besuchten 1968 noch 68 Prozent aller schwarzen Kinder im Süden Schulen, deren Schülerschaft gänzlich aus Afroamerikanern bestand, lag dieser Wert sechs Jahre später bei nur noch acht Prozent.[98]

Richard Nixon verfeinerte die *Southern Strategy* der Republikanischen Partei jedoch zweifelslos. Der Wissenschaftler Ian Haney López kommt bezüglich Nixon und seiner Anwendung der *Southern Strategy* zu dem Fazit, dieser habe Wallaces „dark art"[99] der Auslösung rassistischer Bedrohungsgefühle in der weißen Wählerschaft wie nur wenige andere Politiker beherrscht. Nixon konnte die Ängste, Vorurteile und Ressentiments bezüglich Minderheiten unter weißen Wählern ansprechen und war gleichzeitig in der Lage plausibel zu argumentieren, keine seiner Standpunkte seien mit dem Thema *Race* verbunden. Bewies Wallaces Vergangenheit, dass diese Ansichten auf einer rassistischen Weltanschauung basierten, so konnte Nixon auf vergangene Ansichten und Aktionen verweisen, die seine Unschuld vermeintlich bewiesen. Dazu sei gesagt, dass gerade Nixons Bilanz vor seiner Amtszeit als Präsident diese Belege lieferte. So zwang Nixon beispielsweise während der Präsidentschaftskampagne 1960 seine Mitarbeiter aus einem Hotel auszuziehen, als sich herausstellte, dass dieses die Unterbringung schwarzer Journalisten ablehnte.[100] Ebenso argumentierte er im Kampf gegen John F. Kennedy 1960 noch, dass die Bürgerrechte schwarzer Amerikaner im Süden selbstverständlich eine föderale Frage darstellten und nicht den politischen Akteuren der Region allein überlassen werden sollten.[101] Privat vertrat Nixon zum Thema Rassengleichheit jedoch höchst fragwürdige Ansichten. So vertraute er John Ehrlichman an, dass seiner Ansicht nach Schwarze „genetisch unterlegen"[102] seien. Doch war Nixons Präsidentschaft samt ihrer Appelle an die weißen Wähler des Südens auch in gewisser Hinsicht ein Produkt ihrer Ära. Der Weg zu konservativen Mehrheiten in

---

97 Zitiert in: Thomas (2016), S. 259.
98 Vgl. Mayer (2002), S. 97.
99 Haney López (2014), S. 24.
100 Vgl. Thomas (2016), S. 116.
101 Vgl. Hillygus/Shields (2008), S. 107.
102 Zitiert in: Mendelberg (2001), S. 97.

Washington, D.C. sollte unweigerlich durch den Süden führen – und das größte Potenzial einer konservativen Botschaft ließ sich in der Ansprache der rassistischen Ressentiments der dortigen weißen Wählerschaft finden.

Richard Nixons Strategie der zumindest rhetorischen Fokussierung auf die Interessen und Belange des durchschnittlichen weißen Südstaatlers sollte enorme elektorale Früchte tragen. Richard Nixons Wiederwahl 1972 war aus vielerlei Sicht beeindruckend. Nicht nur konnte Nixon 49 Einzelstaaten für sich entscheiden – seine größten Siege erzielte der Amtsinhaber in den Südstaaten. Nixon gewann ungefähr 80 Prozent der Stimmen weißer Wählerinnen und Wähler im Süden.[103] Dementsprechend überrascht es nicht, dass sich Nixons sechs beste Ergebnisse in den Staaten der ehemaligen *Confederacy* beziehungsweise in deren Peripherie finden ließen.[104] Insgesamt landeten die elf Einzelstaaten des Südens unter Nixons 17 besten Staaten. Dem Betrachter bot sich somit das Bild einer noch nie dagewesenen Transformation der amerikanischen Politik: Nur acht Jahre nach der Verabschiedung des *Civil Rights Act* von 1964 war der ehemals „solide Süden" der Demokraten zumindest auf der Ebene der Präsidentschaftswahlen zur republikanischsten Region des Landes geworden.

2.4 Ronald Reagan – Die Perfektionierung der *Southern Strategy*

Wird die Eroberung der Südstaaten und die damit verbundene Transformation der Republikanischen Partei als Errichtung eines neuen politischen Hauses betrachtet, kommt man zur folgenden Arbeitsaufteilung: Goldwater hob die Grube aus, während Nixon das Fundament legte. Doch es war Reagan, dessen Kandidatur und Präsidentschaft in den 1980er-Jahren ein gänzlich neues Heim errichtete, in dem sich die Partei mit einigen Modifikationen bis heute befindet. In diesem Bau residiert auch Trump – auch wenn er ihm durchaus seinen eigenen Anstrich gegeben hat.

Ronald Reagan sollte sich als transformative Figur des amerikanischen Konservatismus herausstellen, gerade weil der ehemalige Schauspieler und Gouverneur Kaliforniens die *Southern Strategy* wie kein zweiter anwandte. Er verbesserte und perfektionierte sie und band somit den Süden dauerhaft

---

103 Vgl. Phillips, Kevin (2006): American Theocracy: The Peril and Politics of Radical Religion, Oil, and Borrowed Money in the 21st Century, S. 178.

104 Mississippi, Georgia, Oklahoma, Alabama, Florida, South Carolina.

an die Republikanische Partei. Dies schaffte Reagan aus der Kombinierung der Aspekte *Race* und Religion. Spielte letzteres unter Goldwater noch keine und während der Nixon-Präsidentschaft weiterhin eine untergeordnete Rolle, so verstand Reagan es auch die konservativen Protestanten, die ihre Heimat im Süden des Landes besaßen, in das republikanische Boot zu bringen. Damit sollte Reagan eine elektorale Allianz schaffen, die noch heute die Republikanische Partei definiert. Bestand die Südstaaten-Strategie unter Goldwater aus einer fast durchweg (wenn auch oft unausgesprochenen) rassistischen Botschaft, fügte Nixon eine populistische Komponente hinzu. Reagan nahm diese beiden Pfeiler und addierte die christlich-konservative Wählerschaft zur republikanischen Koalition. In seiner Kapazität als Wahlkämpfer und Präsident formte Ronald Reagan seine Partei wie nur wenige andere Akteure der jüngeren amerikanischen Geschichte. Somit ist er auch mitverantwortlich für die Herausforderungen, auf die die Republikaner in der nahen Zukunft aufgrund des später erörterten demographischen Wandels der Vereinigten Staaten treffen werden. In einem Land, das mit jedem Tag säkularer und weniger weiß wird, ist die Republikanische Partei insbesondere dank Reagan heute eine politische Allianz aus konservativen evangelikalen Protestanten und weißen Wählern mit Ressentiments gegenüber Minderheiten.

Der politische Werdegang des ehemaligen Schauspielers zeigte schon früh sein elektorales Potenzial für einen weiteren Ausbau der republikanischen Erfolge im Süden des Landes auf. 1964 unterstützte Reagan mit Nachdruck die Goldwater-Kandidatur. Dessen Niederlage führte Reagan nicht auf die Strategie des Senators aus Arizona zurück, sondern den „Verrat“[105] von bestimmten Mitgliedern in den eigenen Reihen, die vom ersten Tag an den eigenen Kandidaten als Rassisten denunziert hätten. Reagans bekanntestes Vermächtnis der Wahl 1964 sollte seine *A Time for Choosing*-Rede werden, in der er das Argument für einen grundlegenden Politikwechsel in einer populistischen Art und Weise vorbrachte, wie sie seitdem immer wieder von Republikanern artikuliert wird. Liest man Reagans Rede im Kontext des Essays „The Paranoid Style in American Politics“ des Historikers Richard Hofstadter aus dem Wahljahr 1964, fällt auf in welchem Ausmaß Ronald Reagan die Figur des von Hofstadter charakterisierten *Paranoid Spokesman* fast perfekt darstellte. In seinem Essay beschrieb Hofstadter die insbesondere an den Rändern der amerikanischen Politik immer wiederkehrende

105 Vgl. Kabaservice (2012), S. 127.

Paranoia: vor Migranten, die sich anschicken, die politische Macht im Land an sich zu reißen, aber auch vor dem politischen Establishment selbst, das sinistere Pläne zur Zerstörung Amerikas umzusetzen versucht. Der *Paranoid Spokesman*, so Hofstadter, „traffics in the birth and death of whole worlds, whole political orders, whole systems of human values" – er bemannt immer die „barricades of civilization"[106] gegen die Feinde der Freiheit. Für ihn geht es in der Politik also nicht um kleinere programmatische Fragen, sondern fortwährend um die Zukunft sowie das Überleben des Landes und seiner grundlegenden Werte, die – nach konservativer Interpretation – von sozialistischen Akteuren in der Demokratischen Partei bedroht sind. Sollte diese Sichtweise dem Leser bekannt vorkommen, dann überrascht dies nicht, denn insbesondere die *Tea Party* machte sich in der Obama-Ära unentwegt eine ähnliche Argumentation zu eigen während auch Donald Trump den Wettbewerb gegen politische Gegner als Kampf um die Sicherung des Fortbestehen Amerikas darstellt.

Die Darstellung politischer Dispute als zivilisatorischen Wettbewerb um die Zukunft des *American Way of Life* zieht sich durch die besagte *A Time for Choosing*-Rede Reagans, in der er den Wählern des Landes die zentralen Argumente für eine Goldwater-Präsidentschaft näher brachte. Der demokratische Amtsinhaber Lyndon B. Johnson stand laut Reagan für eine zutiefst fragwürdige, wenn nicht gar unamerikanische Programmatik. Zu der konkreteren Kritik an der Steuerpolitik der Johnson-Regierung gesellte sich eine Rhetorik, nach der es in der Wahl 1964 um nicht weniger als die Zukunft des Landes, wenn nicht gar der Welt ginge: „If we lose freedom here, there's no place to escape to. This is the last stand on earth."[107] Bereits drei Jahre zuvor hatte Reagan einen Ausbau des staatlichen Gesundheitssystem als ernste Gefahr für die Zukunft des Landes dargestellt. Sollte in den USA jemals ein System der „socialized medicine" eingeführt werden, dann, so Reagan, würde das Amerika der Gründerväter unweigerlich nicht mehr existieren:

> *„One day [...] we will awake to find that we have socialism. [...] [O]ne of these days you and I are going to spend our sunset years telling our children, and our children's children, what it once was like in America when men were free."*[108]

---

106 Hofstadter, Richard (1965): The Paranoid Style in American Politics. In: The Paranoid Style in American Politics and Other Essays, S. 29–30.

107 Reagan, Ronald (1964): A Time for Choosing. 27. Oktober.

108 Reagan, Ronald (1961): Ronald Reagan Speaks Out Against Socialized Medicine.

In diesem Kontext lohnt sich ein weiterer Blick auf Hofstadters *Paranoid Spokesman.* Dieser ist stetig durchsetzt von der Angst, dass Land und Zivilisation fortwährend vor dem Untergang stehen: „Time is forever just running out. [...] [H]e expresses the anxiety of those who are living through the last days."[109] Entsprechend Ronald Reagans Rhetorik war die Wahl zwischen Goldwater und Johnson nicht weniger als die vielleicht wichtigste Weggabelung in der Geschichte des Landes, denn eine falsche Wahl bedeutete die Aufgabe der „Amerikanischen Revolution".[110] Diese Sichtweise hat in der republikanischen Rhetorik auch bis ins 21. Jahrhundert überdauert. So wandte Donald Trump diese Rhetorik im Wahlkampf 2016 ebenso an, als er seinem Publikum erklärte, der Wettbewerb zwischen ihm und seiner Gegnerin sei „a crossroads in the history of our civilization", der entscheiden würde „whether we are a free nation or whether we have only the illusion of democracy".[111] Auch andere führende Republikaner haben sich diese Rhetorik zu eigen gemacht. Dabei geht die Gefahr sowohl von innen als auch außen aus. Trumps Widersacher im Vorwahlkampf 2024, Ron DeSantis, sprach während seiner Kampagne folgende düstere Warnung aus:

> *„If we continue to be weak abroad and allow our culture to deteriorate here at home, we can have a situation where our kids or grandkids are studying, memorizing 37 different pronouns in Mandarin".*[112]

Appelle des imminenten Untergangs des Landes zeigen sicherlich eine gewisse Kontinuität innerhalb der Republikanischen Partei bei der Darstellung politischer Konflikte auf. Ronald Reagans fortdauernde Relevanz beruht aber insbesondere auf seinen Ansichten und der diesbezüglichen Rhetorik beim Thema *Race.* Reagans Standpunkte zu diesem Aspekt trugen dazu bei, den Süden endgültig in das Lager der Republikanischen Partei zu bringen. Den Voting Rights Act des Jahres 1965, der gerade den Südstaaten Auflagen bezüglich ihres Wahlrechts auferlegte,[113] bezeichnete Reagan als

---

109 Hofstadter (1965), S. 30.

110 Ronald Reagan (1964).

111 Rede von Donald Trump am 13. Oktober 2016. National Public Radio: Donald Trump's Speech Responding to Assault Accusations.

112 Zitiert in: The American Presidency Project (2023): Ron DeSantis with Tucker Carlson at the FAMiLY Leadership Summit. 14. Juli.

113 Beispielsweise die vorherige Absegnung von Änderungen der Wahlgesetze oder der Grenzen der Wahlkreise durch das Bundesjustizministerium.

„humiliating“[114] (erniedrigend) für den Süden des Landes. Auch als Kandidat für das Amt des Gouverneurs von Kalifornien machte sich Reagan einen Namen als Akteur, der alles andere als ein sonderlich extensives Interesse an der Umsetzung föderaler Richtlinien zur Aufhebung der auch im Westen des Landes weit verbreiteten Diskriminierung gegen schwarze Bürger zeigte. 1966 argumentierte Reagan noch, dass es natürlich des Recht eines jeden Bürgers sei, sein Eigentum nicht an Schwarze zu verkaufen oder zu vermieten.[115] Ebenso adressierte er in seinen Wahlbotschaften die Ängste der weißen Wähler. Wie Nixon nutzte Reagan das Bild des „Dschungels“ und beschrieb die Straßen der Städte seines Staats als „jungle paths after dark“.[116]

Reagans Reaktion auf die Ermordung der Bürgerrechtsikone Martin Luther King, Jr. gibt weitere Einblicke in seine damalige Denkweise. Nachdem King, Jr. im April 1968 erschossen wurde, argumentierte Reagan zwar, dass dies eine „große Tragödie“ sei, doch gab er dem Bürgerrechtskämpfer und seinen Mitstreitern in gewisser Weise eine Mitschuld an dem Attentat. Der Weg zu dieser Tragödie „began when we began compromising with law and order, and people started choosing which laws they'd break“.[117] In dieser Interpretation standen Attentäter und Opfer fast auf einer Stufe – beide hatten beschlossen, selbst zu entscheiden, welche Gesetze sie als rechtens und beachtenswert sahen. Dass Martin Luther King, Jr. vom ersten Tag an einen friedlichen Widerstand auch in der Konfrontation mit der Polizeigewalt des Südens gegenüber Demonstranten predigte, schien in den Gedankengängen des damaligen Gouverneurs jedoch keine Rolle zu spielen.

Reagans fehlender Enthusiasmus anderthalb Jahrzehnte später bei der Einrichtung eines nationalen Feiertags für Martin Luther King, Jr. überrascht in diesem Kontext auch nicht. Als in Diskussionen bezüglich des Feiertages im Senat der Südstaaten-Republikaner Jesse Helms – von einem Kolumnisten der Washington Post noch 2001 als „last prominent unabashed white racist politician in this country“[118] bezeichnet – Martin Luther King, Jr. vorwarf, ein Marxist gewesen zu sein, dessen Werte mit den amerikanischen

114 Zitiert in: Smith (2010), S. 151.

115 Vgl. Haney López (2014), S. 58.

116 Zitiert in: Dallek, Matthew (2011): The divisive underbelly of Reagan's sunny optimism. In: Slate, 3. Februar.

117 Zitiert in: Sokol, Jason (2017): Which Martin Luther King are we Celebrating Today? In: New York Times, 16. Januar.

118 Broder, David S. (2001): Jesse Helms, White Racist. In: Washington Post, 29. August.

„unvereinbar"[119] waren, reagierte Reagan lakonisch, dass die Wahrheit wohl in 35 Jahren (nachdem die diesbezüglichen FBI-Unterlagen publik gemacht würden) ans Licht käme. Dem Senator aus North Carolina könne er jedoch keine Vorhaltungen machen, da dieser sich, so Reagan, einzig und allein auf der Suche nach der Wahrheit befand.[120]

Zu diesem Zeitpunkt hatte Reagan sich bereits einen Namen unter weißen Wählern mit Ressentiments gegenüber Minderheiten gemacht. Ein Ort im Wahlkampf 1980 sollte diesbezüglich in die Geschichte der Vereinigten Staaten eingehen. Im August 1980 besuchte Ronald Reagan die *Neshoba County Fair* in Mississippi. Volksfeste wie dieses eigneten sich perfekt zur Wählergewinnung. Dem fast ausschließlich weißen Publikum sagte Reagan, dass er ein klarer Unterstützer von „States' Rights" sei. Die Konnotationen dieses Begriffes im Kontext des Kampfes für die Rechte schwarzer Bürger wurden bereits mehrfach erläutert. Besonders war jedoch auch, dass Journalisten, die Reagan auf seiner Wahltour begleitet hatten, sich nicht an eine vorherige Nutzung dieses Ausdrucks durch Reagan erinnern konnten.[121]

Die Wahl dieser Worte war dementsprechend kein Zufall, sondern richtete sich an eine Zuschauerschaft, die schon in den Jahrzehnten zuvor genau wusste, für welche Art der Politik der Begriff *States' Rights* stand. Die Stätte der Veranstaltung war vorher zudem insbesondere hinsichtlich des zu erwartenden Publikums von einem lokalen Republikaner ausgewählt worden, der das Volksfest in einem Brief an das *Republican National Committee* (das nationale Organisationsgremium der Partei) als perfekten Ort zur Gewinnung von Wählern, die in der Vergangenheit George Wallace unterstützt hatten, anpries.[122] Mit seiner klaren Positionierung gegen bundesstaatliche Vorschriften, signalisierte Reagan den Besuchern des Volkfestes sowie der konservativen weißen Wählerschaft der Region, dass er auf ihrer Seite stand. Wie Goldwater und Nixon zuvor, positionierte sich Ronald Reagan somit eindeutig als Akteur, der föderale Interventionen – auch zur weiteren Implementierung und Wahrung der Rechte der schwarzen Minderheit – strikt und rigoros ablehnte. Die in den Medien durchaus kritische Reaktion auf Reagans Wahlkampfrede basierte jedoch nicht nur auf deren Inhalt,

119 Zitiert in: Dewar, Helen (1983): Helms Stalls King's day in Senate. In: Washington Post, 4. Oktober.

120 Vgl. Smith (2010), S. 173.

121 Vgl. Crespino, Joseph (2007): In Search of another Country: Mississippi and the Conservative Counterrevolution, S. 1

122 Vgl. Haney López (2014), S. 58.

sondern gerade auch auf der Wahl des Veranstaltungsorts. Nur wenige Meilen entfernt waren 16 Jahre zuvor drei Bürgerrechtsaktivisten von Mitgliedern des Ku-Klux-Klan mit der Unterstützung lokaler Polizisten ermordet wurden. Damals wie heute reagieren Unterstützer Reagans empört auf die Unterstellung, dieser habe versucht, rassistische Ressentiments unter potenziellen Wählern anzusprechen. States' Rights, so die Argumentation, habe für Reagan keinerlei rassebezogenen Konnotationen gehabt, sondern sich einzig und allein auf den Kampf gegen einen überbordenden Staat bezogen.[123]

Reagans Handlungen als Präsident erschweren es jedoch, in dieser Frage ein wohlwollendes Fazit zu ziehen. Das vielleicht prägnanteste Beispiel für Reagans Politik gegenüber rassistischen Akteuren lässt sich in einem Gerichtsfall finden, der viele verschiedene Stränge der Südstaaten-Politik vereinte. Wie bereits erwähnt, forcierten *Supreme Court* und der föderale Staatsapparat in den 1950er- und 60er-Jahren ein Ende der Rassentrennung in staatlichen Bildungseinrichtungen. Der beste Weg für weiße Eltern, diesen Maßnahmen der Integration zu entkommen, war die Entsendung ihrer Kinder auf Privatschulen, die in einer Vielzahl nach der Gerichtsentscheidung *Brown v. Board of Education* (1954) aus dem Boden schossen. In den späten 1970er-Jahren befanden sich fast 750.000 Schüler auf insgesamt 3.500 Privatschulen im Süden, deren Vorgaben die Aufnahme von Schülern ethnischer Minderheiten oft unmöglich machten.[124] Viele der gemeinhin als *Segregation Academies* bekannten Schulen wurden von christlichen Organisationen betrieben und erhielten Steuerbefreiungen, da sie als karitative Einrichtungen registriert waren. Wie folgend noch erörtert wird, ist es in der Geschichte des Südens nicht unbedingt einfach, die Themen *Race* und Religion voneinander zu entflechten. Dies sollte gerade bei der Frage der „Re-Segregation" der Schulen der Fall sein. Manche Beobachter des Bildungssystems des Südens kamen schlussendlich aufgrund der Rolle kirchlicher Institutionen im Kampf für die Beibehaltung der Rassentrennung in Schulen zu dem Fazit, dass kirchliche Schulen und die sogenannten *Segregation Academies* „fast gleichbedeutend"[125] waren.

---

123 Für eine Apologie, vgl. McLaughlin, Dan (2016): No, Ronald Reagan Didn't Launch his 1980 Campaign in Philadelphia, MS. In: RedState, 2. Juni.

124 Vgl. Rooks, Noliwe (2018): Cindy Hyde-Smith is Teaching us What Segregation Academies Taught her. In: New York Times, 28. November.

125 Crespino (2007), S. 248.

Als Reaktion auf ein Gerichtsurteil, das weitere Steuerbefreiungen aussetzte und Druck seitens des Kongresses, traf die Nixon-Regierung im Sommer 1970 die Entscheidung, Steuerbefreiungen für Schulen und Universitäten aufzuheben, deren Status als Privatschulen das Ziel verfolgte, die Rassentrennung in Bildungsinstitutionen auf anderem Wege aufrecht zu erhalten. 1970 entschied sich die amerikanische Bundessteuerbehörde (*Internal Revenue Service,* IRS), die steuerlichen Vorteile der vielleicht bekanntesten Bildungseinrichtung, die weiterhin Rassentrennung praktizierte, aufzuheben; eine Entscheidung, die eine gerichtliche Konfrontation von über einem Jahrzehnt nach sich ziehen sollte. Beim Ziel des IRS handelte es sich um die evangelikale *Bob Jones University* (BJU) in South Carolina. Bis 1971 lehnte die Universität die Aufnahme von schwarzen Bewerbern vollkommen ab und untersagte partnerschaftliche Beziehungen zwischen Studenten verschiedener Rassen gar für drei weitere Jahrzehnte. Die Opposition gegen eine weitere Integration basierte laut der Universität jedoch nicht auf einer rassistischen Weltanschauung. Laut BJU konnten Schwarze und Weiße natürlich friedlich und auch gleichberechtigt Seite an Seite miteinander leben. Doch Beziehungen gar sexueller Natur waren indiskutabel.[126] Nachdem die Aufnahmebedingungen gelockert worden waren, argumentierte in den frühen 1980ern der damalige Präsident der Universität, Bob Jones III, weiterhin, dass es „three basic races“ gäbe: „Oriental, Caucasian, and Negroid. At BJU, everyone dates within those three basic races“.[127] Andere Beziehungen oder gar Mischehen stellten laut der Interpretation von BJU hingegen einen Verstoß gegen den Willen Gottes dar.[128] Der *Supreme Court* sah die Maßnahmen des IRS gegen BJU jedoch nicht als Verstoß gegen die Religionsfreiheit letzterer an und entschied 1983 gegen eine erneute Steuerbefreiung der evangelikalen Universität.

In der von Bob Jones III gewählten Argumentation lässt sich auch die zusätzliche Relevanz des *Bob Jones University v. United States*-Fall erkennen. Unterstützer von BJU, die möglicherweise selbst die fortwährende Rassentrennung an Schulen ablehnten, konnten den Disput als Kampf um die Erhaltung der Religionsfreiheit (und damit als ein Thema, das

---

126 Vgl. Johnson, Olati (2010): The Story of Bob Jones University v. United States: Race, Religion, and Congress' Extraordinary Acquiescence. In: Columbia Public Law & Legal Theory Working Papers, Nr. 9184, S. 12.

127 Zitiert in: Albrecht, Lelia C. (1982): Should a Discriminatory School be Tax-Free? Reagan Says yes, Then no; Bob Jones Cries Foul. In: People, 15. Februar.

128 Vgl. Mayer (2002), S. 277–278.

so alt wie die Vereinigten Staaten selbst sei) darstellen. Ronald Reagan positionierte sich mit dieser Interpretation früh auf Seiten der Universität und dementsprechend aller anderen *Segregation Academies*. 1982 gab die Reagan-Regierung bekannt, dass der Kampf des IRS gegen BJU und andere Bildungsinstitutionen mit ähnlichen Praktiken beendet sei, da es sich hier um eine Beschneidung des *First Amendment*-Rechts der Religionsfreiheit handele. Der darauffolgende mediale und politische Aufschrei führte jedoch zu einer direkten Kehrtwende des Präsidenten. Seine Regierung argumentierte nun, der Kongress oder *Supreme Court* sollte diese Frage abschließend beantworten.[129] Der Kampf um die Steuerfreiheiten von christlichen *Segregation Academies* und die Reaktion Reagans spiegelten die Verbindung zwischen den Themen *Race* und Religion wider; zwei Aspekte, die wie in keiner anderen Region des Landes in den Südstaaten miteinander verknüpft waren – und somit auch im Siegeszug der Republikaner in der Region eine fast gleichermaßen relevante Rolle spielten.

Die vorherigen ⟶ Kapitel konzentrierten sich auf die Relevanz rassebezogener Aspekte bei der Transformation der politischen Präferenzen des Südens. Die „Eroberung" christlich-konservativer Wähler seitens der Republikaner ist jedoch der zweite Pfeiler der *Southern Strategy*, in dessen Umsetzung Ronald Reagan eine entscheidendere Rolle als seine Vorgänger spielte. Die Präsidentschaft Reagans und sein langlebiges Vermächtnis können neben seinen Appellen an xenophobe Segmente der Wählerschaft nicht ohne die Allianz, die der 40. Präsident zwischen seiner Partei und dem Elektorat der „Christlichen Rechten" schuf, verstanden werden. Betrachtet man die heutige Republikanische Partei, mag es überraschend erscheinen, dass die Bindungen zwischen religiösen (insbesondere protestantischen) Interessensvertretern und ihren Unterstützern auf der einen sowie der Republikanischen Partei auf der anderen Seite relativ jung sind. Dabei sei angemerkt, dass schon im frühen 20. Jahrhundert konservative christliche Organisationen versuchten, Einfluss auf die Politik zu nehmen. Eine dieser Folgen war das Verbot des Lehrens der Evolutionstheorie in fünf amerikanischen Einzelstaaten (vier davon in den Südstaaten). Als der Lehrer John T. Scopes 1925 dieses Verbot in Tennessee missachtete, wurde die Frage gerichtlich aufgearbeitet. Der Prozess weckte ein bis dahin nur selten vorgefundenes nationales Interesse. Diskussionen über die Rolle

---

129 Vgl. Haberman, Aaron (2005): Into the Wilderness: Ronald Reagan, Bob Jones University, and the Political Education of the Christian Right. In: The Historian 67 (2), S. 234.

der Religion im Klassenzimmer und der Wissenschaft bescherten dem Gerichtsfall eine Relevanz, die weit über die Frage des Bußgeldes von Scopes hinausging. Zwar wurde dieser letztendlich im vom H. L. Mencken getauften *Scopes Monkey Trial* zu einer Strafe von 100 Dollar verurteilt, doch verloren die konservativen Christen den Kampf für ihre übergeordneten Absichten. Von den nationalen Medien fast durchgängig für ihre Ansichten verspottet, entschieden sich die meisten religiösen Aktivisten als Folge in eine Art inneres politisches Exil zu gehen.[130] Das Ergebnis war eine fast durchgängige und weit verbreitete politische Abstinenz von politischer Aktivität seitens konservativer Christen für fast ein halbes Jahrhundert. Stattdessen konzentrierte man sich auf die Etablierung einer Art „Staat im Staat", beispielsweise durch die Errichtung eigener Bildungsinstitutionen (wie zum Beispiel der zwei Jahre nach dem Gerichtsfall gegründeten *Bob Jones University*). Es sollte gerade dieses extensive Netzwerk innerhalb der konservativen protestantischen Gemeinschaft sein, das sich republikanische Strategen ab den 1970er-Jahren beim Versuch der Repolitisierung des christlichen Konservatismus zunutze machen konnten.

Noch Mitte der 1960er-Jahre argumentierten geistliche Akteure wie Jerry Falwell (später eine der führenden Personen der „Religiösen Rechten"), dass Religion und Politik voneinander strikt zu trennen seien: „Preachers are not called upon to be politicians, but to be soul winners".[131] Auch im Fall der politischen Wiedergeburt der konservativen Protestanten sollte der *Supreme Court* wie schon beim Thema Rassentrennung ein bis heute wirkendes politisches Vermächtnis hinterlassen. 1962 entschied der Oberste Gerichtshof im Fall *Engel v. Vitale*, dass der Staat nicht das Recht besitzt, Gebete in öffentlichen Schulen vorzugeben. Elf Jahre später traf das Gericht eine Entscheidung, dessen Name auch heute den politisch Desinteressierten in den USA bekannt ist. In *Roe v. Wade* entschieden sieben der neun Richter, dass ein Schwangerschaftsabbruch bis zum Zeitpunkt der Lebensfähigkeit des Fötus legal ist. Für Falwell war es gerade diese Grundsatzentscheidung, die ihn zu einer Abkehr von seiner bis dahin praktizierten politischen Absti-

130 Vgl. Wilcox, Clyde/Carin Robinson (2011): Onward Christian Soldiers? The Religious Right in American Politics, S. 31–40.

131 Zitiert in: Dionne, Jr., E.J. (2006): Polarized by God? American Politics and the Religious Divide, S. 176

nenz bewegen konnte – er erkannte, dass „predigen nicht mehr ausreichen würde".[132]

„Religiöse Rechte" und Republikanische Partei waren in vielerlei Hinsicht wie füreinander gemacht. In ihrem ideologischen Kern teilten sie ein generelles Misstrauen gegenüber dem föderalen Regierungsapparat. Auf Seiten der Republikanischen Partei entsprieß diese Sichtweise auf der Basis von ökonomischen Grundgedanken, auf Seiten der religiös-konservativen Protestanten wurde der „Staat" als Akteur gesehen, der zunehmend in die Sphäre der Religion eindrang und Christen seine säkularen Werte aufzwang. Die bereits erwähnten Verbote von Gebeten in öffentlichen Schulen sowie die Legalisierung von Schwangerschaftsabbrüchen stellten hier nur die Spitze des Eisbergs dar. Mit einer Abkehr von Gott geriet das Land zudem in Gefahr, seinen Exzeptionalismus zu verlieren. Für die Führungsriege der christlich-konservativen Organisationen der damaligen Ära gingen amerikanische Macht und Gottesfurcht Hand in Hand. Nach ihrer Interpretation hatten es die Vereinigten Staaten innerhalb von weniger als zwei Jahrhunderten geschafft, den Status der stärksten Supermacht der Welt zu erlangen, da Gott und Christentum das ideologische Fundament der Nation darstellten.[133] Entsprechend dieser weiterhin durchaus populären Lesart steht eine Art himmlischer Pakt im Zentrum des amerikanischen Gründungsmythos: Amerika als auserwähltes Volk fungiert als das Vehikel für Gottes Pläne auf Erden – im Gegenzug wird die Entwicklung des Landes durch einen göttlichen Strippenzieher in die richtigen Bahnen gelenkt. Nicht zuletzt Reagan bediente sich, wie später aufgezeigt wird, in seinen Reden auch immer wieder dieser Interpretation.

In der extremsten Form dieser Sichtweise müssen biblische Vorgaben für jedwede programmatischen Pläne herhalten. Ein schlanker Staat mit niedrigen Steuern sowie ein Wohlfahrtsstaat, der auf ein Minimum reduziert ist, stellen keine simple ökonomische Präferenz dar, sondern sind nicht weniger als eine biblische Vorschrift (Sichtweisen, die auch insbesondere innerhalb der *Tea Party* ein großes Maß an Popularität genossen). Jerry Falwell fasste die göttlichen Leitlinien in der Wirtschafts- und Sozialpolitik wie folgt zusammen:

---

132 Im Original: „Preaching would not be enough." Zitiert in: Diamond, Sara (1998): Not by Politics Alone: The Enduring Influence of the Christian Right, S. 64.

133 Vgl. Fea, John (2018): Believe me: The Evangelical Road to Donald Trump, S. 57ff.

> *„Ownership of property is biblical. Competition in business is biblical. Ambitious and successful business management is clearly outlined as a part of God's plan for His People.*"[134]

Die Allianz zwischen Republikanern und der Religiösen Rechten basierte jedoch nicht nur auf einer gemeinsamen ideologischen Ausrichtung in gesellschafts- und wirtschaftspolitischen Fragen. Für erstere war sie gerade auch von strategischer Natur. Der evangelikale Konservatismus konnte von der Republikanischen Partei als einer der wichtigen Schlüssel zur Wählerschaft des Südens genutzt werden, denn diese bestand und besteht weiterhin überproportional aus weißen evangelikalen Wählern. Während ungefähr 30 Prozent aller weißen Amerikaner in den Südstaaten residieren, lassen sich in der Region 45 Prozent aller weißen evangelikalen Amerikaner finden.[135] Eine politische Bewegung, die führende Köpfe der evangelikalen Gläubigen auf ihre Seite bringen konnte, war somit gut positioniert auch im Süden elektorale Erfolge zu feiern.

Auch in dieser Frage ist es jedoch schwer, die politischen Entwicklungen gänzlich von rassebezogenen Aspekten zu trennen. Positionierte sich in anderen Landesteilen die Kirche oft auf Seiten der *Abolitionists,* die der Sklaverei in den Vereinigten Staaten ein Ende setzen wollten, so predigten die evangelikalen Gruppen im *Antebellum*-Süden oftmals die vermeintlich biblische Vorgabe der Sklaverei.[136] Auch nach dem amerikanischen Bürgerkrieg änderte sich an der gesellschaftspolitischen Positionierung der Kirche im Süden für lange Zeit nur wenig. Nunmehr war die praktizierte Rassentrennung der *Jim Crow*-Ära ebenso von Gott vorgeschrieben. So beschrieb der Herausgeber eines kirchlichen Magazins in den Südstaaten das göttliche Gesellschaftsmodell wie folgt: „The plan of God is for diversity of races to continue through earthly time and into eternity".[137] Wer es wagte, sich diesem Plan zu widersetzen, handelte hingegen zutiefst unchristlich.

---

134 Zitiert in: Horwitz (2013), S. 96.

135 Vgl. Newport, Frank/Joseph Carroll (2005): Another Look at Evangelicals in America Today. In: Gallup, 2. Dezember.

136 Hier bezog man sich insbesondere auf den „Curse of Ham", den Fluch Noahs auf die Nachfahren seines Sohnes Ham, die für alle Ewigkeit als Sklaven zu dienen hatten. Für die Rechtfertigung der Sklaverei wurden Ham und seine Nachkommenschaft als dunkelhäutig dargestellt.

137 Zitiert in: Newman, Mark (2001): Getting Right With God: Southern Baptists and Desegregation, 1945–1995, S. 50.

Zur Mixtur des *Racial* und *Religious Conservatism* gesellte sich das bereits erwähnte starke Misstrauen konservativer Protestanten gegenüber den meisten staatlichen Akteuren. So wie die *Racial Conservatives* des Südens Washington, D.C. als Ort der liberal-progressiven Elite sahen, die den einfachen Menschen ihre Fantasien von Rassengleichheit aufzwingen wollten, betrachteten die *Christian Conservatives* dieselben Personen als gottlose selbsternannte Intellektuelle, die nunmehr das Fundament der amerikanischen Gesellschaft mit ihren säkularen Projekten zu unterminieren suchten. Ein politisch aktiver Staat war für beide dementsprechend ein rotes Tuch. Beide Gruppen – zwischen denen ein durchaus beträchtliches Maß an Überschneidung in den Südstaaten bestand – sahen sich als Zielscheibe eines nicht enden wollenden Angriffs linksliberaler Kräfte auf ihren *Way of Life*. Für die wirtschaftspolitisch konservativen Kräfte in der Republikanischen Partei – deren Gott sich oft eher im US-Dollar finden ließ – präsentierte sich hier die Chance ihres Lebens zur Umsetzung der eigenen *Small Government*-Agenda.

Die Möglichkeiten dieser Allianz erkannte auch Ronald Reagan. Segnete er als kalifornischer Gouverneur 1967 noch eines der liberalsten Abtreibungsgesetze des Landes ab, so wurde Reagan schrittweise vom Saulus zum Paulus. 1983 verfasste er, inzwischen Präsident, ein glühendes Plädoyer gegen den Schwangerschaftsabbruch. In seinem Essay „Abortion and the Conscience of a Nation"[138] (Abtreibung und das Gewissen einer Nation), ließ Reagan keinen Zweifel daran, wie abscheulich er nunmehr Schwangerschaftsabbrüche in allen Fällen sah. Der Feldzug gegen den Ausbau von Reproduktionsrechten dank des Urteils *Roe v. Wade* wurde vom Präsidenten mit dem Kampf gegen die Sklaverei gleichgesetzt: Vertrat in der Vergangenheit nicht auch ein beträchtlicher Teil der Bevölkerung die Ansicht, schwarze Mitmenschen besäßen weniger Rechte? Nunmehr stellte sich wieder die Herausforderung zu definieren, wer in den Genuss des Schutzes der amerikanischen Verfassung kommen sollte. Wie wir später sehen werden, hat dieses Thema auch seit der Reagan-Ära nur wenig seiner Brisanz verloren.

Auch wenn Reagan selbst kein evangelikaler Christ war, sprach er ihre Sprache wie kein zweiter Präsident und gab konservativen Christen das Gefühl, „einer von ihnen" sei im Weißen Haus. Der christlich-konservative Mythos der USA als „chosen people/nation" war in Reagans Reden und Ap-

---

138 In: The Human Life Review, 11(2), Februar 1983.

pellen (auch an eine generelle Wählerschaft) immer wieder vorzufinden. In seiner Rede während der ersten „Conservative Political Action Conference“ (CPAC; heute die wichtigste Konferenz auf dem konservativen Kalender) 1974 begeisterte Reagan das Publikum mit einer Mischung aus religiösen und (markt)liberalen Appellen, die seitdem in vielerlei Hinsicht die Basis der republikanischen Interpretation Amerikas darstellen:

> *„You can call it mysticism if you want to, but I have always believed that there was some divine plan that placed this great continent between two oceans to be sought out by those who were possessed of an abiding love of freedom and a special kind of courage.“*[139]

Reagan teilte somit die Ansicht viele evangelikaler Protestanten, dass der Glaube an Gott sowie der innige Verbund mit ihm das Fundament der amerikanischen Erfolgsgeschichte darstellten. In einer anderen Rede äußerte Reagan die Sichtweise, dass „our faith in God [...] a mighty source of strength“[140] sei. Die von den Amerikanern genossene Freiheit, so der Präsident in derselben Rede, „springs from an abiding faith in our Creator“.[141] Vielleicht keine Allegorie nutzte Reagan häufiger als die der „city on a hill“, eine Interpretation Amerikas als Leuchtturm der Freiheit und Demokratie, der dem Rest der Welt als Wegweiser für eine bessere Zukunft dienen sollte. Übernommen wurde dieses Bild aus der Bergpredigt Jesu, in der die „Stadt auf einem Hügel“ als „Licht der Welt“ fungiert.[142] Appelle an christlich-konservative Wähler ließen sich in den wichtigsten Reden Reagans finden. Seine Ansprache auf dem republikanischen Parteitag 1980 beendete er beispielsweise folgend: „Can we begin our crusade joined together in a moment of silent prayer?“[143] In einem etwas persönlicheren Umfeld sprach er wenige Wochen später einer Gruppe von evangelikalen Pastoren ebenso seine Unterstützung für ihre Agenda aus: „I know you can’t endorse me, but I want you to know that I endorse you and what you are doing“.[144]

---

139 Zitiert in: Schlapp, Matt (Hg., 2019): Reagan at CPAC: The Words That Continue to Inspire a Revolution, S. 16.

140 Reagan, Ronald (1982): Remarks at a White House Ceremony in Observance of National Day of Prayer. 6. Mai.

141 Ebd.

142 Vgl. Fea (2018), S. 76.

143 Reagan, Ronald (1980): 1980 Republican National Convention Acceptance Address. 17. Juli.

144 Zitiert in: Fowler, Robert Booth u. a. (2014): Religion and Politics in America: Faith, Culture, and Strategic Choices, S. 33

Die jüngsten politischen Entwicklungen der USA offenbaren auch hier ein gewisses Maß an Kontinuität bezüglich der Beziehung zwischen Republikanern und christlich-konservativen Wählern. Donald Trumps Appelle an die religiöse Rechte des Landes sind deutlich kruder und unbeholfener als die Ronald Reagans. Letzterem konnte eine gewisse Religiosität auch abgenommen werden. Doch setzten beide Präsidenten die Verteidigung christlicher Werte mit der Verteidigung amerikanischer Werte gleich. Wie später noch aufgezeigt wird, kann gar argumentiert werden, dass Donald Trump in Fragen der konkreten politischen Vorstöße mehr handfeste Ergebnisse für konservative Christen als Ronald Reagan lieferte. Dass letzterer bei der Frage der Rassentrennung von privaten christlichen Schulen von heute auf morgen seine Unterstützer fallen ließ, konnten einige ihm nicht verzeihen. Bob Jones III, Präsident der gleichnamigen Universität zwischen 1971 und 2005, reagierte auf Reagans Kehrtwende bezüglich des juristischen Disputs mit der amerikanischen Steuerbehörde wenig konziliant. Reagan, so Jones III, war für ihn nunmehr „a traitor to God's people".[145]

Als Ganzes betrachtet stellte sich Reagans Vermächtnis in religiös-politischen Fragen und hinsichtlich der weiteren Rolle der Christlichen Rechten innerhalb der Politik als zwiespältig heraus. Die Allianz zwischen der Führungsebene religiös-konservativer Bewegungen und der Republikanischen Partei wurde unter Reagan auf eine Art und Weise gestärkt, die keinen Zweifel daran ließ, wo die Loyalitäten der Prediger, sowie noch viel wichtiger ihrer Gemeindemitglieder, lagen beziehungsweise zu liegen hatten. Weiße evangelikale Christen wurden unter Reagan endgültig zu treuen Republikanern – und seitdem gibt es keine Anzeichen, dass diese Treue nachlässt. Andererseits konnte, beziehungsweise wollte, Reagan in politischen Fragen nur wenig für dieses Segment erreichen. Führende Akteure religiös-konservativer Bewegungen dürften häufig im Oval Office Platz nehmen, doch für die Gläubigen auf den Kirchenbänken ließen sich nur wenige handfeste Errungenschaften vorfinden. Exemplarisch ist hier Reagans Wahl von Sandra Day O'Connor als Richterin für den *Supreme Court* im Sommer 1981. Dass christlich-konservative Aktivisten befürchteten, die Richterin würde in Fragen des Schwangerschaftsabbruchs zu liberal agieren, schien Reagan kaum zu interessieren. Die Meinungen ranghoher evangelikaler Christen wurden vorab nicht eingeholt und O'Connor sollte

145 Zitiert in: Williams, Daniel K. (2010): God's Own Party: The Making of the Christian Right, S. 197.

sich in ihrer Amtszeit als Richterin herausstellen, die das grundlegende Anrecht auf Schwangerschaftsabbrüche bestätigte.[146] Paul Weyrich, einer der bekanntesten politischen Aktivisten der christlich-konservativen Bewegung der 1970er und 80er, kam bezüglich der Beziehung zwischen Reagan und der Christlichen Rechten zu einem eher ernüchternden Fazit: „[Reagan] basically didn't do anything for them".[147]

Bezogen auf das andere rhetorisch-strategische Standbein Reagans stellt sich rückblickend auf die 1980er-Jahre und die damalige Entwicklung der Republikanischen Partei die fundamentale Frage: War Ronald Reagan ein veritabler Rassist? Der bereits erwähnte Strom Thurmond behauptete zumindest wenige Monate nach Reagans Einzug in das Weiße Haus, dieser sei auf einer programmatischen Plattform angetreten, die im Grunde nicht sonderlich anders als die eigene des Jahres 1948 gewesen wäre (hier sei an Thurmonds vormals eingebrachte Ansichten bezüglich der Rassentrennung im Süden erinnert).[148] Joseph Crespino, Historiker der politischen Transformation des Südens sowie beider Akteure, stimmt dieser Interpretation mit Abstrichen durchaus zu. Reagans Standpunkte zum Thema *Civil Rights* in den späten 1960er-Jahren waren zwar keinesfalls deckungsgleich mit den von Thurmond propagierten, doch handelte es sich hier um graduelle statt grundlegender Unterschiede.[149] Reagan selbst beteuerte, dass seine politischen Positionen in keiner Hinsicht auf rassistischen Überzeugungen gründeten. Reagan-Biograph Lou Cannon argumentiert, der Präsident sei in gewisser Hinsicht Opfer schlechter Beratung gewesen. So sei der juristische Disput um *Bob Jones University* dem Präsidenten nie als Thema präsentiert worden, in dem es eben nicht nur um religiöse Freiheiten, sondern gerade auch um das Thema der Rechte schwarzer Amerikaner ging. Reagan, so zumindest Cannon, habe gar nicht gewusst, dass viele Schulen insbesondere im Süden des Landes ihre Freiheiten als Privatschulen nutzten, um die Rassentrennung fortzusetzen.[150]

---

146 Vgl. Flowers, Prudence (2018): ‚A Prolife Disaster': The Reagan Administration and the Nomination of Sandra Day O'Connor. In: Journal of Contemporary History 53 (2), S. 391–414.

147 Zitiert in: Marley, David John (2006): Ronald Reagan and the Splintering of the Christian Right. In: Journal of Church and State 48 (4), S. 866.

148 Vgl. Crespino (2012), S. 287

149 Vgl. ebd., S. 288.

150 Vgl. Cannon, Lou (2000): President Reagan: The Role of A Lifetime, S. 459.

Andere Wissenschaftler sehen Reagans Verantwortung in diesen Fragen als erheblich eindeutiger an. Um Reagan hinsichtlich des Themas *Bob Jones University* oder seiner Rhetorik auf der *Neshoba County Fair* als unwissend zu betrachten, müssen jahrzehntelange politische Ansichten Reagans zum Thema *Race* völlig außer Acht gelassen werden. In der Causa „Reagan und Race" lässt sich, wie auch auf den vorherigen Seiten aufgezeigt wurde, eine lange Spur an fragwürdigen Entscheidungen und Ansichten in der politischen Vergangenheit des 40. Präsidenten vorfinden, die durchaus überzeugend beweist, dass dieser genau wusste, mit welcher Art von Appellen bestimmte von Ressentiments belastete weiße Wählergruppen angesprochen werden mussten, um diese Segmente dauerhaft in das republikanische Lager zu integrieren. Laut Jeremy Mayer war Reagan ein Akteur und Präsident „der Rassismus bei anderen nicht als Problem sah und die meisten öffentlichen Maßnahmen dagegen unterband".[151] Der bereits erwähnte Ian Haney López geht mit Reagan am härtesten ins Gericht und behauptet, dass für Reagan Konservatismus und eine ablehnende Haltung gegenüber Schwarzen „untrennbar miteinander verbunden"[152] waren.

Jüngst veröffentlichte Aufnahmen begründen weitere Zweifel an einer wohlwollenderen Interpretation der Ansichten Reagans zum Thema *Race*. Nachdem die Vereinten Nationen im Oktober 1971 die Volksrepublik China anerkannt hatten, äußerte Reagan in einem Telefonat mit Richard Nixon seine Enttäuschung bezüglich der Abstimmung. Zu den afrikanischen Delegierten fiel dem damaligen Gouverneur Kaliforniens nur ein eher fragwürdiger Kommentar ein: „To see those, those monkeys from those African countries – damn them, they're still uncomfortable wearing shoes!"[153] Egal welches Fazit bezüglich Reagans wahren Einstellungen zur Frage der Rassengleichheit getroffen werden mag, war er wie nur wenige andere Personen in der Lage, rassistische Appelle, Populismus und Konservativismus miteinander zu verbinden und daraus eine Ideologie zu schaffen, die ein breites Spektrum an weißen Wählerinnen und Wählern in allen Teilen

---

151 Im Original: „[W]ho did not see racism in others as a problem and opposed most public efforts to fight it." Mayer (2002), S. 155.

152 Im Original: „For Reagan, conservatism and racial resentment were inextricably fused." Haney López (2014), S. 57.

153 Zitiert in: Naftali, Tim (2019): Ronald Reagan's Long-Hidden Racist Conversation With Richard Nixon. In: The Atlantic, 30. Juli.

des Landes ansprach.[154] Er, so der George Wallace-Biograph Dan Carter, „domestizierte“[155] die Botschaft Wallaces.

Es lässt sich konstatieren, dass Ronald Reagan noch bewanderter als seine Vorgänger darin war, Appelle an rassistische Segmente der Wählerschaft in eine Botschaft zu integrieren, die zumindest oberflächlich völlig vom Thema *Race* separiert war. Mehr noch als Goldwater und Nixon konnte Reagan der Öffentlichkeit gegenüber glaubhaft argumentieren, er habe mit seinen Standpunkten nur konservative, aber keinerlei rassistische Ansichten oder Ziele voranbringen wollen. Das Ziel seiner Attacken gegen den Wohlfahrtsstaat stellte nicht selten die schwarze Minderheit des Landes dar – doch auch hier wurden Afroamerikaner nie explizit erwähnt. Schlüsselbegriffe reichten aus, um bei seinem Publikum jedoch gezielt die erwünschten Konnotationen hervorzurufen. Wenn Reagan in seinen Reden das Bild der *Welfare Queen* aus Chicago nutzte, die dank „80 Namen, 30 Adressen“ und verschiedener anderer illegaler Wege „über 150.000 Dollar“[156] steuerfrei pro Jahr erhielt, bedurfte es keiner expliziten Erwähnung der Ethnie oder Rasse der betroffenen Person.

Dass Reagan bei seinen Unterstützern in dieser Frage über jeden Zweifel erhaben war und bleibt, mag auch seiner jovialen Natur geschuldet sein. Die Folgen seiner Politik und Rhetorik werden heute aber mehr denn je gespürt: Beide Parteien – wie in den folgenden Kapiteln zum Thema Demographie aufgezeigt wird – sind nunmehr klar entlang der Konfliktlinie *Race* gespalten. Clarence Thomas, von Reagans Nachfolger George H.W. Bush zum zweiten afro-amerikanischen Richter im *Supreme Court* ernannt, kam am Ende der Reagan-Präsidentschaft zu dem Fazit, die Unterstützung des Präsidenten für Rassentrennung praktizierende Bildungsinstitutionen wie *Bob Jones University* signalisierte das Ende jedweder republikanischen Hoffnungen auf den Gewinn eines relevanten Teils der schwarzen Wählerschaft.[157] Dass Reagan 1986 mit William Rehnquist den einzigen Richter des Obersten Gerichtshofs, der im Streit zwischen *Bob Jones University* und dem IRS die anfängliche Position der Reagan-Regierung unterstützte, zum *Chief*

154 Vgl. Lowndes, Joseph (2008): From the New Deal to the New Right: Race and the Southern Origins of Modern Conservatism, S. 160

155 Carter zitiert in: Thomas, John D. (1996): Invisible Legacy. In: Emory Magazine.

156 Zitiert in: New York Times (1976): ‚Welfare Queen‘ Becomes Issue in Reagan Campaign. 15. Februar.

157 Vgl. Mayer, Jeremy D. (2007): Reagan and Race: Prophet of Color Blindness, Baiter of the Backlash, S. 83.

Justice (Vorsitzender Richter des *Supreme Court*) ernannte, untermauerte die Interpretation, Reagans späte Kehrtwende in diesem Fall sei nur eine Folge der negativen öffentlichen Reaktionen gewesen.

Die Ergebnisse Reagans unter schwarzen Wählern demonstrieren ein gewisses Maß an beidseitiger Ablehnung. Reagans republikanischer Vorgänger im Weißen Haus, Gerald Ford, war in der Präsidentschaftswahl 1976 immerhin noch in der Lage, 17 Prozent der schwarzen Wählerinnen und Wähler auf seine Seite zu bringen. Obwohl Ronald Reagan acht Jahre später insgesamt zehn Prozentpunkte mehr innerhalb der gesamten Bevölkerung als Ford gewann, hatte sich die Unterstützung unter schwarzen Wählern jedoch auf neun Punkte halbiert.[158] Seitdem können sich republikanische Kandidaten für das Präsidentschaftsamt als glücklich schätzen, wenn sie unter Afro-Amerikanern einen zweistelligen Wert erreichen.[159]

Reagans Vermächtnis und seine Bedeutung bezüglich der drei Jahrzehnte später erfolgreichen Trump-Kandidatur lassen sich jedoch auch in anderen Bereichen erkennen. Betrachtet man den Populismus als ein rhetorisches Stilmittel, das die zentrale Konfliktlinie in der Gesellschaft zwischen Volk und Elite (und nicht zwischen Links und Rechts) zieht, dann kann Ronald Reagan in vielerlei Hinsicht als Populist klassifiziert werden. Bereits 1964 sagte er in der bereits erwähnten *A Time for Choosing*-Wahlkampfrede zur Unterstützung Barry Goldwaters diesbezüglich: „You and I are told increasingly we have to choose between a left or right. Well I'd like to suggest there is no such thing as a left or right".[160] Für Reagan definierte sich der politische Konflikt über den Kampf zwischen dem „einfachen Mann" und einem progressiv-liberalen Staatsapparat, der die Freiheiten von ersterem stetig beschnitt. Diese Sichtweise griff Reagan in derselben Rede auf und wandte eine anti-elitäre Rhetorik an, die insbesondere seit der ersten Kandidatur und der Präsidentschaft Donald Trumps wieder Konjunktur im politischen Diskurs der Vereinigten Staaten hat. Die Wahl 1964 zwischen Goldwater und Johnson stellte das amerikanische Volk, so Reagan, vor eine richtungsweisende Wahl zwischen den Idealen der „Amerikanischen Revolution" und der Option „einer kleinen intellektuellen Elite",[161] die meine

158 Vgl. Roper Center for Public Opinion Research (2021): How Groups Voted.

159 Dies schaffte zum Zeitpunkt des Verfassens dieses Buches letztmalig George W. Bush in der Wahl 2004 (11 Prozent).

160 Reagan (1964).

161 Im Original (ebd.): „This is the issue of this election: whether we believe in our capacity for self-government or whether we abandon the American revolution and confess that

besser als der einfache Bürger entscheiden zu können, wie diese ihr Leben zu gestalten haben.

Auch wenn Ronald Reagan von seinen Gegnern gerne als ein politischer Einfaltspinsel dargestellt wurde, lässt sich nicht bestreiten, dass der 40. Präsident der Vereinigten Staaten die Bewegung der tektonischen Platten der US-Politik nicht nur treffend interpretierte, sondern für sich und seine Partei die (zumindest damals) richtigen Schlussfolgerungen traf. Reagan erkannte, dass ein nicht unbeträchtlicher Teil der weißen Wählerschaft der Demokraten auf der Suche nach einer neuen Heimat war. Natürlich konnte ein gewisser Teil über das Thema *Race* in die Partei gebracht werden, doch dauerhafte Mehrheiten benötigten eine Agenda, welche die weiße Arbeiterklasse des Landes auf einer breiten Basis ansprach. Reagans Devise war klar: Die Republikaner mussten sich ihres *Country Club/Big-Business* Images entledigen und vielmehr ein Fürsprecher des einfachen Mannes werden, der wie Reagan (als ehemaliger Demokrat) das Gefühl besaß, nicht er habe die Demokratische Partei, sondern sie habe ihn (ideologisch) verlassen. Die Republikaner mussten laut Reagan zur Partei des „man and woman in the factories, [...] the farmer, [and] the cop“[162] werden. Zumindest bezogen auf die weiße Wählerschaft, sind republikanische Erfolge in der Arbeiterklasse ein Merkmal der amerikanischen Politik, das sich nicht erst seit Donald Trump vorfinden lässt.

Die Vorarbeit dieser Proletarisierung der Republikanischen Partei hatten Goldwater und Nixon, aber auch George Wallace geleistet. *Big Business* und der (weiße) Fabrikarbeiter konnten innerhalb einer politischen Partei zusammengebracht werden, da beide einen gemeinsamen Feind teilten: Das linksliberale Establishment, dessen Programmatik der höheren Steuern (zur vermeintlichen Umverteilung an Minderheiten) und Vorgaben bezüglich des alltäglichen Lebens die beiden Pfeiler der Republikanischen Partei vereinte. Natürlich konnte auch ein Arbeiter von der demokratischen Wirtschafts- und Sozialpolitik profitieren. Doch schaffte es die Republikanische Partei, diese Themen mit soziokulturellen Aspekten zu verbinden. In diesem ideologischen Narrativ verwandelte sich der Sozialstaat in ein zutiefst unamerikanisches (sowie nicht-christliches) Konstrukt, dessen Rezipienten zudem eigentlich gar nicht die Unterstützung durch diese Programme verdient

a little intellectual elite in a far-distant capitol can plan our lives for us better than we can plan them ourselves.“

162 Zitiert in: Schlapp (2019), S. 52–53.

hatten. Das Thema *Welfare* ist somit in den letzten Jahrzehnten wie nur wenige andere Aspekte Subjekt einer *Racialization* geworden, so dass die Themen Wohlfahrtsstaat und *Race* immer enger miteinander verwoben sind.[163]

Das Narrativ ist hierbei relativ simpel: Der wahre Amerikaner arbeitet hart, ist nicht auf die Hilfe des Staates angewiesen und sieht somit sozialstaatliche Programme mit Argwohn. *Big Government* ist gleichbedeutend mit Sozialismus und dementsprechend unamerikanisch. Kontrastiert wird das Bild des echten Amerikaners mit Personengruppen, die möglicherweise bereits seit mehreren Generationen staatliche Hilfsprogramme in Anspruch nehmen. Nicht direkt ausgesprochen ist die Implikation jedoch, dass diese Gruppe überproportional aus Minderheiten, insbesondere schwarzen Amerikanern besteht. Es ist eine Sichtweise, die auch noch heute in den höchsten Sphären der Republikanischen Partei vorzufinden ist. So lamentierte beispielsweise Paul Ryan (republikanischer Kandidat für das Amt des Vizepräsidenten 2012 und *Speaker* des Repräsentantenhauses von 2015 bis 2019), dass insbesondere in den „inner cities“ eine Kultur vorherrsche, in der die Menschen seit „Generationen“ nicht einmal daran denken würden zu arbeiten oder ein Interesse daran besäßen, den Wert von Arbeit zu verstehen.[164] Sozialstaatliche Hilfen wären bei solch einem fragwürdigen Arbeitsethos Fall höchstens kontraproduktiv. Ob von Ryan unbeabsichtigt benutzt oder nicht, ist festzuhalten, dass nur wenige sozialwissenschaftliche Termini existieren, die stärkere rassebezogene Konnotationen als „inner city/cities“ vorweisen.[165]

Zu rassebezogenen Aspekten gesellte sich ein weiterer gesellschaftspolitischer Disput, den die Republikanische Partei unter Reagan instrumentalisierte: Der als solcher wahrgenommene linksliberale Krieg gegen gläubige Christen. Schon Nixon hatte seinem Gegner George McGovern 1972 vorgeworfen, dieser sei der Kandidat von *Acid* (Liberalisierung des Drogenkonsums), *Amnesty* (für Wehrdienstverweigerer) und *Abortion*. Differenzen zwischen dem republikanischen Establishment und seiner neuen *Blue Col-*

---

163 Vgl. Gilens, Martin (1999): Why Americans Hate Welfare: Race, Media, and the Politics of Antipoverty Policy.

164 Vgl. Whitaker, Morgan (2014): Paul Ryan blames poverty on lack of work ethic in inner cities. In: MSNBC, 13. März.

165 Vgl. White, Ismail K. (2007): When Race Matters and When it Doesn’t: Racial Group Differences in Response to Racial Cues. In: American Political Science Review 101 (2), S. 339–354.

lar-Basis können bis heute dadurch übergangen werden, dass potenzielle innerparteiliche Differenzen in der Wirtschaftspolitik keine Aufmerksamkeit erhalten und der Fokus stattdessen auf die gesellschaftspolitischen Entwicklungen innerhalb der Demokratischen Partei gelegt wird. Die, aus konservativer Sicht, Genialität dieser Vorgehensweise liegt darin, dass Ressentiments und Sorgen unter bestimmten schlechter gestellten Segmenten der weißen Wählerschaft genutzt werden können, um Unterstützung für eine Politik zu finden, die gerade Unternehmen sowie den wohlhabenderen Bevölkerungsteilen zugutekommt. Sei es Reagan oder auch Trump, Republikaner können auf diesem Wege elektorale Mehrheiten für Deregulierung und radikale Steuersenkungen für das obere „Ein-Prozent" finden, da sich in ihrer Wählerschaft das Gefühl etabliert hat, gerade die Menschen der *Inner Cities* würden unverhältnismäßig und unverdient von einem Sozialstaat nach europäischem Vorbild profitieren. Bezogen auf die republikanische Strategie der Darstellung sozialstaatlicher Hilfe und deren Bezieher als unamerikanisch, hat die von Lyndon B. Johnson 1960 festgestellte Schlussfolgerung bis heute an ihrer Geltung nur wenig verloren:

> *„If you can convince the lowest white man he's better than the best colored man, he won't notice you're picking his pocket. Hell, give him somebody to look down on, and he'll empty his pockets for you."*[166]

2.5 Die *Southern Strategy* nach Reagan

Am Ende der 1980er-Jahre waren die Grundsätze der *Southern Strategy* der Republikanischen Partei ins Blut übergegangen. Kandidaten haben sie seitdem immer wieder angewandt, ohne dass die Nutzung ihnen immer bewusst war. Nehmen wir das jüngere Beispiel des Senatoren Rand Paul und seiner Rede an der Howard University, einem College, dessen überwältigende Mehrheit der Studenten schwarz ist. Paul wollte hier im April 2013 seinem Publikum die Standpunkte der Republikanischen Partei zum Thema Bürgerrechte näherbringen. Eine nicht unbedingt leichte Aufgabe, da Senator Paul selbst Verständnis für Barry Goldwaters Entscheidung, gegen den *Civil Rights Act* von 1964 zu stimmen, gezeigt hatte. Wie konnte insbesondere vor einer Gruppe von schwarzen Studierenden argumentiert werden, dass

166 Zitiert in: Blow, Charles M. (2018): ‚The Lowest White Man'. In: New York Times, 11. Januar.

diese und ähnliche andere Ansichten der Republikanischen Partei losgelöst vom Thema *Race* seien? Warum erhält die Partei von Abraham Lincoln nunmehr nur noch weniger als zehn Prozent der schwarzen Stimmen auf nationaler Ebene? Pauls Antwort beruhte auf der unter weißen Republikanern durchaus weit verbreiteten Sichtweise, dass Afro-Amerikaner nicht nur auf staatliche Hilfen angewiesen sind, sondern durch das Versprechen dieser auch elektoral gekapert werden können. Laut Senator Paul boten die beiden Parteien in den 1960er-Jahren grundsätzlich unterschiedlichen Lösungen für das Ziel des Erreichens der Rassengleichheit:

> „*The Democrats promised equalizing outcomes through unlimited federal assistance while Republicans offered something that seemed less tangible – the promise of equalizing opportunity through free markets.*"[167]

Dieses Fazit mag zumindest oberflächlich als gänzlich getrennt vom Thema *Race* erscheinen. Doch inkorporiert es das im vorherigen → Kapitel erläuterte Narrativ der oft als vermeintlichen unamerikanisch dargestellten Werte der schwarzen Gemeinschaft, die nicht wie „echte" Amerikaner einen starken Staatsapparat ablehnen, sondern sich durch ihre Stimmabgabe für einen überbordenden Wohlfahrtstaat einsetzen. Ein Narrativ, das mehrere Generationen republikanischer Politiker mit Nachdruck verbreitet haben und nunmehr selbst in Reden vor einem schwarzen Publikum zu finden ist – ohne dass der Redner sich dessen fragwürdigen Fundament vielleicht bewusst ist.

Doch existierten auch nach Ronald Reagans Präsidentschaft eine Vielzahl an Beispielen der *bewussten* Nutzung von Botschaften, deren Zweck war, die Ressentiments weißer Wähler anzusprechen. Allbekanntheit erhielt hier die republikanische Nutzung eines afro-amerikanischen Schwerstkriminellen in der Kampagne 1988 gegen den demokratischen Präsidentschaftskandidaten und damaligen Gouverneur von Massachusetts, Michael Dukakis. Der für Mord verurteilte schwarze Gefängnisinsasse Willie Horton war zwei Jahre zuvor bei einem Freigang verschwunden und vergewaltigte im Jahr darauf eine Frau, nachdem er ihren Verlobten vorher an den Rand des Todes gebracht hatte. Horton war in einem Gefängnis in Massachusetts untergebracht gewesen. Die erneuten Straftaten beging er, während Michael Dukakis das dortige Amt des Gouverneurs bekleidete. Ein Jahrzehnt zuvor

---

167 Zitiert in: Wall Street Journal (2013): Rand Paul Delivers Speech at Howard University. 10. April.

hatte dieser ein Veto gegen die Entscheidung der Landeskammer von Massachusetts, Wochenendfreigänge für Mörder einzustellen, eingelegt.[168] Für republikanische Strategen bot sich hiermit eine Chance auf dem Silbertablett, die sie für ihren Kandidaten George H.W. Bush ausschlachten konnten. Während der Kampagne erwähnte Bush die Geschehnisse immer wieder als Beispiel der demokratischen Milde gegenüber brutalen Straftätern, ohne jedoch explizit auf die Hautfarbe Hortons einzugehen.[169] Diese wurde der breiten Öffentlichkeit zum ersten Mal in einem Wahlwerbespots einer Organisation außerhalb der offiziellen Bush-Kampagne offenbart. Ein 30-sekündiger Spot des konservativen *National Security Political Action Committee* (NSPAC) zu Horton sollte in die Geschichte des amerikanischen *Negative Campaigning* eingehen. In ihr erhielten Photographien Willie Hortons einen zentralen Platz, während der Sprecher dessen Straftaten detailliert beschrieb („murdered a boy in a robbery"; „stabbing the man and repeatedly raping his girlfriend") und die Positionierung George H.W. Bushs beim Thema Kriminalität mit der seines Gegners Dukakis kontrastierte: Bush unterstütze die Todesstrafe für Mörder, während Dukakis sie an Wochenende aus dem Gefängnis ließ.

Die Reaktion auf die Wahlwerbung war insbesondere bei Weißen mit rassistischen Vorurteilen besonders ausgeprägt. Interessant ist hierbei, dass sich Ressentiments nicht nur auf den Themenbereich Kriminalität auswirkten. So rief der Spot beispielsweise einen Anstieg der Opposition gegen Maßnahmen mit dem Ziel der Linderung von sozialen Ungleichheiten zwischen Weißen und Schwarzen hervor.[170] Man denke hierbei an die bereits erwähnte *Racialization* des Sozialstaats zurück. Das Horton-Beispiel zeigte auf, wie verflochten scheinbar voneinander unabhängige Themen wie Kriminalität, Wohlfahrtsstaat und *Race* miteinander waren.

Andere Erhebungen erkannten, dass Personen, welche die Wahlwerbung bezüglich des Horton-Falls gesehen hatten, doppelt so stark wie die andere Gruppe die Ansicht vertraten, Kriminalität stelle das größte Problem des Landes dar – ein Anstieg, der gerade unter weißen Frauen besonders ausgeprägt war.[171] Mit der Wahlwerbung konnten republikanische Strategen somit die Vorurteile bestimmter weißer Wähler in verschiedenen Politikbereichen

168 Vgl. Edsall/Edsall (1992), S. 222.

169 Vgl. Mayer (2002), S. 218–221.

170 Vgl. Mendelberg, Tali (1997): Executing Hortons: Racial Crime in the 1988 Presidential Campaign. In: Public Opinion Quarterly 61 (1), S. 134–157.

171 Vgl. Mayer (2002), S. 221.

aktivieren (Kriminalität sowie auch Feldern, die oberflächlich betrachtet nichts mit Horton zu tun hatten, wie dem Sozialstaat) ohne zu offensichtlich auf diese Ansichten eingehen zu wollen. Hierbei sei noch einmal angemerkt, dass der besagte Horton-Spot nicht von der offiziellen Bush-Kampagne ausging, sondern das Werk eines dritten Akteurs war – auch wenn sich das Wahlkampf-Team um George H.W. Bush letztendlich von der Wahlwerbung distanzierte und immer wieder argumentierte, die strategische Nutzung des Horton-Falls habe nichts mit der Hautfarbe des Straftäters zu tun, dauerte es nach der ersten Publikation des Werbespots 25 Tage bis die Bush-Kampagne bei NSPAC darum bat, die Sendung des Spots einzustellen.[172]

Spätestens Ende der 1990er-Jahre kontrollierte die Republikanische Partei die Politik des Südens auf fast allen Ebenen. Die umfassende Nutzung rassistischer Vorurteile als Eckpfeiler der *Southern Strategy* war somit in der Regel nicht mehr notwendig, da die Zielgruppe dieser Ansprachen größtenteils in die Republikanische Partei migriert war. Auch wenn das Thema *Race* in den Jahren nach Reagan eine eher untergeordnete Rolle in den Wahlkämpfen republikanischer Kandidaten spielte, lässt sich die fortwährende Relevanz dieses Themas nicht negieren. In bestimmten Konstellationen und politischen Kontexten genoss dieser Aspekt auch vor Trumps nativistischer Kandidatur eine nicht zu unterschätzende elektorale Potenz. Rassistische Ressentiments innerhalb der republikanischen Basis boten Strategen weiterhin fragwürdige Mittel zu Wahlerfolgen. Ein besonders skrupelloses Beispiel des (in diesem Falle innerparteilichen) *Negative Campaigning* richtete sich während des Präsidentschaftswahlkampfes 2000 gegen John McCain. Im Kampf um die Gunst der republikanischen Vorwähler in South Carolina wurde in anonymen Anrufen an Privathaushalte insinuiert, der Senator aus Arizona habe ein außereheliches schwarzes Kind gezeugt. In Wirklichkeit hatten die McCains 1993 ein Mädchen aus Bangladesch adoptiert. Bis heute leugnet George W. Bushs damaliger Kampagnenleiter Karl Rove eine Involvierung des Bush-Teams. Die Relevanz dieser Lüge für das Wahlergebnis kann im Nachhinein nur schwer eingeschätzt werden. Fakt ist jedoch, dass George W. Bush den Heimatstaat Strom Thurmonds für sich entscheiden konnte und der Weg zur republikanischen Präsidentschaftskandidatur daraufhin frei war.

Acht Jahre später war John McCain selbst in der Position, das republikanische Banner in die Präsidentschaftswahl zu tragen. Schon zu diesem

---

172 Vgl. Mendelberg (2001), S. 141.

Zeitpunkt hatte die republikanische Wählerschaft ihr Führungspersonal im Bereich der Ressentiments gegenüber Minderheiten rechts überholt. Zumindest in einem Fall sollte John McCain seinen afro-amerikanischen demokratischen Gegner gegen xenophobe Attacken verteidigen – auf die Behauptung einer Unterstützerin während einer Wahlkampfveranstaltung, Obama sei ein „Araber“, erwiderte McCain, dass Obama einzig und allein ein „guter Familienvater, ein Bürger, mit dem ich nur grundsätzliche Meinungsverschiedenheiten habe“[173], sei. Aber auch John McCain musste konstatieren, dass seine Position innerhalb der Partei oft als zu moderat gesehen wurde. Somit fiel die Wahl des Kandidaten für das Amt des Vizepräsidenten auf einen unerfahrenen, aber erzkonservativen Akteur: Sarah Palin.

Die damalige Gouverneurin Alaskas ist der Allgemeinheit gerade aufgrund ihrer scheinbaren Einfältigkeit im Gedächtnis geblieben. Auf die Frage, welche Zeitungen sie denn lese, antwortete Palin sichtlich verdutzt „all of them“.[174] Dass die Medien sich auf Palin einschossen, sollte schlussendlich aber gar positive Auswirkungen auf die Popularität der Kandidatin in der eigenen Partei haben, die dazu führten, dass sie zumindest für einen kurzen Zeitraum nach der Wahl 2008 als potenzielle Favoritin für den nächsten innerparteilichen präsidentiellen Wettbewerb gesehen wurde. Rhetorisch positionierte Palin sich klar am rechten Rand. Obama sah sich von Seiten Palins dem Vorwurf ausgesetzt, er hielte sich gerne in der Gesellschaft von Terroristen auf („pals around with terrorists“[175]). Der Vorwurf bezog sich auf Interaktionen Obamas mit Bill Ayers, einem Gründungsmitglied der linksradikalen *Weathermen*, die in den 1970er-Jahren eine Zahl von Bombenanschlägen auf Regierungsinstitutionen durchführten. Spätere Treffen waren jedoch alles andere als konspirativ: Ayers nahm nach seiner Zeit in den *Weathermen* eine Professur an der University of Illinois an und traf Barack Obama beispielsweise in Beiräten, die sich mit Bildungsfragen beschäftigten.[176] Generell wurde Präsident Obama insbesondere von

173 Im Original: „He's a decent family man, a citizen that I just happen to have disagreements with on fundamental issues." Zitiert in: Dionne, Jr., E.J. (2016): Why the Right Went Wrong: Conservatism – From Goldwater to Trump and Beyond, S. 285.

174 Zitiert in: Jamieson, Alastair (2008): US vice-presidential debate: Sarah Palin fails to name a single newspaper. In: The Telegraph, 1. Oktober.

175 Für den Kontext, vgl. Smith, Ben (2008): McCain camp: Obama is ‚radical,' pals around with terrorists. In: Politico, 4. Oktober.

176 Vgl. Shane, Scott (2008): Obama and '60s Bomber: A Look Into Crossed Paths. In: New York Times, 3. Oktober.

Sarah Palin – zugegebenermaßen aber als Teil einer größeren Strategie der McCain-Kampagne – als Fremdkörper in der amerikanischen Politik dargestellt. Verbindungen zu Ayers waren nur ein Teil eines argumentativen Konstrukts, das Obama als einen Kandidaten abbildete, der sein eigenes Land nicht nur kritisch sah, sondern gar Hass für Amerikas Geschichte und Werte verspürte. Eine Obama-Präsidentschaft hätte somit nicht nur mindestens vier verlorene Jahre dargestellt, wie dies aus republikanischer Sicht bei demokratischen Präsidenten generell der Fall ist. Vielmehr, so die damalige Argumentation, hätte am Ende dieser Ära ein gänzlich anderes, potenziell sozialistisches Land gestanden. Auch nach der Wahl setzte Palin diese Rhetorik fort und beschrieb die Gesundheitsreform Obamas als „un-amerikanisch"[177], während sie vor der Wahl 2016 die Obama-Ära folglich resümierte:

> „*[O]ur country is going to hell in a handbasket under this tragic fundamental transformation of America that Obama had promised us, [...] what we need now is a fundamental restoration of America.*"[178]

Wie in späteren Kapiteln aufgezeigt wird, trug die Obama-Präsidentschaft zu einer Renaissance der Relevanz des Themas *Race* und des damit verbundenen Ziels einer „Restauration" des „echten Amerikas" bei. Insbesondere die *Tea Party*-Bewegung schrieb sich die Verteidigung Amerikas gegen den, wie man behauptete, illegitimen schwarzen Präsidenten auf die Fahnen. Anzeichen dieser Transformation und der Relevanz nativistischer Standpunkte innerhalb der Republikanischen Partei ließen sich dementsprechend bereits bei Präsident Obamas Wiederwahlgesuch 2012 erkennen. Auch wenn die Kampagne Mitt Romneys Migration nicht als zentrales Thema nutzte, lassen sich auch hier Aspekte vorfinden, die einerseits die Einordnung der Romney-Kandidatur innerhalb des beschrittenen Pfades vorheriger Republikaner veranschaulichen und gleichzeitig Vorboten auf den republikanischen Weg in den darauffolgenden Jahren aufzeigen. So sprach Romney bezüglich der Frage der irregulären Einwanderung von „Selbstabschieben" (*self deportation*) als Lösungsstrategie. Ziel war es hierbei, den sich illegal

---

177 Zitiert in: Fox News (2010): Palin Calls Health Care Process ‚Undemocratic' and ‚Un-American'. 18. März.

178 Zitiert in: Justice, Jessilyn/Taylor Berglund (2016): Trump, Palin Challenge ORU Students to Launch ‚Great Awakening'. In: Charisma News, 20. Januar.

im Land aufhaltenden Migranten das Leben so zu erschweren, dass die freiwillige Rückkehr in die Heimat die für sie beste Alternative darstellte.[179]

Nach dem Verlust der Wahl wurde auch in den eigenen Reihen unter anderem diese Terminologie und programmatische Lösung als kontraproduktiv betrachtet. Bei der innerparteilichen Aufarbeitung der Entwicklung der Partei wurde in einem ausführlichen Bericht argumentiert, dass Latinos für keinerlei programmatische Vorstöße offen seien, wenn von ihnen die Republikanische Partei als Partei der „Selbstabschiebung" wahrgenommen wird.[180] Reince Priebus, damaliger Vorsitzender des *Republican National Committee* (des landesweiten Organisationsgremiums der Partei), beschrieb 2013 Romneys Kommentare als „furchtbar" (*horrific*) und einen Standpunkt, der absolut nichts mit der Partei zu tun habe.[181] Dass Priebus jedoch wenige Jahre später dem Regierungsapparat Donald Trumps in der Funktion des Stabschefs des Weißen Hauses beitrat, zeigt auf, wie ernst es den „Reformern" innerhalb der Partei mit einer klaren strategischen Neuausrichtung war.

Kurz nach der Wahl bot Mitt Romney mit seiner eigenen Analyse der Niederlage Einblicke in die republikanische Wahrnehmung der Gründe, warum Minderheiten Demokraten bevorzugen – eine Interpretation, die Gemeinsamkeiten mit Rand Pauls Ansichten am Anfang dieses Kapitels vorweist. Obama, so Romney, habe nur gewonnen, da er „Geschenke" an bestimmte Segmente seiner eigenen Wählerschaft verteilt habe. Gerade Afro-Amerikaner und Hispanics hatten nach Romneys Ansicht von staatlichen Gaben profitiert und sich deswegen für Obama entschieden.[182] Schon vorher hatte der Kandidat für Schlagzeilen gesorgt, als er in der entscheidenden Phase des Wahlkampfs 47 Prozent der Bevölkerung vorwarf, sie sähen sich als berechtigt für eine staatliche Versorgung in verschiedenen Bereichen an:

> „*[T]here are 47 percent who are with [Obama], who are dependent upon government, who believe that they are victims, who believe the government has a responsibility*

---

179 Vgl. Madison, Lucy (2012): Romney on Immigration: I'm for „self-deportation". In: CBS News, 24. Januar.

180 Vgl. Republican Party (2013): Growth & Opportunity Project, S. 8.

181 Vgl. Blake, Aaron (2013): Priebus: Romney's self-deportation comment was ‚horrific'. In: Washington Post, 16. August.

182 Vgl. Markon, Jerry/Karen Tumulty (2012): Romney: Obama's gift giving led to loss. In: Washington Post, 14. November.

to care for them, who believe that they are entitled to health care, to food, to housing, to you-name-it."[183]

Oberflächlich mag man es hier „nur" mit einer gewissen Verachtung eines ehemaligen Private Equity-Geschäftsmanns für die Massen zu tun haben. Ein genauerer Blick offenbart jedoch die zumindest grundlegenden Verknüpfungen zur Rhetorik der *Southern Strategy*. Denn wer waren nach Romneys Ansicht die Elemente der Obama-Wählerschaft, die durch staatliche Zahlungen erobert werden konnten? Ethnische Minderheiten. Das Bild des schwarzen Amerikaners, der nicht nur von staatlichen Wohlfahrtsprogrammen abhängig ist, sondern dieses Leben genießt, ist eine weit verbreitete Vorstellung, die konservative weiße Amerikaner vom Sozialstaat haben. Sie lehnen die von Romney erwähnten sozialstaatlichen Hilfsprogramme („Health Care, Food [Stamps]") ab – gerade weil republikanische Politiker in der Vergangenheit stetig Verbindungen zwischen besagten Programmen und missliebigen Minderheiten hergestellt haben.[184] Romney mag keine rassistischen Intentionen mit seinen Kommentaren verfolgt haben, doch zeigt die möglicherweise unfreiwillige Nutzung des Narratives des arbeitsscheuen demokratischen Wählers, der mit Geschenken geködert werden kann, wie tief diese Sichtweise innerhalb der Republikanischen Partei verwurzelt ist.

Die jüngsten Auswüchse der *Southern Strategy* lassen sich in der Figur Donald Trumps erkennen, obwohl in diesem Falle nicht immer erkenntlich ist, ob und inwiefern der 45. Präsident eine kohärente Strategie vorsätzlich verfolgt (sowohl während seiner Kampagnen als auch im Amt). Wie die folgenden Abschnitte aufzeigen werden, fand Trump dank der Vorarbeit unzähliger anderer republikanischer Kandidaten und Strategen eine republikanische Wählerschaft vor, die Trumps Ideologie des nativistischen Populismus in großen Zügen teilte.

183 Zitiert in: Davidson Sorkin, Amy (2012): Mitt's Forty-Seven-Per-Cent Problem. In: The New Yorker, 18. September.

184 Vgl. Hancock, Ange-Marie (2004): The Politics of Disgust: The Public Identity of the Welfare Queen.

3 Die Zusammensetzung der Republikanischen Partei des 21. Jahrhunderts

Die *Southern Strategy* übertraf die kühnsten Erwartungen ihrer Befürworter. Daraus resultierte eine fundamentale Verlagerung der ideologischen Zusammensetzung der Republikaner, die sie zur Partei des weißen Südens gemacht hat – sowohl in den Kammern des Kongresses als auch innerhalb der Kernwählerschaft. Infolgedessen feiert sie heute innerhalb bestimmter Segmente der Bevölkerung enorme Erfolge, so zum Beispiel bei christlich-konservativen weißen Evangelikalen, weißen Wählern ohne Hochschulabschluss (in den USA generell als *White Working Class* definiert) und verschiedenen anderen Gruppen, die den föderalen Staatsapparat und Washington, D.C. als Inbegriff des Schlechten sehen. Insbesondere die *Tea Party* wies eine Gefolgschaft vor, die all diese Werte verkörpern sollte.

Von den späten 1960er- bis in die frühen 1990er-Jahre dominierte die Republikanische Partei Präsidentschaftswahlen, während sich seitdem ihr Einfluss auf die Politik insbesondere aus Erfolgen in Kongresswahlen speist, die sie gerade ihrer Eroberung der Südstaaten verdankt. Deren Bedeutung (und prozentualer Anteil) innerhalb der republikanischen Fraktion ist heute höher denn je. Doch stellt diese Verlagerung ihres regionalen Schwerpunkts die Republikanische Partei auch vor eine monumentale Herausforderung, da der Süden des Landes Werte predigt, mit denen sich außerhalb der Region ein immer geringerer Teil der Bevölkerung identifiziert (wie → Kapitel 4.1 erörtert). Eine Botschaft, die auf die Wählerschaft des amerikanischen Südens zugeschnitten ist – nicht zuletzt da die parlamentarische Zusammensetzung der Republikaner immer stärker von den Abgeordneten dieser Region geprägt wird – führt insbesondere in den bevölkerungsreichen Küstenregionen jedoch oft zu einem elektoralen Schattendasein.

3.1 Die Republikanische Partei auf der Ebene der politischen Elite

Die Republikanische Partei in Washington, D.C. kann heutzutage als die dominante Partei des Repräsentantenhauses betrachtet werden. Nachdem sie 1994 zum ersten Mal nach vier Jahrzehnten eine Mehrheit der Sitze in der unteren Kammer des Kongresses erobern konnte, kontrollierten die Republikaner bis zu den Präsidentschaftswahlen 2024 das Repräsentantenhaus für 22 dieser drei Jahrzehnte. Dies ist insbesondere den Erfolgen republikanischer Kandidaten in den Südstaaten geschuldet. Wie anfangs erwähnt, war die Republikanische Partei in der Region auf allen politischen Ebenen für fast ein Jahrhundert vollkommen irrelevant. Selbst in den für die Republikaner auf nationaler Ebene äußerst erfolgreichen Wahlen von 1952, in der sich Dwight D. Eisenhower mit 442 zu 89 Elektorenstimmen in der Präsidentschaftswahl durchsetzte und seine Partei im Repräsentantenhaus eine Mehrheit erreichte, waren republikanische Kandidaten im Süden nur in der Lage, sechs der 105 dortigen Wahlkreise für das US-Repräsentantenhaus zu gewinnen. Somit stammten weniger als drei Prozent aller Republikaner im Repräsentantenhaus aus einem Wahlkreis des Südens.

Auch als Barry Goldwater etwas mehr als ein Jahrzehnt später den ersten Versuch der Umsetzung der *Southern Strategy* unternahm, stammten zum Zeitpunkt der Wahl weiterhin nur sechs Prozent aller republikanischen Abgeordneten im Repräsentantenhaus aus den Südstaaten (insgesamt elf Abgeordnete). Goldwaters Kampagne führte fast zu einer Verdoppelung dieses Anteils auf über elf Prozent im 89. Kongress, der zwischen 1965 und 1967 zusammenkam. Dies sollte der Startschuss für einen steten Aufstieg der Südstaaten-Republikaner auch auf Kongressebene und des Ausbaus ihres Einflusses innerhalb der Partei sein (⟶ Abbildung 1). Erreichte Anfang der 1980er-Jahre der Anteil des Südens in der republikanischen Fraktion im Repräsentantenhaus 20 Prozent, so überschritt dieser Anteil 1997 die 30 Prozent-Marke und liegt seit 2009 zwischen 40 und 45 Prozent. Da sich nur ungefähr ein Drittel aller Wahlkreise zum US-Repräsentantenhaus in den Südstaaten befinden (142/435), lässt sich folglich ein durchaus starkes Übergewicht des Südens innerhalb der republikanischen Fraktion erkennen, das mit fast 45 Prozent nach den Zwischenwahlen 2018 einen neuen Rekord erreichte.

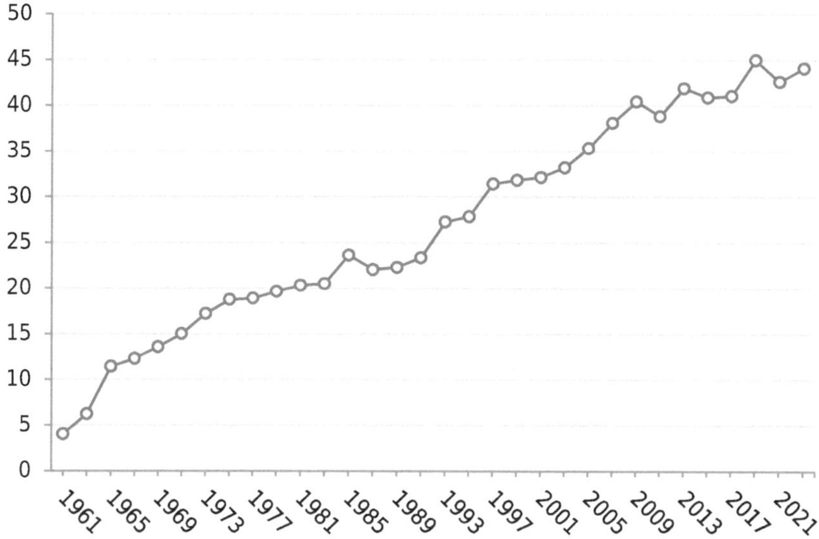

Abb. 1: Prozentualer Anteil der Abgeordneten aus den Südstaaten an der republikanischen Fraktion im Repräsentantenhaus, 1961–2023. | Quelle: Eigene Zusammenstellung

Diese Erfolge im Süden haben es der Republikanischen Partei ermöglicht, Mehrheiten in der Kammer zu erlangen. Auch wenn in der Gänze betrachtet die Zwischenwahlen 2018 für die Partei bescheiden ausgingen, waren republikanische Kandidaten immer noch in der Lage, ungefähr zwei Drittel aller Wahlkreise in den elf Einzelstaaten des Südens zu gewinnen. In guten Wahlzyklen lag dieser Wert in der jüngeren Vergangenheit gar oft bei über 70 Prozent, ein Anteil, welcher der Partei fast 100 Sitze im Süden allein beschert. Dies bedeutet andererseits, dass die Republikanische Partei außerhalb der ehemaligen *Confederacy* nur ungefähr 40 Prozent aller Wahlkreise des US-Repräsentantenhauses gewinnen muss, um eine Mehrheit in der Kammer zu erlangen. An dieser Marke scheiterte sie seit ihrer Eroberung des Repräsentantenhauses 1994 insgesamt nur zwei Mal: 2008 (35 Prozent) und 2018 (37 Prozent). In den zweiten Zwischenwahlen der George W. Bush-Präsidentschaft im Jahre 2006 lag dieser Wert bei 41 Prozent, doch waren zumindest bei dieser Wahl die Verluste im Süden weitreichend genug, um eine Fortführung der republikanischen Kontrolle der Kammer zu verhindern. Ebenso reichte der Gewinn von 40,7 Prozent aller Sitze außerhalb des Südens im Jahr 2020 nicht für eine Mehrheit – schlussendlich konnten die Demokraten jedoch nur mit ihrer kleinsten parlamentarischen Mehrheit im Repräsentantenhaus seit dem Zweiten Weltkrieg weiterregieren.

Der Senat zeichnet für die Republikanische Partei ein etwas gemischteres Bild. Eine Herausforderung stellt hierbei die strikte Parität dieser Kammer dar, die dazu führt, dass die elf Staaten des Südens im Senat einen geringeren Anteil der Abgeordneten stellen als im Repräsentantenhaus (22 anstatt 32 Prozent). Teilweise hat die Republikanische Partei dies in den letzten Jahren durch Erfolge in kleineren Staaten im Rest der Republik ausgleichen können, so dass die Republikaner in dieser Kammer in der jüngeren Vergangenheit auch oft die Mehrheit stellen konnten (→ Tabelle 1) obwohl demokratische Senatoren, die eher aus bevölkerungsreichen Staaten kommen, tendenziell mehr Amerikaner als ihre republikanischen Kollegen repräsentieren (siehe dazu mehr in → Kapitel 4.2.1). Zugewinne im Süden konnte die Republikaner in den letzten Jahrzehnten auch im Senat feiern. Waren 1989 nur sieben der 22 Senatoren der Region Republikaner, so lag dieser Wert nach den Zwischenwahlen 2022 bei 18.

	Weißes Haus	Senat	Repräsentantenhaus
1981–83	Republikaner	Republikaner	*Demokraten*
1983–85	Republikaner	Republikaner	*Demokraten*
1985–87	Republikaner	Republikaner	*Demokraten*
1987–89	Republikaner	*Demokraten*	*Demokraten*
1989–91	Republikaner	*Demokraten*	*Demokraten*
1991–93	Republikaner	*Demokraten*	*Demokraten*
1993–95	*Demokraten*	*Demokraten*	*Demokraten*
1995–97	*Demokraten*	Republikaner	Republikaner
1997–99	*Demokraten*	Republikaner	Republikaner
1999–01	*Demokraten*	Republikaner	Republikaner
2001–03	Republikaner	Rep./*Dem.**	Republikaner
2003–05	Republikaner	Republikaner	Republikaner
2005–07	Republikaner	Republikaner	Republikaner
2007–09	Republikaner	*Demokraten*	*Demokraten*

2009–11	*Demokraten*	*Demokraten*	*Demokraten*
2011–13	*Demokraten*	*Demokraten*	Republikaner
2013–15	*Demokraten*	*Demokraten*	Republikaner
2015–17	*Demokraten*	Republikaner	Republikaner
2017–19	Republikaner	Republikaner	Republikaner
2019–21	Republikaner	Republikaner	*Demokraten*
2021–23	*Demokraten*	*Demokraten*	*Demokraten*
2023–25	*Demokraten*	*Demokraten*	Republikaner
* Aufgrund von Parteiwechseln und einem Todesfall wechselten in diesen beiden Jahren die Mehrheiten im Senat. | Quelle: Daten des Office of the Clerk of the U.S. House of Representatives.			

Tab. 1: Kontrolle über die föderalen Regierungsorgane, 1981–2025.

Während die Republikaner dank ihrer Eroberung des Südens zumindest in Wahlen zum Repräsentantenhaus in den letzten beiden Jahrzehnten dominieren konnten, präsentiert sich ein anderes Bild in den Präsidentschaftswahlen – eine Entwicklung, die auch hier mit den Erfolgen im Süden verbunden ist, da sich aufgrund der Daten außerhalb der Südstaaten die Schlussfolgerung aufdrängt, die Popularität eines Kandidaten im Süden korreliere mit gleichzeitiger Ablehnung im Rest des Landes. Generell lässt sich erkennen, dass in der Nachkriegsära bis 1968 republikanische Kandidaten außerhalb des Südens erfolgreicher waren als in der ehemaligen *Confederacy* (mit, wenig überraschend, Ausnahme von Barry Goldwater). Bis zum Ende der 80er-Jahre erreichten Republikaner sowohl inner- als auch außerhalb des Südens ähnliche Ergebnisse.

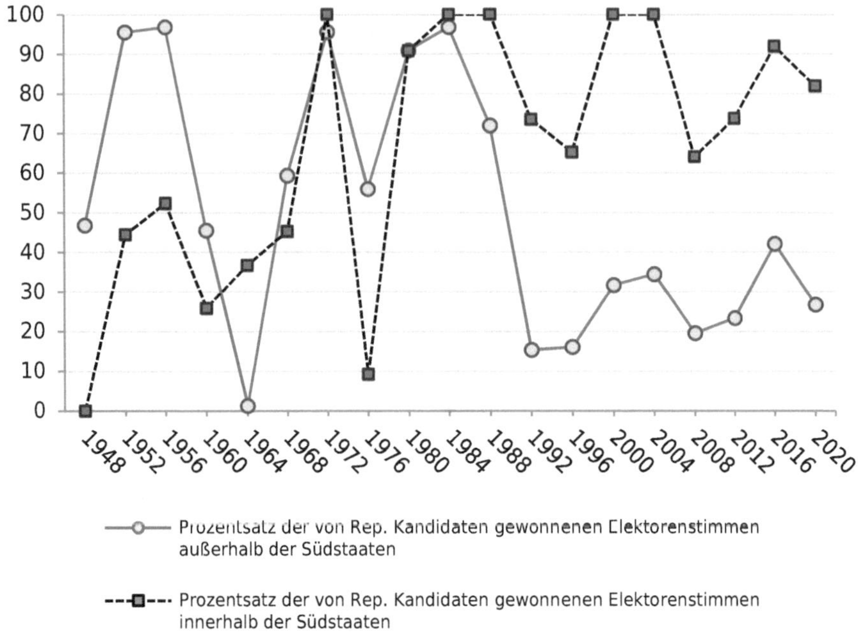

Abb. 2: Anteil der gewonnen Elektorenstimmen von republikanischen Kandidaten inner- und außerhalb der Südstaaten (in Prozent), 1948–2020. | Quelle: Eigene Zusammenstellung

Wie → Abbildung 2 aufzeigt, erhielten sowohl Richard Nixon als auch Ronald Reagan und George H.W. Bush große Zustimmung in beiden Teilen des Landes. So gewann letzterer 1988 alle Elektorenstimmen im Süden sowie fast drei Viertel aller Wahlmänner im Rest des Landes. Die stärkere Südstaaten-Prägung der Partei scheint jedoch seit 1992 auf Kosten von Erfolgen im Rest der Vereinigten Staaten gekommen zu sein. Während George W. Bush sowohl 2000 als auch 2004 alle *Electoral Votes* des Südens erobern konnte, gewann er im Rest des Landes nur ungefähr ein Drittel aller Elektorenstimmen. Donald Trump war dank seiner überraschenden Erfolge in nördlichen Staaten wie Michigan, Pennsylvania und Wisconsin in der Lage, diese Lücke ein wenig zu schließen. Trotzdem gewann auch er nur 42 Prozent aller Wahlmännerstimmen außerhalb der Südstaaten – vier Jahre später eroberte Trump hingegen nur ein Viertel der Nicht-Südstaaten-Elektoren und schnitt somit nur marginal besser als beispielsweise Mitt Romney in der Wahl 2012 ab.

Diese Ära der Erfolge in Präsidentschaftswahlen im Süden und schwächeren Ergebnisse im Rest der Republik geht mit einer eher durchwachsenen generellen republikanischen Bilanz im Kampf um das Weiße Haus einher. In den acht Wahlen zwischen 1992 und 2020 konnte nur ein einziges Mal ein Republikaner eine Mehrheit der *Popular Vote* erreichen (George W. Bush in der ersten Präsidentschaftswahl nach den Terroranschlägen des 11. September 2001). Zwei weitere Male bescherte das *Electoral College* den Republikanern die Schlüssel zum Weißen Haus trotz eines Rückstands in den abgegebenen Wählerstimmen auf ihre demokratischen Kontrahenten. Diese Entwicklung der präsidentiellen Durststrecke steht im Kontrast zu den vorherigen zweieinhalb Jahrzehnten: In den sechs Präsidentschaftswahlen zwischen 1968 und 1988 ging fünf Mal ein republikanischer Kandidat als Sieger hervor. Einzig und allein der Watergate-Skandal führte zu einem denkbar knappen demokratischen Sieg Jimmy Carters in der Wahl von 1976 (mit einem Vorsprung von 2,1 Prozentpunkten in der *Popular Vote*).

Der Süden und seine Werte haben aufgrund ihres Gewichts in der Partei ihr programmatisches Fundament geprägt. Im Kongress lässt sich dies am Phänomen der asymmetrischen Polarisierung erkennen. Die ideologische Kluft in den USA hat sich in den letzten drei Jahrzehnten in einem historischen Ausmaß ausgeweitet. Jedoch lässt sich keinesfalls eine vergleichbare Radikalisierung in beiden Parteien vorfinden. Vielmehr muss konstatiert werden, dass die stetig wachsende ideologische Kluft des Landes gerade auf die stetig wachsende ideologische Radikalität der Republikaner zurückzuführen ist. Ein Standard zur Messung der ideologischen Ansichten von Abgeordneten – und damit des Polarisierungsgrads – lässt sich in *DW-Nominate*-Ergebnissen finden. Diese messen auf der klassischen Links-Rechts-Dimension die Standpunkte von politischen Akteuren bezüglich der Rolle des Staates in wirtschaftspolitischen Fragen. Auf einer Skala von -1 (liberal/progressiv) bis +1 (konservativ) kann somit auch die ideologische Positionierung der Fraktionen im Kongress gemessen werden.

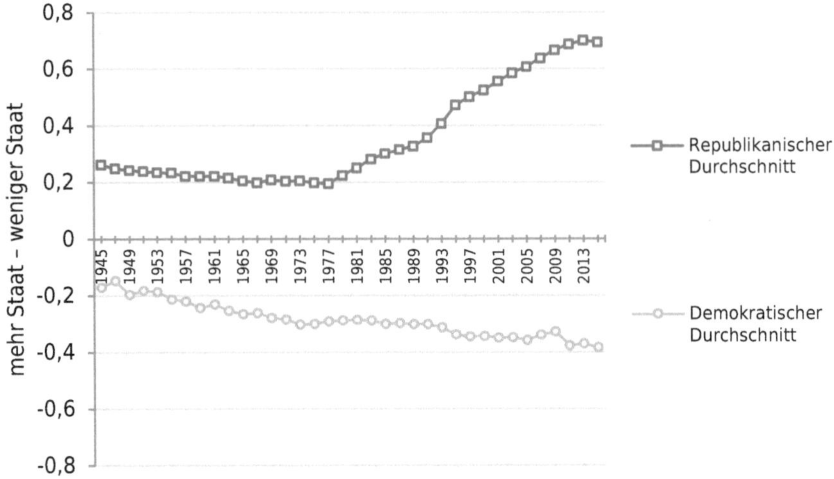

Abb. 3: DW-Nominate-Durchschnittswerte der republikanischen und demokratischen Fraktionen im US-Repräsentantenhaus, 1945 (79. Kongress) bis 2015 (114. Kongress). | Quelle: Daten von Voteview: The Polarization of the Congressional Parties, Stand: 30. Januar 2016

Wie → Abbildung 3 aufzeigt, hat sich der Durchschnittswert innerhalb der demokratischen Fraktion im Repräsentantenhaus seit den 1970er-Jahren nur marginal verändert. Von 1975 bis 2015 bewegte sich dieser um 0,083 Punkte nach links. Republikaner im Repräsentantenhaus sind jedoch heute ideologisch gefestigter und extremer denn je. Der Wert ihrer Fraktion bewegte sich in derselben Phase um ungefähr 0,5 Punkte in eine konservativere Richtung. Mit anderen Worten: Der „Radikalisierungsfaktor" auf der republikanischen Seite in diesen vier Jahrzehnten ist fast sechs Mal so hoch gewesen wie der ihrer demokratischen Pendants.

Der politische Einfluss der Südstaatenrepublikaner sowie ihre ideologische Ausrichtung können insbesondere im Repräsentantenhaus auch zu internen Differenzen führen, in denen der Süden jedoch aufgrund seines ansteigenden Gewichts innerhalb der republikanischen Fraktion immer seltener eine parteiinterne Niederlage einfährt. In der Gesellschaftspolitik lässt sich dies beispielsweise am *Violence Against Women Act* (VAWA) und dessen Erneuerung im Jahre 2013 erkennen. Das Gesetz, zum ersten Mal 1994 verabschiedet, soll Opfer häuslicher Gewalt unterstützen sowie Übergriffe verhindern. Mag dieses Ziel zumindest oberflächlich als parteiübergreifend verstanden werden, so führte die notwendige Erneuerung des Gesetzes 2013 zu einem beträchtlichen Maß an Opposition innerhalb der Republikanischen Partei – jedoch hauptsächlich in ihrem Südstaatenflügel. Schlussendlich unterstützten nur 87 der 232 Republikaner im Repräsentantenhaus die Erneuerung. Somit konnte das Gesetz nur mit Hilfe der damaligen demokratischen Minderheitsfraktion verabschiedet werden. Ein genauerer Blick auf das Abstimmungsverhalten zeigt jedoch die innerparteilichen Gräben auf. Von den 97 Republikanern aus den Südstaaten stimmten nur 15 für die Verlängerung. Mit anderen Worten, nur 15,5 Prozent. 72 der 135 republikanischen Abgeordneten außerhalb des Südens unterstützen das Gesetz jedoch (53,3 Prozent).[185] Erklären lässt sich diese Opposition durch den resoluten Konservatismus der Abgeordneten aus den Südstaaten sowie geplanten Modifizierungen des Gesetzes, die für eine strikte Ablehnung in christlich-konservativen Kreisen und unter Gegnern illegaler Migration sorgten. So sah die Erneuerung des VAWA vor, „undokumentierte Migranten" sowie sexuelle Minderheiten (beispielsweise Lesben oder Transpersonen) in die geschützten Gruppierungen des Gesetzes aufzunehmen und Opfern von häuslicher Gewalt, die sich illegal im Land befinden, den Erhalt eines zeitlich begrenzten Visums zu ermöglichen.[186]

Ein weiteres Beispiel des durchaus radikalisierenden Einflusses der Südstaaten-Fraktion innerhalb der Partei lässt sich beim Disput über die Schließung beziehungsweise Öffnung des Regierungsapparates im Oktober 2013 finden (des ersten *Government Shutdown* in fast zwei Jahrzehnten). Insgesamt stimmten in der entscheidenden Abstimmung weniger als 40 Prozent aller Mitglieder der republikanischen Fraktion (auch in diesem Fall 87 von 232 Repräsentanten) für die Öffnung der geschlossenen Regierungsbehörden. Unter den republikanischen Repräsentanten außerhalb des Südens, stimmten jedoch fast die Hälfte für den Kompromiss, der im Senat ausgehandelt worden war (67 dafür, 69 dagegen). Das Abstimmungsverhalten der Südstaaten-Republikaner stellte sich jedoch deutlich ablehnender dar: fast 80 Prozent votierten für eine Verlängerung des *Government Shutdown*.[187] Ähnlich wie während des *Shutdown* 2018/19 unter Präsident Trump, war

185 Abstimmung abrufbar unter: ProPublica (2013): House Vote 55 – Passes Reauthorization of the Violence Against Women Act. 28. Februar.

186 Vgl. Rueb, Emily S./Niraj Chokshi (2019): The Violence Against Women Act is Turning 25. Here's how it has Ignited Debate. In: New York Times, 4. April.

187 Abstimmung abrufbar unter: ProPublica (2013): House Vote 550 – Passes Senate Budget Compromise. 16. Oktober.

diese rigide Opposition innerhalb der Bevölkerung alles andere als populär. Ebenso wurde den Republikanern im Kongress von einer überwältigenden Mehrheit der Amerikaner die Verantwortung für den Konflikt übertragen.[188]

Was bedeutet das angestiegene Gewicht des amerikanischen Südens bezüglich der Zukunft der Republikanischen Partei? Die Südstaaten stellen heute eine republikanische Basis dar, die jedem Präsidentschaftskandidaten der Partei als Sprungbrett dient. Kann ein Republikaner alle Elektorenstimmen der Region für sich entscheiden (164 nach dem Zensus 2020), bräuchte er nur 106 Wahlmänner im Rest des Landes, um ins Weiße Haus einzuziehen (insgesamt ungefähr 28 Prozent der Elektorenstimmen außerhalb des Südens). Jedoch sind die Südstaaten indessen auch für die Republikaner kein durchweg *Solid South* mehr. George W. Bush konnte zwei Mal den gesamten Süden für sich entscheiden. In den vier Präsidentschaftswahlen zwischen 2008 und 2020 votierte Virginia in der Peripherie der Region jedoch jedes Mal für die Demokratische Partei, nachdem der Einzelstaat in dreizehn der vierzehn vorherigen Präsidentschaftswahlen republikanisch abgestimmt hatte. Darüber hinaus entschied sich Georgia 2020 für Joe Biden – dieser Staat hatte in den neun Präsidentschaftswahlen zwischen 1984 und 2016 nur ein einziges Mal für einen demokratischen Kandidaten gestimmt (Bill Clinton im Jahr 1992). Nach der Wahl kontrollierten die Demokraten ebenso zum ersten Mal seit den frühen 1990er-Jahren die beiden Senatssitze des Einzelstaates. Demographische Veränderungen, die überall im Land vorzufinden sind, werden in Teilen der Region jedoch ein besonderes Maß an Einfluss auf die elektoralen Verhältnisse haben. Texas, seit Jahrzehnten sicher in Händen der Republikaner, könnte in nicht allzu ferner Zukunft gerade dank des steigenden dortigen Bevölkerungsanteils der *Hispanics* ebenso in das Lager der Demokraten wechseln. Ohne Virginia und Texas stellt sich der Weg ins Weiße Haus für jeden Republikaner deutlich schwieriger dar, da beide Einzelstaaten momentan zusammen 53 Elektorenstimmen auf sich vereinen.

Im Kongress ist die Partei dank des wachsenden Gewichts der Südstaaten-Repräsentanten zweifelsfrei zu einer deutlich konservativeren Partei geworden. Ob es um gesellschaftspolitische Fragen – wie die Rechte ethnischer oder sexueller Minderheiten – oder sozioökonomische Angelegenheiten geht, der Süden gibt immer stärker die Standpunkte der Republikaner

---

188 Siehe beispielsweise Langer, Gary (2013): Disapproval of GOP Peaks in Blame for the Budget Crisis. In: ABC News, 14. Oktober.

vor. Dies stellt die Partei in einem nationalen Umfeld, dessen ideologische und demographische Zusammensetzung sich stetig von der republikanischen Basis des Südens entfernt, vor eine enorme Herausforderung. Der weiße Süden und seine überwiegend republikanischen Repräsentanten sind christlich-konservativ – der Rest des Landes wird säkularer, ideologisch progressiver sowie immer ethnisch diverser (siehe → Kapitel 4.1) und kann Abstimmungen, die sich beispielsweise gegen Schutzmaßnahmen für Opfer häuslicher Gewalt richten oder den Regierungsapparat zum Erliegen bringen, nur schwer verstehen.

3.2 Christlich-konservative Wähler

Auch wenn führende Politiker der Republikanischen Partei wie Ronald Reagan in soziokulturellen Fragen selten ihre Hoffnungen erfüllten, ist die Gruppe der weißen evangelikalen Protestanten mit ihren erzkonservativen Werten zu einem der verlässlichsten Wählerblocks der Republikanischen Partei geworden. Wie bereits im Reagan-Kapitel erwähnt, stellten die christlich-konservativen Protestanten für die Republikanische Partei einen elementaren Schlüssel für den Erfolg in den Südstaaten dar. Die Gründe dafür lassen sich in der religiösen Zusammensetzung der Region finden. Identifizierten sich 2014 in den Vereinigten Staaten ungefähr 25 Prozent der Bevölkerung als Mitglied einer (weißen) evangelikalen Kirche, lagen diese Anteile in den Südstaaten bis auf Florida höher. In Tennessee stellten evangelikale Protestanten beispielsweise 52 Prozent der Bevölkerung, in Alabama 49 Prozent.[189] Diese Gruppe ist der Garant republikanischer Erfolge in der Region: 2014 identifizierten sich 66 Prozent aller evangelikalen Protestanten in Alabama als Republikaner; sieben Jahre zuvor hatte dieser Wert noch bei 54 Prozent gelegen.[190]

Die steigende Wertschätzung der Ansichten dieser Gruppe seitens der Republikaner war für die Partei somit insbesondere im Kontext der *Southern Strategy* elektoral sinnvoll. Die zunehmende Fokussierung auf den christlich-konservativen Flügel der Gesellschaft sowie dessen wachsenden Einfluss auf die Partei lassen sich gerade in den Wahlprogrammen der Re-

---

189 Auch wenn diese Gruppe nicht explizit weiß ist, ist die überwältigende Mehrheit der „evangelikalen Protestanten“ dieser Studie weiß (in Alabama beispielsweise 85 Prozent). Vgl. Pew Research Center (2014): Religious Landscape Study.

190 Daten der Religious Landscape Study bezüglich Alabama.

publikaner ablesen. Das erste republikanische Wahlprogramm (1976) nach der landesweiten Legalisierung von Schwangerschaftsabbrüchen durch das *Roe v. Wade*-Urteil des Obersten Gerichtshofs, sah vor, dass es bei diesem Thema einen „öffentlichen Dialog" geben müsse, der die unterschiedlichen Ansichten der Gesellschaft als auch der Partei reflektiere. Die grundlegend rigide Ablehnung von Schwangerschaftsabbrüchen, die heute ein Definitionsmerkmal der Republikanische Partei darstellt und nicht erst seit dem Ende von *Roe v. Wade* im Sommer 2022 zu einem enormen Anstieg an diesbezüglichen Restriktionen geführt hat, existierte damals innerhalb der Partei noch nicht, wie auch die *Party Platform* festhielt:

> *„The question of abortion is one of the most difficult and controversial of our time. It is undoubtedly a moral and personal issue but it also involves complex questions relating to medical science and criminal justice. There are those in our Party who favor complete support for the Supreme Court decision which permits abortion on demand. There are others who share sincere convictions that the Supreme Court's decision must be changed by a constitutional amendment prohibiting all abortions. Others have yet to take a position, or they have assumed a stance somewhere in between polar positions."* [191]

Nur acht Jahre danach ließ sich im Wahlmanifest eine grundlegend andere Positionierung vorfinden, die das zentrale Ziel eines „Human Life Amendment" der Christlichen Rechten aufgriff. Dieses sollte jedem Fötus ab dem Moment der Zeugung den Schutz der amerikanischen Verfassung bieten:

> *„The unborn child has a fundamental individual right to life which cannot be infringed. We therefore reaffirm our support for a human life amendment to the Constitution, and we endorse legislation to make clear that the Fourteenth Amendment's protections apply to unborn children."* [192]

Auch dank dieser programmatischen Adjustierung gibt es im 21. Jahrhundert keine andere Wählergruppe, die stärker mit der Republikanischen Partei verbunden ist als die der christlich-konservativen Wähler, insbesondere weiße Mitglieder evangelikaler Glaubensgruppen. Sie stellen ein Segment der Wählerschaft dar, das auch republikanische Akteure mit einem eher fragwürdigen moralischen Kompass (wie Donald Trump) mit überwältigenden Mehrheiten unterstützt. Für die Republikaner ist dies ein

---

191 Republican Party (1976): Republican Party Platform of 1976. 18. August.

192 Republican Party (1984): Republican Party Platform of 1984. 20. August.

zweischneidiges Schwert. Einerseits besitzen sie mit weißen Evangelikalen ein Wählersegment, das in fast jeder Wahl dank seiner Wahlbeteiligung überrepräsentiert ist. Überzeugungsarbeit muss aufgrund der sich ausbreitenden Kluft zwischen Republikanern und Demokraten bei gesellschaftspolitischen Themen wie Fragen der Reproduktionsrechte oder der Rechte sexueller Minderheiten nur selten geleistet werden, denn auch moderatere republikanische Kandidaten sind in diesem Umfeld für konservative Christen das deutlich geringere Übel als die fast durchweg progressiven Demokraten. Andererseits zieht der in den letzten Jahrzehnten enorm gewachsene Einfluss der weißen Evangelikalen die Partei generell in eine Richtung, die sie fortwährend weiter vom meinungspolitischen Mainstream entfernt. Insbesondere zwischen dem Segment der jungen Wählerinnen und Wählern auf der einen sowie den weißen Evangelikalen auf der anderen Seite existieren sowohl bei gesellschafts- als auch bei wirtschaftspolitischen Themen enorme grundlegende ideologische Differenzen. Doch auch zwischen dem durchschnittlichen amerikanischen Wähler (selbst in tendenziell konservativen Regionen des Landes) und der republikanischen Kernwählerschaft kann die ideologische Kluft beträchtlich sein. Verdeutlicht wurde dies insbesondere in den Monaten nach dem *Dobbs*-Urteil des Obersten Gerichts hinsichtlich des Anrechts auf Schwangerschaftsabbrüche im Sommer 2022, als sich in zahlreichen Einzelstaaten, die teilweise auf Landesebene republikanisch dominiert sind, die Wählerschaft in Volksentscheiden für einen Schutz beziehungsweise Ausbau der Abtreibungsrechte aussprach.

Dass bei Themen wie der gleichgeschlechtlichen Ehe oder Schwangerschaftsabbrüchen divergierende Ansichten vorherrschen, mag kaum überraschen. Doch auch in wirtschaftspolitischen Fragen ist die christlich-konservative Wählerschaft am rechten Rand vorzufinden. Sie vertritt die Ansicht, dass der Staat sich in sozialstaatlichen Fragen zurückzuhalten habe und bevorzugt vielmehr „small government“.[193] Mit den unter jungen Amerikanern populären Vorstößen zum Ausbau des Sozialstaats – wie einer staatlichen Krankenversicherung – können weiße Evangelikale nur wenig anfangen.

Diese Sichtweise basiert nicht nur auf einer simplen Repetition der Argumente seitens der republikanischen Parteispitze, wie wir bereits in vorherigen Kapiteln gesehen haben (man denke hier an Falwells Argument

193 Vgl. Green, John C. (2004): The American Religious Landscape and Political Attitudes: A Baseline for 2004, S. 19–20.

zurück, dass der Schutz des Privateigentums ein biblischer Grundsatz sei). Für Evangelikale gehen Glaube und Aversionen gegen linksliberale staatliche Interventionen Hand in Hand. Hier ist es nochmals sinnvoll, Ronald Reagan zur Rate zu ziehen. Als dieser seine Kandidatur im November 1979 bekannt gab, brachte er das Argument vor, dass die Sicherung der Rolle Amerikas als Leuchtturm der Freiheit nur gewährleistet werden könne, wenn das Land weiterhin „the principles of self-reliance, self-discipline, morality“[194] verteidigen würde. Entsprechend dieser unter weißen Evangelikalen weit verbreiteten Interpretation sind auf der einen Seite ein moralisch einwandfreier (christlicher) Lebensstil und andererseits die Abhängigkeit von sozialstaatlichen Programmen unvereinbar – letzteres stellt gar die Antithese der grundlegenden amerikanischen Werte dar. Wie der konservative Kommentator und gläubige Christ Glenn Beck zusammenfasste, wären die *Founding Fathers* selbst zutiefst über den Ausbau des amerikanischen Sozialstaats erschüttert:

> *„Our forebears came to these shores not for free stuff, but for freedom. [...] They came here because they knew that God made them free to make their own way in life, take the risk, do their best and take responsibility for their own lives.“* [195]

Diese gemeinsamen ideologischen Überzeugungen in gesellschafts- sowie wirtschafts- und sozialpolitischen Fragen und die in → Kapitel 2 aufgezeigten historischen Entwicklungen haben die Republikaner zu einer Partei gemacht, in der weiße Evangelikale ein enormes Übergewicht und damit Einfluss auf die bereits erwähnten programmatischen Standpunkte der Partei genießen. In den späten 1970er-Jahren waren ungefähr ein Viertel aller Republikaner weiße Evangelikale. Vier Jahrzehnte später lag dieser Anteil bei fast 35 Prozent.[196] Dass diese Entwicklung gerade mit der Eroberung des amerikanischen Südens verbunden ist, lässt sich auch an den lokalen Anteilen der weißen Evangelikalen innerhalb der Republikanischen Partei erkennen. Im „tiefen Süden“ wie Georgia, Mississippi oder Alabama stellen heutzutage weiße evangelikale Christen zwischen der Hälfte und

194 Zitiert in: Domke, David/Kevin Coe (2010): The God Strategy: How Religion Became a Political Weapon in America, S. 50.

195 Beck, Glenn (2013): Glenn gives rousing Civil Rights speech outside the Capitol. 19. Juni.

196 Vgl. Burge, Ryan (2019): The Religious Composition of the Two Major Parties. In: Religion in Public, 25. April.

zwei Drittel aller dortigen Republikaner.[197] Noch eklatanter lassen sich diese Veränderungen innerhalb des politisch aktiven Kerns der Partei feststellen. Allein zwischen 1980 und 1988 verdoppelte sich der Anteil der weißen Evangelikalen, die angaben, regelmäßig Gottesdienste zu besuchen unter den erstmaligen Delegierten der republikanischen Parteitage von 7 auf 13 Prozent.[198]

Dass sich somit die bereits erwähnten Veränderungen der republikanischen Wahlprogramme umsetzen ließen, überrascht in Anbetracht der gesellschaftspolitischen ideologischen Präferenzen an der Basis nicht. Vertraten auf dem republikanischen Parteitag vor der Präsidentschaftswahl 1972 nur ungefähr 20 Prozent aller Delegierten die restriktivste Position bei Schwangerschaftsabbrüchen (immer illegal), so lag dieser Anteil bei über 85 Prozent zwei Jahrzehnte später.[199] Eine vergleichbare Transformation ließ sich ebenso innerhalb der republikanischen Führungsriege vorfinden: Ende der 1970er-Jahre nahmen republikanische Senatoren bei Abstimmungen zum Thema Abtreibung in etwas mehr als der Hälfte aller Fälle eine Position ein, die sich für *weniger* Restriktionen aussprach. 30 Jahre später lag dieser Wert hingegen nur noch bei zehn Prozent.[200]

Insbesondere die Präsidentschaftswahl 2016 gibt Aufschluss über die starken Bindungen konservativer Protestanten an die Republikaner. In den Vorwahlen konnte die Unterstützung Donald Trumps innerhalb der streng gläubigen republikanischen Wählerschaft noch durchaus als ausbaufähig bezeichnet werden. Unter Republikanern, die wöchentlich einen Gottesdienst besuchten, gaben ein halbes Jahr vor der Wahl nur 34 Prozent an, dass sie Donald Trump unterstützten. Unter Republikanern, die hingegen weniger als ein Mal die Woche ein Gotteshaus besuchten, lag dieser Wert bei 50 Prozent.[201] Die Unterstützung Trumps unter weißen evangelikalen Wählern in der Präsidentschaftswahl sollte dann jedoch ein beeindruckendes Ausmaß annehmen. 81 Prozent dieser Wählergruppe unterstützte Donald

---

197 Vgl. Cox, Daniel (2016): White Evangelical Protestants Will Continue to Be a Force in GOP Primaries, but a Force for Whom? In: Public Religion Research Institute, 14. März.

198 Vgl. Layman, Geoffrey (1999): ‚Culture Wars' in the American Party System: Religious and Cultural Change among Partisan Activists Since 1972. In: American Politics Research 27 (1), S. 100.

199 Vgl. ebd., S. 104–105.

200 Vgl. D'Antonio, William V. u. a. (2013): Religion, Politics, and Polarization: How Religiopolitical Conflict is Changing Congress and American Democracy, S. 50.

201 Vgl. Smith, Gregory A. (2016): Churchgoing Republicans, once skeptical of Trump, now support him. In: Pew Research Center Fact Tank, 21. Juli.

Trump gegenüber Hillary Clinton, ein Wert, der gar höher lag als die Unterstützung des „wiedergeborenen" Christen George W. Bush bei dessen Wiederwahlgesuch im Jahre 2004 (78 Prozent).[202] Die Arbeit Donald Trumps wusste diese Wähler ebenso zu überzeugen – verschiedene Skandale im Weißen Haus konnte seiner Popularität in diesem Wählersegment nichts anhaben. Während der 45. Präsident in fast allen Bevölkerungsteilen im ersten Amtsjahr teils starke Beliebtheitseinbußen ertragen musste, gaben im April 2018 drei Viertel aller weißen Evangelikalen an, dass sie den Präsidenten in einem positiven Licht sahen. Zu Beginn seiner Präsidentschaft lag dieser Wert bei „nur" 68 Prozent.[203] Diese Bindungen zu Trump überdauerten auch dessen Rückzug aus dem Weißen Haus. So konnte Trump in den Präsidentschaftsvorwahlen 2024 unter weißen Evangelikalen besserte Werte erreichen als innerhalb der allgemeinen Vorwählerschaft der Partei. In South Carolina gewann Trump beispielsweise insgesamt 60 Prozent der Stimmen, vereinte dabei aber drei Viertel der weißen evangelikalen Wähler auf sich.[204]

Wie lässt sich der Enthusiasmus der christlich-konservativen Wählerschaft für einen Präsidenten erklären, der drei Mal verheiratet war und insgesamt alles andere als bibelfest erscheint? Ein erster Erklärungsansatz (insbesondere bezüglich seines Wahlerfolges) lässt sich in der generellen parteipolitischen Polarisierung des Landes erkennen, die sich immer stärker mit den religiösen Präferenzen des Landes deckt. Wie bereits aufgezeigt, stellen weiße Evangelikale heutzutage eines der republikanischsten Segmente der Wählerschaft dar. Egal welche Person an der Spitze der Partei steht, eine Abwendung der christlich-konservativen Wählerschaft ist nur schwer vorstellbar. Die ideologische Kluft zu überqueren ist im heutigen Umfeld ein fast unmögliches Unterfangen, da die Demokratische Partei ihrerseits säkularer denn je zusammengesetzt ist (siehe auch → Kapitel 4.1.3). Bezogen auf die klassischen *Culture War*-Themen wie Schwangerschaftsabbrüche oder den Rechten gleichgeschlechtlicher Paare sowie sexueller Minderheiten allgemein stehen sich der durchschnittliche Demokrat sowie der gemeine weiße evangelikale Wähler diametral gegenüber. So sprachen sich 2019 beispielsweise 75 Prozent aller Demokraten für die gleichgeschlechtliche

---

202 Vgl. Martínez, Jessica/Gregory A. Smith (2016): How the faithful voted: A preliminary 2016 analysis. In: Pew Research Center Fact Tank, 9. November.

203 Vgl. Jones, Robert P. (2018): White Evangelical Support for Donald Trump at All-Time High. In: Public Religion Research Institute, 18. April.

204 Vgl. Edwards-Levy, Ariel (2024): What South Carolina exit polling tells us about Haley's home-state loss. In: CNN, 24. Februar.

Ehe aus. Unter weißen evangelikalen Christen lag dieser Wert hingegen bei 29 Prozent.[205] In den letzten Jahren lässt sich im allgemeinen republikanischen Lager auch eine wachsende Ablehnung des Ausbaus der Rechte sexueller Minderheiten erkennen. Zwischen 2015 und 2023 sank der Anteil der Republikaner, die Anti-Diskriminierungsgesetze zum Schutz sexueller Minderheiten guthießen, von 61 auf 59 Prozent, während er unter Demokraten in diesem Zeitraum um 11 Punkte auf 89 Prozent anwuchs.[206] Diese zunehmende Kluft ist gerade auf die steigende Ablehnung unter konservativen weißen Christen zurückzuführen. Ähnliche Erkenntnisse lassen sich beim Thema Abtreibung erkennen. Hier sprachen sich 2018 76 Prozent aller Demokraten dafür aus, dass Schwangerschaftsabbrüche in allen oder den meisten Fällen legal sein sollten. Auch in diesem Fall war der entsprechende Wert unter weißen evangelikalen Christen weniger als halb so hoch (34 Prozent).[207] Nach dem Ende des durch die US-Verfassung garantierten Anrechts auf Schwangerschaftsabbrüche durch die *Dobbs v. Jackson*-Entscheidung des Obersten Gerichts, ist diese Kluft nochmals angewachsen. 2022 sprachen sich 84 Prozent aller Demokraten aber nur 38 Prozent aller Republikaner für die Rechtmäßigkeit von Abtreibungen aus, eine Differenz von 46 Prozentpunkten, die 15 Jahre zuvor nur bei 24 Punkten gelegen hatte.[208]

Zu verdanken hatten die weißen Evangelikalen diese weitreichende Entscheidung des Obersten Gerichts insbesondere Donald Trump, da die drei von ihm ernannten Richter allesamt für ein Ende des Rechts auf Schwangerschaftsabbrüche stimmten. Ein weiterer Punkt, der Donald Trumps steigende Popularität unter konservativen Christen während seiner Zeit im Amt erklärt, waren seine politischen Vorstöße – in vielerlei Hinsicht setzte sich der Präsident stärker für die Interessen der „Religiösen Rechten“ ein als vorherige Republikaner. Mag er bei der Frage des Grenzwalls seine nativistische Basis enttäuscht haben, stellte Donald Trump jedoch die zugegebenermaßen eher niedrigen Erwartungen der christlich-konservativen Wählerschaft mehr als zufrieden. So zog der konservative evangelikale

205 Pew Research Center (2019): Attitudes on Same-Sex Marriage. Stand: 14. Mai.

206 Vgl. Public Religion Research Center (2024): Views on LGBTQ Rights in All 50 States: Findings from PRRI's 2023 American Values Atlas. 12. März.

207 Vgl. Pew Research Center (2018): Public Opinion on Abortion. Stand: 15. Oktober.

208 Vgl. Pew Research Center (2022): Majority of Public Disapproves of Supreme Court's Decision To Overturn Roe v. Wade. 6. Juli.

Kolumnist (und vormalige Trump-Gegner) Erick Erickson nach zwei Jahren Trump-Präsidentschaft folgendes Fazit:

> „*The President has shown himself to not share my faith convictions any more than the other side, but the President has shown he is willing to defend my faith convictions and is supportive of them.*“ [209]

Die in diesen Worten durchklingende Resignation bezüglich des Glaubens der politischen Repräsentanten verspüren – auch auf die Gesellschaft allgemein bezogen – durchaus viele konservative Christen im Land. Diese haben in vielerlei Hinsicht das Ziel, ihre Mitbürger spirituell zu überzeugen, aufgegeben. Zu verdorben erscheint nach ihrer Interpretation das Amerika des 21. Jahrhunderts. Nunmehr ist der vielversprechendste Weg zur Durchsetzung der eigenen Agenda eher die Wahl von Politikern, die christlich-konservative Anliegen verfechten – auch wenn dies mit fragwürdigen Methoden getan wird und die Kämpfer selbst charakterlich ebenso amoralisch sind.[210] Donald Trump kämpft mit harten Bandagen, doch ein nicht unbeträchtlicher Teil seiner christlichen Wählerschaft scheint die Sichtweise zu vertreten, dass nur mit dieser Vorgehensweise der gottlose Gegner in die Schranken verwiesen werden kann. Gleichzeitig versucht Trump die eigenen Verfehlungen ebenso in den Kulturkampf gegen die säkulare Elite zu integrieren und sie dadurch in ein positives persönliches Merkmal zu konvertieren. So behauptete er inmitten seiner zahlreichen Strafverfahren im Frühjahr 2024 vor einem Publikum christlich-konservativer Medienvertreter, dass sich besagte Verfahren eigentlich gegen die weiße evangelikale Wählerschaft richteten: „I'm [...] taking the bullets, taking the arrows. I'm taking them for you. [...] I'm being indicted for you.“[211]

Dass Trump sich glaubhaft vor Evangelikalen als eine Art populistischer Jesus darstellen kann, ist auf seine Arbeit als Präsident zurückzuführen. Mit seiner Regierungsbilanz erarbeitete Donald Trump sich die Unterstützung

---

209 Erickson, Erick (2019): I'll Be Voting for President Trump and Vice President Pence in 2020. In: The Resurgent, 11. Februar.

210 Vgl. Whitehead, Andrew L. u. a. (2018): Make America Christian Again: Christian Nationalism and Voting for Donald Trump in the 2016 Presidential Election. In: Sociology of Religion 79 (2), S. 147–171; Martí, Gerardo (2019): The Unexpected Orthodoxy of Donald J. Trump: White Evangelical Support for the 45th President of the United States. In: Sociology of Religion 80 (1), S. 1–8.

211 Zitiert in: Jones, Robert P. (2024): In Speech to White Evangelical Broadcasters, Trump Lays Out His White Christian Nationalist Vision. In: White Too Long, 18. März.

von gläubigen (weißen) Christen und bewies sich als einer der stärksten Verteidiger der christlich-konservativen Agenda. So setzte Trump im Politikfeld der Abtreibung Maßnahmen und Vorgaben um, die insbesondere die finanziellen Möglichkeiten von Non-Profit-Organisation wie *Planned Parenthood*, die unter anderem Schwangerschaftsabbrüche und diesbezügliche Beratungen anbieten, fundamental eingeschnitten haben und teilweise beträchtlich über die Schritte seiner republikanischen Vorgänger im Weißen Haus hinausgingen. Entgegen den ursprünglichen Hoffnungen mancher Republikaner der Mitte, Trump könne bei der Frage der Rechte sexueller Minderheiten vielleicht einen – zumindest für republikanische Verhältnisse – moderateren Kurs einschlagen, implementierte Trump auch in diesem Feld mit seinen Maßnahmen eine bewährte, strikt konservative Programmatik (beispielsweise mit der Untersagung des Militärdienstes transsexueller Soldaten).

Mit Neil Gorsuch, Brett Kavanaugh und Amy Coney Barrett wählte Trump drei Richter für den *Supreme Court*, die gerade auch in gesellschaftspolitischen Fragen für eine Wahrung erzkonservativer Werte stehen (man erinnere sich hier nochmals an die erwähnte Wahl Sandra Day O'Connors seitens Ronald Reagan, die das christlich-konservative Lager hingegen schwer enttäuschte). Durch die Aufhebung des verfassungsrechtlich garantieren Rechts auf Schwangerschaftsabbrüche im *Dobbs v. Jackson*-Urteil sollten Trumps Richter eines der wichtigsten christlich-konservativen Ziele des letzten halben Jahrhunderts realisieren. In außenpolitischen Fragen steht den weißen Evangelikalen kein Verbündeter näher als Israel, insbesondere da innerhalb evangelikaler Glaubensrichtungen in den Vereinigten Staaten die Meinung vorherrscht, eine Wiederkehr Jesu Christi könne nur dann geschehen kann, wenn Israel als jüdische Heimat existiert (auch als „christlicher Zionismus" bekannt). Während Trump in seiner Zeit als Präsident auf dem außenpolitischen Parkett sowohl Verbündete als auch Gegner oft mit Verachtung oder Geringschätzung behandelte, schien er Benjamin Netanjahu jeden Wunsch von den Lippen abzulesen. Mit dem Umzug der amerikanischen Botschaft nach Jerusalem, der Anerkennung der Stadt als „ewige Hauptstadt" Israels und der Unterstützung der Anerkennung der israelischen Souveränität über die Golanhöhen brach Trump mit jahrzehntealten Prinzipien der amerikanischen Außenpolitik, stellte hierbei aber insbesondere die eigene christlich-konservative Basis zufrieden.

Die Inkorporation der weißen evangelikalen Wählerschaft hat sich zweifelsfrei in vielen Fragen für die Republikanische Partei ausgezahlt. Mit ihr konnte der amerikanische Süden, und damit auch ein Sprungbrett zu Mehrheiten im Kongress und Präsidentschaftswahlen, erobert werden. Das Segment der weißen Evangelikalen weist zudem ein hohes Maß an politischer Aktivität auf, so dass diese Bevölkerungsgruppe in Wahlen einen überproportionalen Anteil der Wählerschaft ausmacht: Obwohl 2018 nur 15 Prozent aller Amerikaner weiße Evangelikale waren, stellten sie ein Viertel aller Wähler.[212] Doch stellt die „Evangelisierung" der Partei diese auch vor Herausforderungen. Die Werte dieser Wähler – und aufgrund ihres innerparteilichen Einflusses dementsprechend auch der Republikanischen Partei – stehen in einem immer stärkeren Gegensatz zu den Werten der säkularen, wirtschafts- und gesellschaftspolitisch progressiven jungen Wählerschaft, die somit keinerlei ideologische Gemeinsamkeiten mit der republikanischen Ideologie vorfindet.

3.3 Die Tea Party

2009 erschien eine Bewegung auf dem politischen Parkett der Vereinigten Staaten, die für einige wenige Jahre die Schlagzeilen dominierte, republikanischen Amtsinhabern das Fürchten lehrte – und dann wieder verschwand. Das Verschwinden aus den Schlagzeilen sollte jedoch nicht als politisches Ableben interpretiert werden, denn die Nachwehen der *Tea Party*-Aktivität sind heute noch mit Blick auf die ideologische Ausrichtung der Republikaner zu spüren. Dies hängt nicht zuletzt auch mit dem weltanschaulichen und historischen Fundament der Bewegung zusammen. Auch wenn die *Tea Party* und ihre politische Aktivität eng mit der Obama-Ära verbunden sind, reichen die Wurzeln der Bewegung lange zurück. Ein halbes Jahrhundert von anti-elitären, rassistischen Appellen konservativer Politiker, die Kompromisse mit politischen Gegnern mit einem Verrat an amerikanischen Grundwerten gleichstellten, schufen mit der *Tea Party* eine Bewegung, die nicht der Grund eines Rechtsrucks der Republikanischen Partei war, sondern vielmehr eine Folge dieses ideologischen Wandels darstellte.

Der einfachen Klassifizierung widersetzte sich die *Tea Party* jedoch. Einen Vorläufer der Trump-Kandidatur stellte sie nicht unbedingt dar, auch wenn – wie folgend aufgezeigt wird – verschiedene Aspekte der Trump- und

212 Vgl. Edsall, Thomas B. (2019): Trump Needs his Base to Burn With Anger. In: New York Times, 3. Juli.

Tea Party-Ideologien sich überlappen, wenn nicht gar deckungsgleich sind. Eine weitere Herausforderung bezüglich der ideologischen Einordnung der Bewegung lässt sich in deren Genese finden. Zumindest inoffiziell gilt die im Fernsehen übertragende Tirade eines Analysten des Wirtschaftsnachrichtensenders CNBC als Startschuss der Bewegung. Auf dem Handelsparkett der *Chicago Mercantile Exchange* äußerte sich am 19. Februar 2009 Rick Santelli bezüglich des am vorherigen Tag veröffentlichten Plans der jüngst ins Amt gekommenen Obama-Regierung zum Schutz von Hausbesitzern vor Zwangsvollstreckungen. Santelli sah diesen Vorstoß als unnötigen und falschen Eingriff in die Kräfte des Markts – und dementsprechend auch als zutiefst unamerikanisch. Für Santelli waren die betroffenen Hausbesitzer, die sich mit ihren Hypotheken übernommen hatten, allein für ihr Schicksal verantwortlich. Warum sollte die Allgemeinheit für die Fehler Einzelner aufkommen? Live im Fernsehen fragte Santelli die um ihn herumstehenden *Trader* der Börse, wie viele von ihnen für die Hypotheken anderer aufkommen wollten, nur weil diese Personen sich ein zusätzliches Badezimmer leisten wollten, das ihr Gehalt eigentlich nicht finanzieren konnte? „This is America", so Santelli, und vielleicht war es nunmehr an der Zeit, in Anlehnung an den Kampf gegen die britische Obermacht im 18. Jahrhundert eine neue „Tea Party" zu planen.[213]

Auch andere Faktoren ließen den Eindruck entstehen, man habe es hier mit einer vorrangig wirtschaftspolitischen Bewegung zu tun. Gelder erhielten Organisationen innerhalb der Bewegung insbesondere durch Multimilliardäre wie die Brüder Charles und David Koch, die ihrerseits seit Jahrzehnten mit ihrem beträchtlichen Reichtum Einfluss innerhalb der Republikanischen Partei erworben haben. Gesellschaftspolitisch konservative Anliegen sind den *Koch Brothers* größtenteils fremd – relevant ist für sie hingegen ein schlanker Staat in wirtschaftspolitischen Fragen.[214] Ein durchaus großes Maß an Beliebtheit innerhalb der Bewegung genoss ebenso zumindest anfänglich der Texaner Ron Paul, republikanisches Mitglied des

---

213 Vgl. Kirell, Andrew (2015): When CNBC created the Tea Party. In: The Daily Beast, 30. Oktober.

214 Diese Art der Etablierung verschiedener *Tea Party*-Organisationen führte schlussendlich auch zu dem Vorwurf, man habe es hier nicht mit einer „Grassroots"-Bewegung zu tun. Der Begriff des „Astroturf" (Kunstrasen) erschien manchen Wissenschaftlern und Analysten passender. Vgl. Arceneaux, Kevin/Stephen P. Nicholson (2012): Who Wants to Have a Tea Party? The Who, What, and Why of the Tea Party Movement. In: Political Science & Politics 45 (4), S. 700-710.

US-Repräsentantenhauses über verschiedene Zeiträume zwischen 1976 und 2013. Paul hatte bereits Ende 2007 in der Stadt der ursprünglichen Tea Party, Boston, eine Veranstaltung unter diesem Titel organisiert.[215] Eine Ikone innerhalb der libertären Bewegung der Vereinigten Staaten, verkörperte Paul in den Augen seiner Unterstützer das Mantra der klassischen amerikanischen Werte des Misstrauens gegenüber einem „starken Staat". Staatliche Vorgaben lehnte Paul größtenteils ab, egal ob es um wirtschafts-, sozial- oder gesellschaftspolitischen Fragen ging. Auch Kandidaten, die unter dem Banner der *Tea Party* in republikanischen Vorwahlen antraten, schrieben sich die Forderung nach *Small Government* auf ihre Fahnen. Betrachtet man insbesondere die Werte der breiteren Masse innerhalb der *Tea Party*, lassen sich wichtige Details erkennen, die den Wertekanon der Bewegung aufdecken und Einblicke in die Verbindungen zwischen *Tea Party* und der republikanischen Wählergewinnung seit den 1960er-Jahren bieten. Diese Erkenntnisse stellen zudem die Einordnung als libertäre Bewegung infrage.

Bezogen auf die Präferenz zum „schlanken Staat" in der *Tea Party* und den möglichen Erklärungsansätzen, lohnt sich ein weiterer Blick zurück in die Geschichte der *Southern Strategy*. Wie bereits erwähnt, argumentierte Lee Atwater, dass republikanische Appelle an rassistische Wähler des Südens unter dem Deckmantel des klassischen Konservatismus geschehen mussten. Mit jedem Jahrzehnt waren diese jedoch komplexer zu gestalten, so dass schlussendlich die konservative Botschaft an die entsprechenden Wähler laut Atwater wie folgt aussah:

> *„Now, you're talking about cutting taxes, and all these things you're talking about are totally economic things and a byproduct of them is, blacks get hurt worse than whites."*[216]

Im Kontext der *Tea Party*-Bewegung und ihrer Unterstützer bedeutete dies, dass die Ablehnung sozialstaatlicher Programme (also die Forderung nach „small government") oft mit den eigenen Ansichten gegenüber Minderheiten – und nicht einer generell libertären Weltanschauung – verbunden war. Anders gesagt: Da bestimmte wohlfahrtsstaatliche Programme als Maßnahmen wahrgenommen wurden, die insbesondere Minderheiten zugutekamen, fand sich unter *Tea Party*-Wählern hier ein besonderes Maß an Opposition gegenüber diesen Mitteln vor. Eine sonderlich große Gunst

215 Vgl. Formisano, Ronald P. (2012): The Tea Party: A Brief History, S. 27.

216 Zitiert in: Lamis (1999), S. 8.

für persönliche Freiheiten in anderen politischen Bereichen ließ sich unter *Tea Party*-Mitgliedern hingegen generell nicht vorfinden.[217] Es war diese nativistisch-rassistische Grundeinstellung, die (wie später aufzeigt wird) ein Grundmerkmal der Bewegung darstellte.

In ihrer politischen Gesinnung ließen sich die *Tea Party*-Republikaner ganz von Barry Goldwaters auf dem republikanischen Parteitag 1964 vorgegeben Devise leiten: „[E]xtremism in the defense of liberty is no vice. [...] [M]oderation in the pursuit of justice is no virtue."[218] Wie Goldwater sahen sie sich Mitglieder der *Tea Party*-Bewegung auf der Seite der Freiheit und der Werte, die Amerika den Aufstieg zur Weltmacht ermöglicht hatten. Ob Goldwater und *Tea Party*-Anhänger hierbei von denselben Werten sprachen, ist jedoch mehr als fraglich. Zu den bereits erwähnten Faktoren gesellte sich in der Genese der *Tea Party* das Kriterium der Religiosität und dessen steigender Relevanz innerhalb der republikanischen Allianz – eine Entwicklung, die Goldwater an seinem Lebensende scharf verurteile. Ein definierendes Merkmal der *Tea Party* (und hier lassen sich durchaus Differenzen zur Kernwählerschaft Donald Trumps finden) war der religiöse Konservatismus ihrer Unterstützer. 52 Prozent aller *Tea Party*-Republikaner gaben in einer Erhebung im Herbst 2010 an, sich als „evangelikaler" beziehungsweise „Born Again"-Christ zu definieren. Unter den restlichen Republikanern lag dieser Anteil hingegen bei 38 Prozent.[219]

Ebenso beschrieben sich zwei Jahre später 40 Prozent der *Tea Party*-Republikaner als „stark religiös" im Vergleich zu einem Wert von 31 Prozent unter den restlichen Republikanern und 26 Prozent innerhalb der allgemeinen Wählerschaft.[220] Insgesamt spielte somit Religion auch eine erheblich wichtigere Rolle in der politischen Entscheidungsfindung von *Tea Party*-Mitgliedern: Bei den Themen gleichgeschlechtlicher Ehe und Abtreibung gaben jeweils 53 und 46 Prozent an, dass für sie Religion den wichtigsten Faktor

217 Vgl. Parker, Christopher S./Matt A. Barreto (2013): Change They Can't Believe in: The Tea Party and Reactionary Politics in America, S. 151.

218 Goldwater, Barry (1964): Senator Barry Goldwater 1964 Acceptance Speech, Video auf C-SPAN verfügbar.

219 Vgl. Abramowitz, Alan I. (2012): Grand Old Tea Party: Partisan Polarization and the Rise of the Tea Party Movement, S. 206.

220 Vgl. Abramowitz, Alan I. (2013): Not Their Cup of Tea: The Republican Establishment Versus the Tea Party. In: Sabato's Crystal Ball, 14. November.

bei der Generierung ihrer Standpunkte darstellen. Unter allen Amerikanern lagen diese Werte hingegen bei 37 und 28 Prozent.[221]

Libertäre Ansichten waren hingegen kaum verbreitet: Während mehr als die Hälfte aller *Tea Party*-Unterstützer in einer Umfrage im Jahr 2013 angab, sich als Teil der „Christlichen/Religiösen Rechten“ zu sehen, identifizierte sich nur ein Viertel als libertär.[222] Für *Tea Party*-Unterstützer passte somit eher das Etikett des reaktionären religiösen Konservatismus, einer Ideologie, die sich dank der Strategie der Republikanischen Partei im letzten halben Jahrhundert inmitten ihrer Gesamtwählerschaft stetig verbreitet hat. Dies lässt sich insbesondere am ewigen Streitthema Abtreibung erkennen. Wie kein zweites symbolisiert es den *Culture War*, der gerade wegen des politischen Aktivismus evangelikaler Christen Einzug in die politische Debatte des Landes gefunden hat und ebenso zu einem Definitionsmerkmal republikanischer Werte geworden ist. Daten aus dem Jahre 2012 zeigten auf, dass 60 Prozent aller *Tea Party*-Republikaner sowie 49 Prozent aller anderen Republikaner Abtreibung strikt ablehnten.[223] Ebenso waren 32 Prozent aller *Tea Party*-Republikaner der Ansicht, die Position der Partei bei diesem Thema müsse noch konservativer werden (21 Prozent aller anderen Republikaner teilten ebenso diese Forderung).[224] Libertäre Tendenzen ließen sich hier also innerhalb der *Tea Party* nicht im Geringsten vorfinden.

Auch wenn die Kernwählerschaft Donald Trumps in den Vorwahlen 2016 eher zum vergleichsweise säkularen Flügel der Partei gehörte, stellten die *Tea Party* und ihre Unterstützer einen Vorboten der Trump-Kandidatur dar. Neben ihrer Religiosität ließ sich das definierende Merkmal der *Tea Party* zweifelsfrei in den rassistischen Ansichten ihrer Unterstützer und auch der damit verbundenen strikten Ablehnung der Einwanderung finden. In diesem Charakteristikum lässt sich ebenso die Entstehung der Bewegung und ihre Einbettung innerhalb der Entwicklung der Republikanischen Partei in der zweiten Hälfte des 20. Jahrhunderts ablesen. Wer für ein halbes Jahrhundert am rechten Rand der Gesellschaft fischt und seinen Wählern den Eindruck verleiht, *Racial Equality* sei ein Nullsummenspiel in dem ein Aufstieg der Minderheiten oft auf Kosten des Wohlstands und Status der

---

221 Vgl. Clement, Scott/John C. Green (2011): The Tea Party and Religion. In: Pew Research Center, 23. Februar.

222 Vgl. Jones, Robert P. (2016): The End of White Christian America, S. 97.

223 Vgl. Abramowitz (2013).

224 Vgl. Pew Research Center (2013): Whither the GOP? Republicans Want Change, But Split over Party's Direction, S. 6.

(weißen) Mehrheit geschieht, darf nicht überrascht sein, wenn der aktive Kern der eigenen Partei aus ressentimentgeladenen Wählern besteht.

Im Vergleich zu anderen Republikanern, waren unter *Tea Party*-Republikaner Vorurteile gegenüber Minderheiten durchaus verbreiteter. Wird der Maßstab des *Racial Resentment*[225] als Gradmesser des Ausmaßes an rassistischen Vorurteilen angewandt, so lässt sich erkennen, wie weit rechts *Tea Party*-Republikaner in dieser Frage von anderen Republikanern standen. Während beispielsweise 54 Prozent aller Republikaner, die sich nicht als Mitglied der Bewegung sahen, der Sichtweise widersprachen, Afro-Amerikaner seien aufgrund vergangener Ungerechtigkeiten und Diskriminierung schwerer in der Lage, die soziale Leiter emporzusteigen, lehnten 74 Prozent aller *Tea Party*-Republikaner diese Interpretation der Gründe hinter den weiterhin vorhandenen Herausforderungen von Afro-Amerikanern ab.[226] Sie waren mit anderen Worten eher der Ansicht, dass strukturelle Diskriminierung gegen Minderheiten in der heutigen Gesellschaft nicht mehr vorzufinden sei. Andere Studien replizierten diese Ergebnisse und fanden beispielsweise eine positive Korrelation zwischen dem Ausmaß an rassistischen Ressentiments und der Unterstützung der *Tea Party*.[227] Zudem war unter *Tea Party*-Mitgliedern die Auffassung, zu viel Aufmerksamkeit werde auf die Probleme schwarzer Amerikaner gelegt und diese seien weniger intelligent als Weiße ebenso erheblich weiterverbreitet als in der allgemeinen Bevölkerung.[228]

Dabei sei gesagt, dass in diesen Fragen zwischen beiden Flügeln der Republikanischen Partei graduelle und nicht grundlegende Differenzen existierten. *Tea Party*-Republikaner äußerten beim Thema Minderheiten

---

225 Dieser soziologische Maßstab misst einen „modernen" Rassismus, der im Gegensatz zum traditionellen Rassismus (der auf Gefühlen der biologischen Überlegenheit basiert) auf der Sichtweise beruht, Minderheiten verstießen gegen klassische amerikanische Werte des starken Arbeitsethos und der Disziplin. Gemessen wird *Racial Resentment* auf der Basis von meist vier Fragen/Propositionen, die beispielsweise messen sollen, inwieweit Probanden die Ansicht vertreten, Afro-Amerikaner seien selbst für potenzielle wirtschaftliche und soziale Probleme in ihrer Gemeinschaft verantwortlich. Generell wird *Racial Resentment* dementsprechend auch als Vermischung traditioneller konservativer Werte (Personen sollen ohne staatliche Hilfe auskommen) und rassistischen Vorurteilen (Schwarze haben nicht dasselbe Arbeitsethos wie Weiße) betrachtet.

226 Vgl. Abramowitz (2012), S. 206.

227 Vgl. Tope, Daniel u. a. (2015): Anti-minority attitudes and Tea Party Movement membership. In: Social Science Research 51, S. 322–337.

228 Vgl. Zeskind, Leonard (2012): A Nation Dispossessed: The Tea Party Movement and Race. In: Critical Sociology 38 (4), S. 502.

zwar radikalere Ansichten als der Rest der Partei, doch fanden sich vergleichbare xenophobe Tendenzen auch in der allgemeinen republikanischen Wählerschaft vor. Zur Interpretation, dass schwarze Amerikaner nur noch selten Ziel von Diskriminierung seien, gesellte sich die Sichtweise, dass nunmehr Weiße eher Opfer von Ungleichbehandlungen sind. Während in einer Umfrage 2010 44 Prozent aller Amerikaner angaben, Diskriminierung gegen Weiße stelle ein „ernstes Problem" dar, lag dieser Anteil unter *Tea Party*-Unterstützern bei 61 Prozent.[229] Vertraten insgesamt ungefähr 40 Prozent aller weißen Amerikaner ebenso die Ansicht, dass man beim Thema Bürgerrechte für Minderheiten zumindest teilweise zu weit gegangen war, lag dieser Anteil bei 63 Prozent unter Mitgliedern der *Tea Party*-Bewegung.[230] Wie wir später sehen werden, hat sich diese Sichtweise in den vergangenen Jahren innerhalb der republikanischen Wählerschaft nur noch weiter zementiert. Statusängste und ein immer stärker werdendes Gefühl der Benachteiligung innerhalb der konservativen weißen Wählerschaft ebneten in vielerlei Hinsicht Donald Trump den Weg in das Weiße Haus und führten dazu, dass er auch 2024 wieder die Präsidentschaftskandidatur der Partei erobern konnte.

Ressentimentgeladene Ansichten bezüglich des Themas *Race* bieten einen zentralen Erklärungsansatz für die rigide Opposition, die Barack Obama innerhalb der *Tea Party* hervorrief. Internationalen Bekanntheitsgrad erhielt die innerhalb der *Tea Party* weit verbreitete Sichtweise, der erste schwarze Präsident des Landes sei entsprechend der Vorgaben der amerikanischen Verfassung gar nicht für das Amt des Präsidenten qualifiziert. Klausel 5 in Abschnitt 1 von Artikel 2 des Verfassungstextes besagt, dass einzig und allein ein „natural born citizen" für das Präsidentschaftsamt wählbar ist. Jedoch lässt der Text die genaue Definition des „natürlich geborenen Staatsbürgers" offen. Zweifelsfrei war Barack Obama dank der amerikanischen Staatsbürgerschaft seiner Mutter zum Zeitpunkt seiner Geburt ebenso ein Amerikaner. Eine Vielzahl von Verschwörungstheorien verfolgte jedoch das Ziel, dem Präsidenten den Status als „natural born citizen" abzusprechen. So lautete die in der *Tea Party*-Bewegung vorherrschende Meinung, Barack Obama sei nicht in Hawaii, sondern außerhalb des Landes geboren und besäße dementsprechend nicht den Status des „natürlich geborenen"

---

229 Vgl. Jones, Robert P./Daniel Cox (2010): Old Alignments, Emerging Fault Lines: Religion in the 2010 Election and Beyond. In: Public Religion Research Institute, November, S. 16.

230 Vgl. Zeskind 2012, S. 503

Amerikaners (51 Prozent äußerten diesen Standpunkt, während 37 Prozent aller Republikaner außerhalb der *Tea Party* diese Auffassung teilten).[231] An die Spitze dieser „Birther"-Bewegung stellte sich schnell ein Reality TV-Star: Donald Trump. Fortwährend forderte dieser den Präsidenten auf, seine Geburtsurkunde zu veröffentlichen, und machte sich somit in nativistischen Kreisen einen Namen. Auch wenn die geltende juristische Meinung bezüglich der Frage des Status als *Natural Born Citizen* selbst bei einer Geburt im Ausland auf Seiten des Präsidenten stand, gab dieser zermürbt im April 2011 schlussendlich die Anweisung, eine Kopie seiner ursprünglichen Geburtsurkunde publik zu machen.

Verbunden wurde der *Birtherism* mit der Darstellung des Präsidenten als Figur, die innerhalb der amerikanischen Gesellschaft einen vermeintlichen Fremdkörper repräsentierte. 2012 glaubten 25 Prozent aller Amerikaner, Barack Obama sei ein Muslim. Unter Republikanern, die nicht der *Tea Party* angehörten, lag dieser Wert bei 40 Prozent, unter *Tea Party*-Republikanern bei 52 Prozent.[232] Diese Einschätzung stellte innerhalb der *Tea Party* somit einen zentralen Pfeiler der Interpretation Präsident Obamas als „fremdes" Element dar. Diese Sichtweise gipfelte nicht selten in kruden Attacken gegen den Präsidenten. So richtete ein Redner während einer *Tea Party*-Kundgebung inmitten des *Government Shutdown* 2013 den Aufruf an das amerikanische Volk, zu „fordern, dass der Präsident [...] den Koran niederlegt" und mit „erhobenen Händen" aus dem Weißen Haus komme.[233] Anzumerken sei hier, dass unter anderem Senator Ted Cruz sowie Sarah Palin ebenso an der besagten Kundgebung teilnahmen.

Ideologisch damit verwandt, sahen *Tea Party* und ihre Unterstützer Migration in einem negativen Licht. Eine nähere diesbezügliche Betrachtung legt den Schluss nahe, dass die *Tea Party* in gewisser Hinsicht das Fundament der Trump-Kandidatur goss, indem sie eine rigorose Ablehnung der Interpretation der USA als Land der Einwanderer und damit einhergehend die Forderung einer restriktiveren Einwanderungspolitik innerhalb der Partei zur grundsätzlichen republikanischen Leitlinie machte. *Tea Party*-Unterstüt-

231 Vgl. Bradberry, Leigh A./Gary C. Jacobson (2015): The Tea Party and the 2012 presidential election. In: Electoral Studies 40, S. 502.

232 Vgl. ebd.

233 Im Original: „[D]emand that this president leave town, to get up, put the Quran down, to get up off his knees, and to figuratively come up with his hands out." Zitiert in: Alman, Ashley (2013): Larry Klayman Tells Obama ‚to put the Quran Down' at Veterans Rally. In: Huffington Post, 13. Oktober.

zer betrachteten Migranten als Gefahr für Amerika in kultureller und wirtschaftlicher Hinsicht. Fast 60 Prozent sahen Einwanderer als „Belastung" für das Land, da sie ihrer Ansicht nach Arbeitsplätze und Dienstleistungen der eingesessenen Bevölkerung wegnahmen, ein Wert der 2014 bei 32 Prozent unter allen anderen Amerikanern lag.[234] Der vielleicht wichtigste Aspekt beim Streit um Reformen des Einwanderungsrechts stellt in den Vereinigten Staaten bis heute die Frage dar, inwiefern illegale Einwanderer, die bereits seit vielen Jahren im Land leben und sich nichts zu Schulden haben kommen lassen, „legalisiert" werden können. Die Lösungsvorschläge reichen hier von einem Weg zur Staatsbürgerschaft („*Pathway to Citizenship*") zur sofortigen Abschiebung und dem Verbot einer erneuten Einreise.

Es überrascht nicht, dass *Tea Party*-Wähler, deren Opposition gegenüber jeder Lockerung der Einwanderungsgesetze auf tiefen kulturellen und ökonomischen Sorgen basierte, somit auch jeder liberalen Vorgehensweise eine vehemente Abfuhr erteilten. Ein Drittel aller *Tea Party*-Mitglieder lehnte 2011 den Vorschlag, dass illegale Migranten eine zukünftige Chance des Erhalts der Staatsbürgerschaft erhalten, strikt ab (unter Demokraten lag der damalige Wert bei elf Prozent).[235] Fast 60 Prozent der *Tea Party* sprach sich ebenso für eine Verfassungsänderung aus, die den 14. Zusatzartikel der US-Verfassung aufheben würde (alle Amerikaner: 39 Prozent).[236] Dieser überträgt allen in den USA geborenen Kindern die amerikanische Staatsbürgerschaft – somit auch den Kindern illegaler Einwanderer. Obwohl Republikaner in den Kammern des Kongresses in der zweiten Amtszeit Präsident Obamas alles Erdenkliche taten, um Reformen des Einwanderungsrechts zu blockieren, waren zwei Jahre vor der Bekanntgabe der Trump-Kandidatur 41 Prozent aller *Tea Party*-Republikaner der Ansicht, die Positionierung der Partei in dieser Frage sei weiterhin nicht adäquat konservativ.[237] Während einzelne moderatere Republikaner wie Jeb Bush illegale Einwanderung

---

234 Vgl. Cox, Daniel (2014): Why Loyalty to their Tea Party Constituents is Holding Back House Republicans on Immigration Reform. In: Public Religion Research Institute, 8. August.

235 Vgl. Jones, Robert P. u. a. (2011): What it Means to be an American: Attitudes in an Increasingly Diverse America ten Years after 9/11. In: Brookings Institution/Public Religion Research Institute, 6. September, S. 31–32.

236 Vgl. Kehaulani Goo, Sara (2015): What Americans want to do about illegal immigration. In: Pew Research Center, 24. August.

237 Vgl. Pew Research Center (2013): Whither the GOP?, S. 6

gar als „Akt der Liebe“[238] und Versuch, die Lebensumstände der eigenen Familie zu verbessern deklarierten, schien Donald Trump diese rigorose Opposition gegen Migration und eine nachsichtigere Politik gegenüber illegalen Einwanderern innerhalb der Republikanischen Partei am besten verstanden zu haben.

Ein Kandidat wie Donald Trump hätte jedoch nicht erfolgreich sein können, wenn die *Tea Party*-Ansichten nur den Rand der republikanischen Ideologie abgedeckt hätten. Betrachtet man die besonders relevanten politischen Fragen der amerikanischen Politik, so wird ersichtlich, dass die Differenzen innerhalb der Republikanischen Partei selbst zum zeitlichen Höhepunkt der *Tea Party*-Bewegung zwischen 2010 und 2012 keine grundlegenden Meinungsverschiedenheiten darstellten. In ideologischer Hinsicht lässt sich feststellen, dass die Unterschiede zwischen der *Tea Party*-Bewegung und „Mainstream“-Republikanern nicht prinzipieller Natur waren, sondern erstere die Werte des konservativen Lagers auf eine kompromisslosere Art artikulierten. Dies taten sie nicht zuletzt auch dank ihrer religiösen Überzeugungen, die generell nur wenig Spielraum für Kompromisse in politischen Fragen lassen. Doch spiegelten diese Ansichten die vorherrschende Meinung innerhalb der Republikanischen Partei wider. Gerade beim Thema Einwanderung sollte nicht vergessen werden, dass George W. Bushs Versuche einer grundlegenden Reform des Einwanderungsrechts während seiner zweiten Amtszeit durch die Opposition in den eigenen Reihen scheiterten, da Republikaner im Kongress die Vorstöße des Präsidenten als nicht restriktiv genug sahen.

Die Relevanz der *Tea Party* und ihrer ideologischen Radikalität innerhalb der Republikanischen Partei basierte hauptsächlich auf ihrem Aktivismus. In einem politischen Umfeld, dessen Wahlbezirke aufgrund der stetig steigenden Polarisierung des Landes immer republikanischer beziehungsweise demokratischer werden, haben die parteiinternen Vorwahlen oft die Rolle der *General Election*, also der Wahl selbst übernommen, da die Kandidaten der dominanten Partei nur selten „ihre“ Wahlkreise verlieren. Daten aus dem Jahre 2010 zeigten auf, dass Republikaner, die sich ebenso als Mitglied der *Tea Party* identifizierten, in verschiedenen Fragen der politischen Aktivität deutlich engagierter als der Rest der republikanischen Wählerschaft waren. So gaben 44 Prozent der *Tea Party*-Republikaner an, einen politischen

238 Zitiert in: Cooney, Peter (2014): Jeb Bush says illegal immigration often ‚an act of love‘. In: Reuters, 7. April.

Amtsinhaber kontaktiert zu haben – nur 20 Prozent der Republikaner ohne sonderliche Zuneigung zur Bewegung hatten dies ebenso getan. Auch bei politischen Spenden, deren Relevanz in der amerikanischen Politik nur schwer überbewertet werden kann, war der Anteil der politisch aktiven Personen innerhalb der *Tea Party* mehr als doppelt so hoch wie bei anderen Republikanern: 22 Prozent ersterer sowie 9 Prozent letzterer gaben an, Geld an eine politische Kampagne gespendet zu haben.[239] Die Folge ist wenig überraschend: Innerhalb der republikanischen Vorwählerschaft waren *Tea Party*-Unterstützer deutlich überrepräsentiert. Während insgesamt im Jahre 2012 ungefähr die Hälfte aller Republikaner angab, gleichzeitig die *Tea Party* zu unterstützen, stellten diese *Tea Party Supporters* fast zwei Drittel der Vorwählerschaft der Republikanischen Partei dar.[240] Ein ideologisch moderater Kurs, der Kompromissbereitschaft als grundlegenden politischen Wert anpries, stellte in diesem Umfeld für die eigenen elektoralen Chancen ein Todesurteil dar.

Der Blick auf die Werte der *Tea Party*-Unterstützer hat aufgezeigt, wie eng diese mit der heutzutage vorherrschenden Ideologie der Republikanischen Partei verbunden waren. Ob es sich um gesellschaftspolitische Fragen wie Abtreibung, das Thema *Race* und die damit verbundenen Statusängste oder insbesondere einwanderungspolitische Aspekte und die damit einhergehenden Konsequenzen handelte, die *Tea Party* war als Bewegung eine Folge der strategischen Entscheidungen innerhalb der Republikanischen Partei im vorherigen halben Jahrhundert. Wer vor ungefähr einem Jahrzehnt die *Tea Party* als potenzielle „dritte Partei" des amerikanischen Parteiensystems sah, verstand die Ursprünge und Ideologie der Bewegung nicht. Diese Sichtweise war jedoch selbst unter konservativen Akteuren durchaus weit verbreitet. David Frum, ehemaliger Redenschreiber George W. Bushs, äußerte nach dem *Shutdown* 2013 die Hoffnung, dass eine Abspaltung der *Tea Party* eine befreiende Wirkung für die Republikanische Partei haben könnte.[241] Dabei übersah er, dass die Bewegung sich nicht am Rand, sondern im Herzen der Partei befand. Rassismus und gesellschaftspolitisch erzkonservative Werte innerhalb der Bewegung waren eine Folge der jahrzehntelangen *Southern Strategy*. Zumindest die Führung der Partei erkannte die ideologischen

239 Vgl. Abramowitz (2012), S. 209.

240 Vgl. Abramowitz (2013).

241 Vgl. Frum, David (2013): A Tea Party Exit Would be a Blessing for GOP. In: CNN, 14. Oktober.

Überschneidungen. Mitch McConnell, der ranghöchste Republikaner im Senat, erklärte 2013, dass es zwar durchaus taktische Differenzen zwischen der *Tea Party* und konventionellen Republikanern gäbe, bei programmatischen Fragen aber nur wenige Unterschiede bestünden.[242] Ebenso konstatierte der damalige republikanische *Speaker* des Repräsentantenhauses, John Boehner, dass ein *Tea Party*-Unterstützer schlussendlich kaum von einem „durchschnittlichen konservativen Republikaner“[243] zu unterscheiden sei. Dementsprechend überrascht es auch kaum, dass die Bewegung in nur einigen wenigen Wahlzyklen soweit in die Republikanische Partei integriert werden konnte, dass sie als Organisation heute fast nicht mehr vorhanden ist.

Einige wenige Jahre später sollte mit Donald Trump und seiner Kandidatur von Analysten erneut eine Transformation der amerikanischen Politik festgemacht werden. Wie folgend aufgezeigt wird, wurden im Falle Trumps jedoch ähnliche Fehler wie bei der ideologischen Einordnung der *Tea Party* gemacht. Sowohl *Tea Party* als auch Trump hätten nicht ohne Goldwater, Nixon und Reagan auf der politischen Bühne des Landes erscheinen und Erfolge feiern können. Erfolge von *Tea Party*-Kandidaten in den republikanischen Vorwahlen stellten genauso wie Donald Trumps Kandidatur keine feindliche Übernahme der Partei dar. Vielmehr war Donald Trump nach der *Tea Party* der nächste folgerichtige Schritt in der Entwicklung der Republikanischen Partei in Richtung eines wohlfahrtschauvinistischen, nationalistischen Populismus.

3.4 Donald Trump – die Krönung der *Southern Strategy?*

Donald Trumps Erfolg in den Vorwahlen 2016 basierte auf einer Kombination von verschiedenen Faktoren – manche eher allgemein (wie die ideologischen Präferenzen der republikanischen Wählerschaft nach einem halben Jahrhundert der *Southern Strategy*), manche spezifisch (wie die Gegebenheiten des Vorwahlkampfes 2016). Mag Trump damals von der republikanischen Elite eine strikte Abfuhr erhalten haben, so konnte er

242 Vgl. Public Broadcasting Service (2013): Sen. Mitch McConnell: I don't think anybody can make the health reform law work. 30. Oktober.

243 Zitiert in: Memoli, Mascaro (2014): Republicans keep tea party wing at bay in primary races. In: Los Angeles Times, 20. Mai.

sich trotzdem existierende Strukturen bezüglich der republikanischen Wählerschaft zunutze machen. Auch wenn Analysen nach dem Überraschungserfolg Trumps gerne das Argument vorbrachten, Trump habe dank der „vergessenen" weißen Wutbürger, die nun endlich genug vom politischen System hatten, gewonnen, so zeigt eine genauere Analyse auf, dass eben diese Wutbürger bereits seit geraumer Zeit innerhalb der republikanischen Kernwählerschaft vorzufinden sind (siehe auch das folgende → Kapitel zur weißen Arbeiterklasse). Die Ergebnisse der Vorwahlen 2016 selbst demonstrieren ebenso, dass Trumps Kampagne existierende Entwicklungen und Veränderungen der Parteipräferenzen innerhalb der amerikanischen Wählerschaft fortführte. Die politischen Wettbewerbe der Vorwahlen können nur gewonnen werden, indem Kandidaten den aktiven Kern der eigenen Partei von sich überzeugen. Dies tat Trump – weder in den Vorwahlen noch in der darauffolgenden Präsidentschaftswahl ließ sich hingegen erkennen, dass er eine signifikante Zahl von Nichtwählern oder vormaligen Demokraten für sich gewinnen konnte. Die dauerhafte Popularität des Präsidenten innerhalb der eigenen Reihen auch in den Jahren nach seinem Auszug aus dem Oval Office ist dabei nur ein weiterer Beweis, wie tief die Wurzeln des „Trumpismus" innerhalb der heutigen republikanischen Wählerschaft sind und dementsprechend die damit verbundenen nationalpopulistischen Präferenzen auch die Trump-Ära überdauern werden.

Neben den später erörterten Merkmalen der Wählerschaft, um deren Unterstützung Trump und seine Gegner buhlten, sollte sich gerade auch die Größe des Kandidatenfeldes als enorm vorteilhaft für den politischen Novizen herausstellen. 17 Personen entschieden sich im Sommer 2015 für das Amt des republikanischen Präsidentschaftskandidaten anzutreten. Die Nutzung einer klaren Botschaft bezüglich eines zentralen Kernthemas erlaubte es dem politischen Neuling Donald Trump aus dem Feld herauszuragen, während kein anderer Kandidat in der Lage war, einen vergleichbaren Themenkomplex für sich ähnlich auszunutzen. Die Größe des Kandidatenfeldes bedeutete auch, dass kein einziger Kandidat im Verlauf der sogenannten *Invisible Primary* (des Zeitraums zwischen der Bekanntgabe der eigenen Kandidatur und den offiziellen Vorwahlen) sich als die erste Wahl der politischen Amtsinhaber und Geldgeber des republikanischen Mainstreams herauskristallisierte. Somit warteten entscheidende republikanische Akteure bis zum Frühjahr 2016 damit, einem Kandidaten ihre offizielle Unterstützung (*Endorsement*) zu übertragen. Am Tag der *Iowa Caucuses*, des traditionell ersten Wettbewerbs der Vorwahlen, wiesen die beiden vorherigen republikanischen Präsidentschaftskandidaten Mitt Romney und John McCain beispielsweise jeweils 148 und 104 *Endorsements* vor. George W. Bush besaß zu diesem Zeitpunkt im Jahr 2000 gar fast 550 *Endorsements*. Im Wahljahr 2016 war es sein Bruder Jeb, der an diesem Tag das republikanische Feld anführte – mit jedoch nur 51 *Endorsements*.[244]

Es sind diese *Endorsements*, die in der Wissenschaft als durchaus wirksames Mittel gesehen werden, mit dem die Parteielite der Basis signalisieren kann, welcher Kandidat ihrer Ansicht nach die aussichtsreichsten Chancen vorweist und dementsprechend das Votum der Wählerschaft verdient hat. Traditionell folgt die Basis dann auch den Signalen der Elite.[245] Ob der fehlende Fingerzeig der Parteielite Trump den Weg ebnete, ist auch rückblickend schwer zu werten. Es führte jedoch auch dazu, dass mehrere Anwärter auf das Präsidentschaftsamt ihren aussichtslosen Kampf unnötig verlängerten, da sie bis zum Schluss hofften, sie könnten als finaler Kandidat des Mainstream-Flügels in einem direkten Wettbewerb Trump schlagen. Somit gab es zu keinem Zeitpunkt einen Kandidaten des Partei-Mainstreams, der sich als klare und führende Alternative zu Trump profilieren konnte.

Noch wichtiger als die interne Zerstrittenheit der republikanischen Elite ist ein Blick auf die Nachfrageseite und diesbezügliche Faktoren, die Donald Trumps Erfolg ermöglichten. So kam der Politikwissenschaftler Michael Tesler, selbst der Autor einer Vielzahl von Werken zur Nutzung des Themas *Race* durch die Republikanische Partei, zu dem Fazit, Trump sei „the first Republican in modern times to win the party's presidential nomination on anti-minority sentiments".[246] Ähnlich argumentiert John Ehrenberg, Trump war „the first president in modern American history to make explicit appeals to white racial anxieties and calls for white solidarity the central focus of his campaign and administration".[247] Auch wenn, wie wir bereits gesehen haben, einige andere republikanische Größen versucht haben, die Ressentiments weißer Wähler gegenüber Minderheiten für elektorale Erfolge zu nutzen, stellten diese Standpunkte sowie ihre Botschaft nicht unbedingt das Kernelement der Kandidatur dar. Selbst Goldwater versuchte

244 Vgl. Bycoffe, Aaron (2016): The 2016 Endorsement Primary. In: FiveThirtyEight, 7. Juni.

245 Vgl. Cohen, Marty u. a. (2008): The Party Decides: Presidential Nominations Before and After Reform.

246 Tesler, Michael (2016): Trump is the first modern Republican to win the nomination based on racial prejudice. In: Washington Post, 1. August.

247 Ehrenberg, John (2022): White Nationalism and the Republican Party: Toward Minority Rule in America, S. 100.

seine Appelle an rassistische weiße Wähler verhüllt vorzubringen und sich als Kandidat des schlanken Staates darzustellen. Dies war bei Trump anders, wie sich bereits am ersten Tag seiner Kandidatur erkennen ließ. Nachdem Donald Trump am 16. Juni 2015 die Rolltreppe auf dem Weg in das Untergeschoss seines Trump Towers verlassen hatte, hielt er eine Rede, die für internationale Schlagzeilen sorgte und den Ton für seine Kampagne vorgab. Von Populismus und Nativismus durchtränkt, beschrieb Trumps Ansprache gerade Migration als verheerendes Unglück für die Nation. Die vermeintlich weit verbreitete Kriminalität im Land wurde gerade mit ethnischen Minderheiten in Verbindung gebracht. Migranten, insbesondere aber nicht nur aus Mexiko, brächten Drogen und Kriminalität ins Land. Viele von ihnen seien, so Trump, zudem Vergewaltiger.[248] Wenige Monate später ging Trump noch einen Schritt weiter und artikulierte mit seinem „Muslim Ban" den Vorstoß eines Einreisestopps für spezifische Personengruppen.

Es war eine Strategie, mit der Trump in ein für ihn enorm vorteilhaftes innerparteiliches Umfeld vorstieß. Wie nicht zuletzt auch der Aufstieg der *Tea Party* bewies, war in der Republikanischen Partei das Thema Migration im Kontext einer vermeintlichen Bedrohung in ökonomischen aber gerade auch kulturellen Fragen zu einem Thema mit enormem Mobilisierungspotenzial geworden. Waren 2006 noch 61 Prozent aller Republikaner sowie 54 Prozent aller Demokraten der Ansicht, die steigende Zahl der Einwanderer schade dem amerikanischen Arbeiter, so lagen die jeweiligen Werte ein Jahrzehnt später bei jeweils 67 und 30 Prozent.[249] 2016 war somit das Thema Migration zu einer der zentralen ideologischen Konfliktlinien der amerikanischen Politik geworden – gerade auch dank der starken Liberalisierung der Demokraten in dieser Frage, die durch die teilweise harschen Maßnahmen der Trump-Regierung in ihrer befürwortenden Position hinsichtlich Einwanderung nur noch bestärkt wurden.

Der Strategie der Darstellung von Migration als Bedrohung sollte sich Trump auch als Präsident mit einer Einwanderungspolitik treu bleiben, die international für Schlagzeilen sorgte. Fortwährend wurde an der südlichen Grenze der Vereinigten Staaten eine Krise heraufbeschworen, die Trump mit teils radikalen Maßnahmen – wie beispielsweise der Durchsetzung von Einfuhrzöllen auf mexikanische Produkte – lösen wollte. Rhetorisch schlug der Präsident immer wieder fragwürdige Töne an und beschrieb

248 Vgl. Trump, Donald (2015): Announcement Speech. 16. Juni.
249 Vgl. Pew Research Center (2016): The State of American Jobs. 6. Oktober, S. 47.

nicht selten die Migrationsströme als „Invasion".[250] Auf Trumps damals noch favorisierten Kommunikationsmedium Twitter ging er manchmal noch einen Schritt weiter und argumentierte beispielsweise im Sommer 2018, illegale Einwanderer würden das Land „befallen" (*infest*).[251] Betrachtet man Donald Trumps Positionierung und Rhetorik bezüglich dieses Themas, so ließ sich nach dem Verlassen des Weißen Hauses trotz seinen leichten Zugewinnen unter *Hispanics* in der Wahl 2020 keinerlei Mäßigung erkennen – ganz im Gegenteil. Auf einer Wahlkampfveranstaltung im Dezember 2023 warf Trump illegalen Einwanderern vor, sie „vergiften das Blut unseres Landes".[252] Weite Teile der republikanischen Wählerschaft teilen die Sichtweise, dass Einwanderer insbesondere für die Kultur des Landes eine Gefahr darstellen. 2022 antworteten fast 70 Prozent aller republikanischen Wähler, die wachsende Zahl an Neuankömmlingen würde die traditionellen Werte des Landes bedrohen. In derselben Umfrage gaben 55 Prozent aller Republikaner an, Einwanderer würden als Teilnehmer einer „Invasion" in die Vereinigten Staaten stoßen und „unseren kulturellen und ethnischen Hintergrund ersetzen", eine Sichtweise, die allgemein am rechten Rand in westlichen Demokratien unter dem Namen „Bevölkerungsaustausch" (oder im Englischen „Great Replacement") in der jüngeren Vergangenheit an Popularität gewonnen hat.[253]

Welche Art von Wähler wird durch diese kruden, wenn nicht gar offen xenophoben Appelle angesprochen? Ein definierendes Merkmal der Trump-Wähler – und zudem auch der republikanischen Wähler allgemein – waren und sind weiterhin Statusängste und die Sichtweise, das Land befände sich auf einem absteigenden Ast. 81 Prozent aller Trump-Unterstützer gaben kurz vor der Wahl 2016 an, dass sich ihrer Ansicht nach das Leben für „Leute wie mich" in den letzten 50 Jahren verschlechtert habe. Unter den Unterstützern von Hillary Clinton lag dieser Anteil hingegen nur bei 19 Prozent. Ebenso sahen die Wähler Trumps die Zukunft mit Sorgen:

250 Vgl. Barreto, Matt A. (2018): Even for Trump, There is Such a Thing as too far. In: New York Times, 24. Oktober.

251 Tweet von Donald Trump am 19. Juni 2018.

252 Zitiert in: Layne, Nathan (2023): Trump repeats 'poisoning the blood' anti-immigrant remark. In: Reuters, 17. Dezember.

253 Vgl. Public Religion Research Center (2023): Are Immigrants a Threat? Most Americans Don't Think So, but Those Receptive to the "Threat" Narrative Are Predictably More Anti-immigrant. 17. Januar.

Über zwei Drittel vertraten die Ansicht, dass es zukünftigen Generationen schlechter gehen werde.[254]

Auch hier lassen sich die Folgen der *Southern Strategy* erkennen, die konservativen Wählern jahrzehntelang den Eindruck gegeben hat, ihre Kultur und Werte seien dank der Politik der Demokraten in Gefahr (man denke hier beispielsweise an Reagans *A Time for Choosing*-Rede zurück und dem geäußerten Argument, die Wahl des demokratischen Kandidaten würde die Werte der amerikanischen Revolution verraten). Die durchschnittlichen Trump-Wähler stellen somit keine Neuankömmlinge innerhalb der republikanischen Wählerschaft dar, sondern sind vielmehr – ähnlich wie die Aktivisten der *Tea Party* – das in identitären Fragen ideologische Kernsegment der Partei. Der Standpunkt des gesellschaftlichen Abstiegs in den letzten Jahrzehnten (sowohl persönlich als auch bezogen auf das Land) verband sich bei ihnen mit der Sichtweise, dies sei eng mit Veränderungen der demographischen Zusammensetzung des Landes und der damit einhergehenden ethnischen Vielfalt, verflochten (dazu mehr in → Kapitel 4.1.2).

Insbesondere ein Vergleich mit den Wählern anderer republikanischer Kandidaten in den Vorwahlen 2016 illustriert die charakteristischen Merkmale der Wählerschaft Donald Trumps. Bezüglich der eigenen ideologischen Einordnung ließ sich unter Trump-Wählern ein geringeres Maß an allgemeinen konservativen Werten vorfinden. Bei dem wichtigen gesellschaftspolitischen Thema der Abtreibung zeigte zumindest eine Studie auf, dass Trump-Unterstützer in dieser Frage erheblich moderater als beispielsweise die Wähler von Ted Cruz oder Marco Rubio waren und hier gar den Unterstützern Hillary Clintons näherstanden.[255] Definierende Merkmale ließen sich insbesondere im Bereich Migration, negativen Ansichten gegenüber ethnischen Minderheiten sowie einer Ablehnung des Freihandels vorfinden.

---

254 Vgl. Pew Research Center (2016): Clinton, Trump Supporters Have Starkly Different Views of a Changing Nation. 18. August, S. 1.

255 Vgl. Hopkins, Dan (2016): What Trump Supporters Were Doing Before Trump. In: FiveThirtyEight, 14. März.

	Trump	Cruz	Kasich	Sanders	Clinton
Einwanderer stellen eine Belastung dar	69	51	40	14	17
wütend auf den Staatsapparat	50	30	18	13	6
amerikanische Muslime sollten genauer beobachtet werden	64	53	37	12	22
Freihandel ist gut für die USA	27	48	44	55	58
das ökonomische System favorisiert die Mächtigen	61	45	51	91	73
Abtreibung sollte in den meisten/allen Fällen legal sein	45	23	49	78	72
für staatliche Krankenversicherung	14	11	22	77	82

Tab. 2: Standpunkte der Vorwählerschaft, 2016; Zustimmung in Prozent. | Quelle: Pew Research Center (2016): Campaign Exposes Fissures Over Issues, Values and How Life Has Changed in the U.S. 31. März, S. 2

Wie → Tabelle 2 aufzeigt, existierte auch innerhalb der republikanischen Vorwählerschaft eine gewisse ideologische Spaltung in der Frage, inwiefern Einwanderer eine Belastung für die amerikanische Gesellschaft darstellen. Doch auch wenn Trump-Wähler in einzelnen Fragen herausstachen, lässt sich konstatieren, dass sie klar als Republikaner erkannt, beziehungsweise eingeordnet werden konnten – denn auch beim Thema Migration äußerten sich die Unterstützer der letzten beiden innerparteilichen Kontrahenten Donald Trumps im Vorwahlkampf 2016 (Ted Cruz und John Kasich) deutlich konservativer als ihre demokratischen Pendants. Die Ansichten der Trump-Vorwähler beim Thema Abtreibung waren für republikanische Verhältnisse hingegen moderat – doch standen auch sie trotzdem deutlich rechts von den Unterstützern der demokratischen Kandidaten. Dies ließ sich ebenso bei der Frage des Freihandels erkennen. Unterstützer des erzkonservativen texanischen Senators Ted Cruz sowie des moderaten Gouverneurs von Ohio, John Kasich, sahen ebenfalls den Abbau von Handelsbarrieren in einem negativeren Licht als die demokratische Vorwählerschaft. Auch wenn

Trump-Wähler vergleichsweise zahlreich die Ansicht vertraten, das ökonomische System orientiere sich an den Interessen der Reichen und Mächtigen, standen sie bei der Frage der staatlichen Krankenversicherung (die gerade ärmeren Segmenten der Bevölkerung zugutekäme) am ideologischen rechten Rand und vertraten dementsprechend die generelle republikanische Position der strikten Opposition.

Die Folgen der Darstellung der Politik als steten Wettbewerb zwischen den verschiedenen ethnischen Gruppen des Landes um begrenzte Ressourcen seitens konservativer Politiker spiegeln sich auch in den Ängsten der republikanischen Wählerschaft bezüglich des demographischen Wandels wider – ein wichtiger Erklärungsansatz für Donald Trumps unerwarteten Erfolg. Die Entwicklung, dass in ungefähr drei Jahrzehnten weiße Amerikaner eine Minderheit darstellen werden (siehe → Kapitel 4.1.1), sehen Republikaner allgemein mit Argwohn. Während beispielsweise 85 Prozent aller Demokraten diesen demographischen Wandel als eine eher positive Veränderung betrachten, sieht die Hälfte aller Republikaner die Transformation des Landes eher als negativ.[256] Generell werden Migranten von republikanischen Wählern als Gefahr für das kulturelle Fundament des Landes gesehen: 52 Prozent aller konservativen Republikaner, die in den Vorwahlen das entscheidende Wählersegment darstellen, befürchten, dass eine zu große Offenheit für Einwanderer die Identität der Nation bedrohen könne. In derselben Studie lag der entsprechende Anteil unter allen Amerikanern hingegen bei 26 Prozent und Demokraten bei 13 Prozent.[257]

Viele republikanische Wähler beschleicht das Gefühl, dieser Wandel wird unweigerlich zur Benachteiligung der eigenen Volksgruppe führen. Vor der Präsidentschaftswahl 2016 antworteten 81 Prozent aller Trump-Wähler sowie 75 Prozent aller weißen Republikaner, dass Diskriminierung gegen Weiße heute ein genauso großes Problem wie Diskriminierung gegen Minderheiten darstelle.[258] In anderen Umfragen zeigt sich auf, dass Republikaner gar Diskriminierung gegen Weiße als ausgeprägter ansehen als gegenüber

---

256 Vgl. Vandermaas-Peeler, Alex u. a. (2018): American Democracy in Crisis: The Challenges of Voter Knowledge, Participation, and Polarization. In: Public Religion Research Institute, 17. Juli.

257 Vgl. Fingerhut, Hannah (2018): Most Americans express positive views of country's growing racial and ethnic diversity. In: Pew Research Center Fact Tank, 14. Juni.

258 Vgl. Jones, Robert P. u. a. (2016): How immigration and concerns about cultural changes are shaping the 2016 election. In: Public Religion Research Institute/Brookings Institution, 23. Juni, S. 15–16.

Minderheiten. Auf die Frage, welche Bevölkerungssegmente im Land einem großen Ausmaß an Diskriminierung ausgesetzt seien, waren zu Beginn der Trump-Präsidentschaft nur 27 Prozent aller Republikaner der Ansicht, dies sei bei schwarzen Amerikanern noch der Fall. 43 Prozent glaubten hingegen, Weiße sähen sich mit durchaus weit verbreiteter Diskriminierung konfrontiert.[259]

Dass weiße Amerikaner nunmehr Menschen zweiter Klasse sind, ist eine Sichtweise, die in den letzten Jahren innerhalb der republikanischen Wählerschaft immer stärkere Zustimmung erhält. Waren beispielsweise 2005 nur sechs Prozent aller Republikaner der Ansicht, es gäbe ein „großes Ausmaß" an Diskriminierung gegenüber Weißen, so verdreifachte sich dieser Wert innerhalb eines Jahrzehnts auf 18 Prozent (2016) und stand im Frühjahr 2021 bei 26 Prozent.[260] In Anbetracht der wahrgenommenen Diskriminierung gegen die eigene Ethnie überrascht es auch nicht, dass innerhalb der gesamten (überproportional weißen) Republikanischen Partei die Sichtweise, man werde in Zukunft an politischer Relevanz verlieren, weit verbreitet ist. Auf die Frage, wie sich der eigene gesellschaftliche und politische Einfluss im nächsten Jahrzehnt entwickeln wird, antworteten im Frühjahr 2019 36 Prozent aller Republikaner sowie 42 Prozent aller weißen evangelikalen Protestanten, dass dieser sinken werde. Unter Demokraten lag dieser Anteil mit 24 Prozent merkbar niedriger.[261] Es ist dieses Umfeld der zunehmenden Angst des eigenen gesellschaftlichen Niedergangs, das Trump mit seiner nativistisch-populistischen Botschaft für sich zu nutzen weiß.

Für Trump von Vorteil ist dabei die merkbare Radikalisierung der republikanischen Wählerschaft, die natürlich auch teilweise auf Trumps Rhetorik selbst zurückzuführen ist. Seit 2016 haben sich Statusängste, die eine Offenheit für autokratische Mittel der Machtausübung und des Machterhalts nähren, innerhalb der republikanischen Wählerschaft so weit ausgebreitet, dass man heute dort eine Mehrheit vorfindet, für die der

259 Vgl. Cox, Daniel/Robert P. Jones (2017): Majority of Americans Oppose Transgender Bathroom Restrictions In: Public Religion Research Institute, 10. März.

260 Vgl. Pew Research Center (2016): Low Approval of Trump's Transition but Outlook for His Presidency Improves. 8. Dezember, S. 26; Daniller, Andrew (2021): Majorities of Americans see at least some discrimination against Black, Hispanic and Asian people in the U.S. In: Pew Research Center, 18. März.

261 Vgl. Piacenza, Joanna (2019): White Evangelicals' Support for Trump Has a Soft Underbelly. In: Morning Consult, 1. Mai.

eigene gesellschaftliche Abstieg eine zentrale Bedeutung mit Blick auf die politischen und personellen Präferenzen besitzt. Allgemein lassen sich die Gründe für die Autokratisierung des republikanischen Lagers in zwei Formen des Nationalismus vorfinden, die heute die Positionierung der Republikaner in vielen politischen Fragen bestimmen: dem Christlichen und Weißen Nationalismus. Ersterer muss im Kontrast zum „klassischen" Evangelikalismus gesehen werden, gerade wenn man Trumps Popularität unter christlich-konservativen Wählern verstehen möchte. Für Anhänger des Christlichen Nationalismus und weiße Evangelikale sind und bleiben die Vereinigten Staaten eine christliche Nation; Amerikas Aufstieg zur Supermacht ist unweigerlich mit dem christlichen Glauben, seinen Werten und Vorgaben und der Religiosität führender Politiker verbunden. Ebenso betrachten beide Amerikas christliches Fundament als bedroht. Ein wichtiger Unterschied ist jedoch die nationalistische und oftmals rassistische Ausrichtung des Christlichen Nationalismus. Der christliche Glaube stellt für die Mitglieder dieser Gruppe weniger ein spezifisches Weltbild dar, das sie durch ein intensives Bibelstudium erhalten haben, sondern ist vielmehr eine fundamentale Komponente der amerikanischen Identität.[262] Damit verbunden ist auch die Sichtweise, dass eigentlich nur *weiße* Christen echte Amerikaner sein können.[263] Diese christlich-ethnonationale Identität sehen Christliche Nationalisten insbesondere durch Einwanderer gefährdet, selbst wenn diese, wie beispielsweise die meisten Latinos, selbst dem christlichen Glauben angehören. Christliche Nationalisten sind, zusammengefasst, weniger „bibelfest" als Evangelikale. Sie besuchen Kirchen seltener und sind weniger religiös.[264] Dies erklärt auch die Affinität dieser christlichen Gruppe für Trump, obwohl dieser alles andere als ein gläubiger Christ war und ist. Trump spricht jedoch die Sprache der Christlichen Nationalisten. Ebenso wie sie stellt er den christlichen Glauben als Fundament der Identität des Landes dar, die nunmehr durch säkulare und linksliberale Ideologien

262 Vgl. Stroope, Samuel u. a. (2021): Unchurched Christian Nationalism and the 2016 U.S. Presidential Election. In: Sociological Forum 36(2), S. 405–425.

263 Vgl. Gorski, Philip S. (2020): American Babylon: Christianity and Democracy Before and After Trump, S. 107–112.

264 Vgl. Nanto, Tommy (2022): A Wolf in Sheep's Clothing: Christian Nationalist Belief and Behavior in the United States. In: Sigma: Journal of Political and International Studies 39(5), S. 41.

gefährdet ist.[265] Aspekte der moralischen Integrität spielen für Anhänger des Christlichen Nationalismus eine erheblich geringere Rolle als für Evangelikale. Vielmehr treibt sie der wahrgenommene Niedergang des Landes und seiner Identität um, die Trump verspricht mit allen Mitteln (notfalls auch undemokratischer Natur) aufzuhalten.

Der „weiße Nationalismus" ist in gewisser Hinsicht eine vergleichsweise neue terminologische Variante zur Beschreibung rechtsextremer Sichtweisen. Im dortigen Lager hat er ein beträchtliches Maß an Popularität über die Vereinigten Staaten hinaus gewonnen, da er als weniger negativ besetzt gilt als beispielsweise der Begriff und die Ideologie der „White Supremacy", also der weißen Überlegenheit gegenüber anderen Gruppen. Darüber hinaus soll der Begriff das Gefühl eines gemeinsamen Schicksals unter Weißen fördern, die entsprechend den Denkern des rechtsextremen Lagers insbesondere von den demographischen Transformationen westlicher Demokratien in multiethnische Staaten bedroht sind. Im amerikanischen Kontext bedeutet dies, dass die traditionelle Unterteilung der weißen Wählerschaft entsprechend der Abstammung (z. B. italienisch, deutsch, polnisch) ebenso in den Hintergrund geraten. Mögen nur wenige republikanische Wähler sich als „weiße Nationalisten" betrachten, so hat sich innerhalb dieser Gruppe doch eine „ethnozentrische" Interpretation des gesellschaftlichen Zusammenlebens in den USA ausgebreitet. Im Ethnozentrismus wird die Gesellschaft in die Gruppen der eigenen und anderer Rassen unterteilt. Mitglieder der eigenen Gruppe („In-Group") werden tendenziell als vertrauenswürdig und allgemein positiv, Mitglieder der anderen Gruppe („Out-Group") als weniger oder gar nicht vertrauenswürdig und allgemein negativ gesehen.[266] Die christlichen und weißen nationalistischen Gruppen vereint eine vergleichsweise schwache Unterstützung demokratischer Werte[267] sowie Aversionen gegenüber nicht-weißen Minderheiten.[268]

---

265 Vgl. Whitehead, Andrew L. u. a. (2018): Make America Christian Again: Christian Nationalism and Voting for Donald Trump in the 2016 Presidential Election.

266 Vgl. Kinder, Cam (2010): Us Against Them: Ethnocentric Foundations of American Opinion, S. 8.

267 Vgl. Djupe, Paul A. u. a. (2023): The Full Armor of God: The Mobilization of Christian Nationalism in American Politics, S. 49–51.

268 Im Kontext des Christlichen Nationalismus vgl. Davis, Joshua T./Samuel L. Perry (2021): White Christian Nationalism and Relative Political Tolerance for Racists. In: Social Problems 68(3), S. 513–534.

Die Ereignisse des 6. Januars 2021 bestätigten die wachsende Gefahr des „weißen Nationalismus“ in vielerlei Hinsicht. So kam beispielsweise eine übermäßig hohe Zahl an Teilnehmern, die sich später mit rechtlichen Konsequenzen konfrontiert sahen, aus Landkreisen, die einen besonders hohen Rückgang des weißen Bevölkerungsanteils in der jüngeren Vergangenheit vorwiesen.[269] Generell ließ sich unter den Demonstranten eine beträchtliche Zahl an Personen vorfinden, die rechtsextremen Organisationen zugehörig waren.[270]

Auf der Ebene der republikanischen Elite hat sich der Ethnozentrismus ebenso weiter ausgebreitet. Außerhalb des Amtes hat Trump jede rhetorische Zurückhaltung beim Thema *Race* hinter sich gelassen und schürt nun ganz offen weiße Ängste. So verbreitete er beispielsweise im Januar 2022 die unwahre Behauptung, im Bundesstaat New York würden Weiße nunmehr im Gesundheitssystem nachteilig behandelt. „Wenn du weiß bist“, so Trump in der Rede, „bekommst du keinen Impfstoff, und wenn du weiß bist, bekommst du keine Therapeutika“. Als Weißer müsse man sich nunmehr „am Ende der Schlange anstellen, um medizinische Versorgung zu erhalten“.[271] Dies war Trumps Interpretation einer Initiative der New Yorker Landesverwaltung, sozial schwächer gestellten Personen den Erhalt von Impfungen und Covid-Therapien zu erleichtern. Er nutzte dies hingegen, um Statusängste innerhalb seiner weißen Wählerschaft weiter zu befeuern

Auch führende Figuren der Republikanischen Partei arbeiten offen mit politischen Akteuren zusammen, die nicht nur eine liberale Einwanderungspolitik beklagen, sondern aktiv weiß-nationalistische Positionen verbreiten und autoritäre Regierungsformen befürworten. Paul Gosar, republikanischer Abgeordneter des US-Repräsentantenhauses aus Arizona, trat beispielsweise zweimal auf der „America First Political Action Conference“ auf, die von dem jungen rechtsextremen Live-Streamer und politischen Kommentator Nick Fuentes organisiert wurde. Im Jahr 2022 besuchte Marjorie Taylor Greene, die sich seit ihrer ersten Wahl zur Kongressabgeordneten im November 2020 zu einer der bekanntesten Personen des nationalpopulistischen Flügels der Partei entwickelt hat, ebenso besagte

269 Vgl. Pape, Robert A. (2021): What an analysis of 377 Americans arrested or charged in the Capitol insurrection tells us. In: Washington Post, 6. April.

270 Vgl. DiMaggio, Anthony (2022): Rising Fascism in America: It Can Happen Here, S. 196–197.

271 Zitiert in: PBS News (2022): AP FACT CHECK: Trump seeds race animus with COVID falsehood. 16. Januar.

Konferenz. Während der Eröffnungsrede der „America First"-Konferenz forderte Fuentes die Teilnehmer auf, „Russland zu applaudieren", was sie auch bereitwillig taten, während *„Putin, Putin"*-Rufe durch den Saal hallten – man beachte, dass besagte Ansprache am 25. Februar stattfand, also nur wenige Stunden nach dem russischen Einmarsch in der Ukraine. Fuentes merkte auch an, der russische Präsident werde nun mit Hitler verglichen, bevor er sarkastisch hinzufügte: „Sie sagen, das sei keine gute Sache".[272] Während seiner „America First"-Livestreams begann Fuentes anschließend, die russische Flagge mit dem propagandistischen „Z"-Symbol zu zeigen. Im November 2022 kam es gar zu einem direkten Treffen zwischen Trump und Fuentes. Letzterer war Teil der Entourage von Kanye West, die zu Trumps Residenz in Mar-a-Lago eingeladen worden war. Nach beträchtlicher Kritik aus den eigenen Reihen behauptete Trump später, er habe Fuentes nicht gekannt, mit der Implikation dieser sei nicht offiziell eingeladen, sondern nur von Kanye West mitgebracht worden.[273]

Dass Personen ohne vorherigen Background-Check nahe an einen ehemaligen Präsidenten kommen, ist natürlich anzuzweifeln. Der Versuch des Trump-Teams, jedwede ideologische Verbindung zwischen Trump und Fuentes zu kappen, überraschte nicht. Fuentes' Positionen sind nämlich selbst in der heutigen konservativen Bewegung am Rand zu verorten. An der Erstürmung des Kapitols beteiligt, wurde Fuentes weitgehend aus den sozialen Netzwerken entfernt, konnte aber seine eigene Videohosting-Website einrichten, nachdem sein Kanal von YouTube gesperrt worden war. Fuentes ist dafür bekannt, die Fakten des Holocaust zu hinterfragen bzw. zu leugnen, einen autoritäreren Regierungsstil für die USA zu fordern und in seiner Show „America First" rassistische Ansichten zu äußern.[274] Dabei vertritt er die fundamentale Position des „weißen Nationalismus", dass Amerikas Errungenschaften und Status einzig und allein mit der weißen Bevölkerung in Verbindung stehen. So sagte Fuentes am 6. Januar 2021 vor einer Gruppe von Anhängern in Washington, DC: „Wir und unsere Vorfahren haben alles Gute

---

272 Zitiert in: Edwards, Jonathan/Mariana Alfaro (2022): McConnell says no space in GOP for 'white supremacists or anti-Semitism' after two House Republicans participate in white nationalist's conference. In: Washington Post, 28. Februar.

273 Vgl. Dress, Brad (2022): Trump blames Kanye West for bringing Nick Fuentes as dinner guest. In: The Hill, 27. November.

274 Vgl. Breland, Ali (2021): Who Is Nick Fuentes, and Why Is a US Rep Buddying Up to the Segregationist, Holocaust-Denying Gen Z Influencer? In: Mother Jones, 29. Juni.

in diesem Land geschaffen".[275] Was seine Haltung gegenüber der Regierung betrifft, so ist Fuentes der Meinung, „das System ist unser Feind".[276] Bevor er auf Twitter dauerhaft gesperrt wurde, offenbarte Fuentes seine eigene Interpretation bezüglich des Status der Weißen im heutigen Amerika: „Die Vereinigten Staaten werden zu einem Apartheidstaat, in dem die Weißen Bürger zweiter Klasse sind". Die Tatsache, dass Donald Trump in seiner bereits erwähnten Kritik an der angeblichen bevorzugten Behandlung von Minderheiten bei Covid-Impfstoffen und -Therapien ähnliche Ansichten aufgriff, belegt, wie tief solche ehemals extremistischen Interpretationen in der heutigen Republikanischen Partei verwurzelt sind.

Die Existenz weit verbreiteter gesellschaftlicher Bedrohungsgefühle innerhalb der republikanischen Stammwählerschaft bedeutet mitnichten, dass ökonomische Aspekte wie Ängste bezüglich des Abzugs von Arbeitsplätzen oder des generellen Niedergangs bestimmter industrieller Sektoren keine Rolle bezüglich der Erfolge Donald Trumps gespielt haben. In der amerikanischen Politikwissenschaft findet weiterhin eine teils hitzig geführte Debatte statt, ob wirtschaftliche oder soziokulturelle Gründe bei der Wahl Trumps 2016 ausschlaggebend waren. Gewiss lässt sich erkennen, dass Trump auch gerade in (weißen) Landkreisen erfolgreich war, die ärmer als das Land allgemein sind und in denen zudem auch das Wirtschaftswachstum seit geraumer Zeit nicht mit dem landesweiten Durchschnitt Schritt halten kann. Ähnlich wie in Deutschland lautete eine populäre Analyse, dass der vergleichsweise schwache Zustand der Regionen, die beispielsweise von Obama in das Trump-Lager wanderten,[277] ein Beweis für die zentrale Rolle der ökonomischen Botschaft Donald Trumps war, der versprach, Handelsbeziehungen umzukrempeln und Industriezweige wiederzubeleben. Doch ist es schwer, handfeste Ruckschlüsse aus diesen Daten zu ziehen, da sie keine Antworten auf die Frage bieten, welche Probleme und Faktoren Wähler in bestimmten wirtschaftlich eher schwächeren Regionen dazu brachten, Donald Trump zu unterstützen. Generell lässt sich jedoch konstatieren, dass

275 Zitiert in: Mogelson, Luke (2021): Among the insurrectionists. In: New Yorker, 15. Januar.

276 Zitiert in ebd.

277 Insgesamt ließen sich 206 Landkreise vorfinden, die 2008 und 2012 für Barack Obama stimmten und sich 2016 jedoch für Trump entschieden. Diese Wahlkreise waren weißer, weniger gebildet und wiesen ein geringeres Einkommen vor als der landesweite Durchschnitt. Vgl. Ballotpedia (2017): Pivot Counties: The counties that voted Obama-Obama-Trump from 2008–2016.

die Wähler Donald Trumps auch in den Vorwahlen 2016 ein Einkommen vorwiesen, das sie über dem durchschnittlichen Amerikaner platzierte.[278] Innerhalb der Trump-Vorwählerschaft war der Anteil von Personen mit einem jährlichen Einkommen von über 100.000 Dollar beispielsweise auch genauso hoch wie der Anteil der Wähler mit einem Einkommen unter 50.000 Dollar.[279]

Bei der Frage, ob gesellschafts- oder wirtschaftspolitische Fragen entscheidend waren, sollte zudem beachtet werden, dass eine zumindest oberflächlich ökonomische Botschaft, die die Verlagerung von Arbeitsstellen ins Ausland anprangert, natürlich auch xenophobe Tendenzen bei den Rezipienten in der Wählerschaft auslösen kann (beziehungsweise, dass beide Aspekte einander bedingen). Das Wahlmotto „Make America Great Again" in Verbindung mit dem Versprechen besserer Handelsbeziehungen kann durchaus als primär wirtschaftspolitisch verstanden werden. Doch implizierte es auch den Wunsch der Rückkehr in eine andere Ära, in der die überproportional weiße Trump-Wählerschaft zweifelsfrei die politische Dominanz im Land ausübte und sich nicht einer vermeintlichen Diskriminierung ausgesetzt sah – eine Vergangenheit, die in den Augen der Trump-Wähler erheblich besser war als die die Gegenwart.

In all diesen Daten lässt sich zweifelsfrei das Ausmaß erkennen, in dem Trump seinen Erfolg vorherigen republikanischen Politikern und Strategen schuldet. Die Vorarbeit seit den 1960er-Jahren hatte zum Zeitpunkt der Trump-Kandidatur 2016 eine Wählerbasis innerhalb der Republikanischen Partei geschaffen, die einer Kampagne der xenophoben und nativistischen Appelle eine erhebliche Erfolgschance bescherte, wie sich bereits an den Erfolgen der *Tea Party* mehrere Jahre vor Donald Trumps erstmaliger Kandidatur erkennen ließ. So hat sich der Anteil weißer Wähler mit rassistischen Ressentiments in den letzten Jahrzehnten innerhalb der Republikanischen Partei vervielfacht. In der Reagan-Bush I-Ära besaßen beispielsweise 44 Prozent aller weißen Republikaner einen *Racial Resentment*-Wert im oberen Drittel dieser Skala der Vorurteile. Am Anfang der Obama-Ära drei Jahrzehnte später lag der Wert jedoch bei 64 Prozent, zum Zeitpunkt der

---

278 Vgl. Silver, Nate (2016): The Mythology of Trump's ‚Working Class' Support. In: FiveThirtyEight, 3. Mai.

279 Vgl. Carnes, Nicholas/Noam Lupu (2016): Why Trump's appeal is wider than you might think. In: MSNBC, 8. April.

Wahl Donald Trumps im Jahr 2016 bei 69 Prozent.[280] Gerade bei diesem soziologischen Standard zur Messung latent rassistischer Ansichten stachen Trump-Unterstützer (wie *Tea Party*-Republikaner wenige Jahre zuvor) mit ihren Ansichten heraus: 59 Prozent von Trumps Wählern in den Vorwahlen 2016 besaßen einen *Racial Resentment*-Wert im oberen Viertel der Skala im Vergleich zu 46 Prozent unter Republikanern, die einen anderen Kandidaten bevorzugten.[281] All dies heißt nicht unbedingt, dass Trump selbst ein Rassist ist – diese Frage ist kaum zufriedenstellend zu beantworten. Doch lässt der Blick auf die Nachfrageseite erkennen, dass weiße Wähler mit Sorgen über ihren eigenen Status in der Gesellschaft sowie einem vergleichsweise hohen Ausmaß an Vorurteilen einen beträchtlichen Teil der Trump-Wählerschaft darstellten und sowohl seinen Vorwahlsieg als auch sein politisches Comeback nach dem Schock des 6. Januars 2021 ermöglichten.

Auch einen europäischen Betrachter sollte die Entwicklung auf der anderen Seite des Atlantiks nachdenklich stimmen. Die Hoffnung, dass eine multiethnische Gesellschaft ethnische Fragmentierungen vergessen macht, steht im Kontrast zu den Trends, die Donald Trumps Erfolge ermöglichten. Entsprechend wissenschaftlicher Ausarbeitungen könnte eine gegenteilige Entwicklung in zukünftigen Jahren gar an Fahrt aufnehmen. Studien bezüglich der Auswirkungen demographischer Trends auf ideologische Präferenzen zeigen auf, dass die Konfrontation mit dem eigenen Minderheitenstatus unter weißen Amerikanern selbst in der Mitte der Gesellschaft zu einer Gegenreaktion führt, wie wir sie im Süden des Landes gesehen haben. Mit durchaus ähnlichen Folgen: Weiße Wähler identifizieren sich stärker als Republikaner und äußern stärkere Präferenzen für konservative Politikvorstöße.[282] Die gesellschaftliche Spaltung entlang der Konfliktlinie Weiße/Minderheiten wird somit voraussichtlich nicht in einigen wenigen Jahren als Relikt einer längst vergangenen Ära gesehen werden. Das Autorentrio Maureen Craig, Julian Rucker und Jennifer Richeson sieht – ganz im Gegenteil – das Potenzial eines weiteren Anstiegs dieser gesellschaftlichen Spaltung:

---

280 Vgl. Abramowitz, Alan I. (2018): The Great Alignment: Race, Party Transformation, and the Rise of Donald Trump, S. 130, 136.

281 Vgl. The Economist (2016): Trump and the Academy. 1. September.

282 Vgl. Craig, Maureen A./Jennifer A. Richeson (2014): On the Precipice of a „Majority-Minority" America: Perceived Status Threat From the Racial Demographic Shift Affects White Americans' Political Ideology. In: Psychological Science 25 (6), S. 1189–1197.

„As the nation continues to diversify, the relevance of race, ethnicity, religion, and identity politics is likely to increase rather than fade“.[283]

Die nativistische Basis des „Trumpismus“ wird auch nach Trump ein Merkmal der amerikanischen Politik bleiben – gerade auch weil diese Ansichten schon vor Trumps Einstieg in die Politik im Sommer 2015 innerhalb der republikanischen Wählerschaft ein hohes Maß an Popularität genossen.

Abschließend muss nochmals festgestellt werden, dass Donald Trump auf dem Weg ins Weiße Haus bestehende Entwicklungen innerhalb „seiner“ Partei ausnutzen konnte. In den *Primaries* finden Kandidaten nur die engagiertesten und aktivsten Mitglieder der Wählerschaft vor – es waren diese tiefroten Republikaner, die Donald Trump zu ihrem Kandidaten kürten. Obwohl Donald Trump in den Vorwahlen 2016 einen neuen republikanischen Rekord für die Zahl der erhaltenen Stimmen aufstellte, lag dieser Wert bei 14 Millionen – bei einer wahlberechtigen Bevölkerung von insgesamt 230 Millionen. Die Zahl der Wähler, die Trump in den Vorwahlen vielleicht zu ihrer ersten Partizipation auf republikanischer Seite bewegen konnte, war somit verschwindend gering. Nicht zuletzt aufgrund der teilweise sehr restriktiven Wahlgesetze, stellt es in den Vereinigten Staaten eine enorme Herausforderung dar, ehemals inaktive Wähler zur Urne zu bringen. Diese Erfahrung musste auch die Trump-Familie selbst machen: Sowohl Ivanka als auch Eric Trump hatten vergessen, sich in ihrem Heimatstaat New York rechtzeitig als Republikaner zu registrieren und konnten somit in der dortigen Vorwahl im April 2016 nicht für ihren Vater stimmen. Zu ihrer Verteidigung sei zu sagen, dass sie diesen Behördengang mindestens sechs Monate vorher hätten durchführen müssen.[284]

3.5 Die Partei der weißen Arbeiterklasse

Im Vorwahlkampf 2012 stellte der konservative Kolumnist und Autor George Will fest, dass weiße Amerikaner ohne Universitätsabschluss vor ungefähr drei Jahrzehnten noch als *Reagan Democrats* bezeichnet worden waren, da ihre Unterstützung der Republikanischen Partei mit der Person

283 Craig, Maureen A. u. a. (2018): Racial and Political Dynamics of an Approaching „Majority-Minority“ United States. In: ANNALS 677, S. 212.

284 Vgl. Johnson, Jenna (2016): Ivanka and Eric Trump didn't register in time to vote for their dad in New York primary. In: Washington Post, 11. April.

im Weißen Haus verbunden war. Zum Zeitpunkt des innerparteilichen Wettbewerbs 2012 war der Status der *Working Class Whites* innerhalb der republikanischen Koalition laut Will jedoch ein anderer: „Today they are called the Republican base."[285] Betrachtet man die Politik der Republikanischen Partei in sozialen und ökonomischen Fragen, mag das Ausmaß des Erfolges der Republikaner unter weißen Amerikanern mit einem niedrigen Bildungsgrad überraschen. Doch sehen wir auch in Europa in den letzten Jahrzehnten eine ähnliche Entwicklung, denn egal ob Rassemblement (ehemals Front) National, FPÖ oder AfD, diese Parteien wildern in den traditionellen elektoralen Jagdrevieren der Sozialdemokratie.

Auch wenn Trumps Kernanhängerschaft in bestimmten Fragen wie beispielsweise dem Freihandel innerhalb der Republikanischen Partei herausstach, zeigte die Zusammensetzung seiner Wählerschaft schon im Jahr 2016 auf, inwiefern Trump nur den jüngsten Schritt einer jahrzehntelangen Transformation der Partei darstellte. Hier ist es nochmals sinnvoll, Kevin Phillips zur Rate zu ziehen. Seine Analyse und strategischen Ratschläge aus den 1960er-Jahren bezüglich der Rolle der *Blue Collar*-Amerikaner innerhalb der Republikanischen Partei zeigen auf, dass schon ein halbes Jahrhundert vor Trump die „Proletarisierung" der Republikaner erkennbar war:

> *„Sociologically, the Republican Party is becoming much more lower-middle class and much less establishmentarian than it was during the Nineteen-Fifties, and pursuit of an increasing portion of the Northern blue-collar electorate […] would be a logical extension of this trend."*[286]

Auch außerhalb des Südens ist die Republikanische Partei im letzten halben Jahrhundert zur Partei der weißen Arbeiterklasse (in den USA nicht über das Einkommen, sondern den fehlenden Hochschulabschluss definiert) geworden. Besonders plakativ lässt sich dies am Beispiel des Einzelstaates West Virginia darstellen. Weißer, schlechter gebildet, und ärmer als der Rest des Landes, war West Virginia bis zur Jahrtausendwende oft eine demokratische Bastion. In den 17 Präsidentschaftswahlen zwischen 1932 und 1996 stimmte der Einzelstaat insgesamt 14 Mal für einen demokratischen Kandidaten (vier Mal davon für den Verlierer der Wahl). 1976 und 1980 erreichten die demokratischen Präsidentschaftskandidaten in West Virginia Ergebnisse, die ungefähr 14 Prozentpunkte besser waren als ihre Stimmenanteile im ge-

---

285 Will, George (2012): Suddenly, a fun candidate. In: Washington Post, 4. Januar.

286 Phillips (1969/2015), S. 543.

samten Land (⟶ Tabelle 3). Die Wahl 2000 leitete jedoch eine Zeitenwende ein. George W. Bush gewann West Virginia mit über sechs Prozentpunkten Vorsprung. Auch wenn Florida gerne als der entscheidende *Battleground State* der Wahl 2000 gesehen wird, sollte nicht vergessen werden, dass Al Gore mit den fünf Elektorenstimmen aus West Virginia Präsident geworden wäre. Bill Clinton war seinerseits in der Lage, West Virginia mit jeweils 13 und 15 Prozentpunkten Vorsprung zu gewinnen.

Wahljahr	Rep. Vorsprung	Rep. Neigung
1976	-16,1	-14,0
1980	-4,5	-14,2
1984	10,5	-7,7
1988	-4,7	-12,4
1992	-13,0	-7,4
1996	-14,8	-6,3
2000	6,3	6,8
2004	12,9	10,4
2008	13,1	20,4
2012	26,7	30,6
2016	41,7	43,8
2020	38,9	43,4

Negativer Wert bedeutet, dass West Virginia vom jeweiligen demokratischen Kandidaten gewonnen wurde (zweite Spalte), beziehungsweise, dass West Virginia demokratischer abstimmte als die Vereinigten Staaten insgesamt (dritte Spalte). Beispiel: 1984 gewann Ronald Reagan West Virginia mit 10,5 Prozentpunkten Vorsprung. Da er die Popular Vote im gesamten Land mit 18,2 Prozentpunkten gewann, war West Virginia 7,7 Prozentpunkte demokratischer als die gesamten Vereinigten Staaten.

Tab. 3: Wahlergebnisse und parteipolitische Neigung West Virginias.

Seitdem ist der für seine Kohleförderung bekannte Einzelstaat jedoch fest in republikanischer Hand. Die bereits erwähnte Tendenz West Virginias, demokratischer als das Land insgesamt zu sein, wendete sich in den letzten beiden Jahrzehnten in eine republikanische „Neigung“. Stand diese bei ungefähr sieben Prozentpunkten im Jahr 2000, so lagen diese Werte in den Trump-Wahlen 2016 und 2020 bei knapp 44 Prozentpunkten (Donald Trump gewann West Virginia 2020 mit 39 Prozentpunkten Vorsprung während Joe Biden die landesweite *Popular Vote* mit 4,5 Prozentpunkten für sich entscheiden konnte).

Wie sich anhand → Tabelle 3 erkennen lässt, stellten Donald Trumps Siege einen neuen Höhepunkt des republikanischen Vorsprungs in einer Region dar, welche die *White Working Class* wie kaum eine zweite symbolisiert. Doch selbst Mitt Romney, ein ehemaliger Hedgefund-Manager, dessen Botschaft sich eher auf den freien Markt denn einen ökonomischen Nationalismus fokussierte, war in der Lage West Virginia mit 27 Punkten Vorsprung zu gewinnen (zusammen mit Barack Obamas *Popular Vote*-Vorsprung machte dies West Virginia 31 Punkte „republikanischer" als die gesamten Vereinigten Staaten).

Aber auch andere Daten zeigen auf, inwieweit Donald Trump in seinem Erfolg innerhalb der weißen Arbeiterklasse auf die Vorarbeit anderer Republikaner bauen konnte und somit den existierenden Trend des republikanischen Vorsprungs unter schlechter gebildeten weißen Wählern fortführte. Mitt Romney gewann 2012 weiße Amerikaner ohne Hochschulabschluss mit einem Vorsprung von 25 Prozentpunkten (61 %–36 %). Diesen Wert konnte Trump seinerseits 2016 auf 39 Prozentpunkte ausbauen (67 %–28 %).[287] Der Anteil der weißen *Non-College*-Wählerschaft innerhalb der Republikanischen Partei ist jedoch seit einigen Wahlzyklen relativ stabil. Im Jahre 2004 waren 61 Prozent aller George W. Bush-Wählerinnen und Wähler weiße Amerikaner ohne Hochschulabschluss; zwölf Jahre danach lag dieser Wert bei Donald Trump bei 63 Prozent.[288]

2016 belegte somit ein weiteres Mal die „weiße Proletarisierung" der Republikanischen Partei, die sich insbesondere seit den frühen 1990er-Jahren beschleunigt hat – eine für die Republikaner besorgniserregende Entwicklung in Anbetracht des steigenden Anteils der Bevölkerung, der eine Universität besucht. 1994 lagen die beiden Parteien unter weißen Amerikanern, die nie eine Hochschule besucht haben, noch fast gleichauf: 47 Prozent identifizierten sich als Republikaner, 42 Prozent als Demokraten.

287 Vgl. Tyson, Alec/Shiva Maniam (2016): Behind Trump's victory: Divisions by race, gender, education. In: Pew Research Center Fact Tank, 9. November.

288 Vgl. Cohn, Nate/Alicia Parlapiano (2018): How Broad, and how Happy, is the Trump Coalition? In: New York Times, 9. August.

2011 lag der republikanische Vorsprung in diesem Segment bereits bei 17 Prozentpunkten (53 %–36 %). Im ersten Jahr der Trump-Präsidentschaft war diese Kluft dann auf 23 Punkte angestiegen (58 %–35 %).[289] Auch der allgemeine Bildungsgrad der Unterstützer beider Parteien und dessen Veränderungen im letzten Vierteljahrhundert spiegeln diese Entwicklungen wider (→ Tabelle 4). 1992 besaßen 55 Prozent aller Demokraten sowie 45 Prozent aller Republikaner (bezogen auf alle Bevölkerungsgruppen) höchstens einen High School-Abschluss (ohne gänzliche *College*-Erfahrungen). 25 Jahre später lagen die jeweiligen Werte bei 30 und 37 Prozent. Die Demokraten haben bezüglich ihres Bildungsgrads somit die Republikaner überholt: Im Vierteljahrhundert zwischen 1992 und 2017 verdoppelte sich fast der Anteil von Personen, die mindestens einen Hochschulabschluss vorweisen können, innerhalb der Demokratischen Partei von 21 auf 39 Prozent. Unter den Republikanern ist dieser Wert hingegen innerhalb desselben Zeitraums unverändert geblieben (28 Prozent; generell stieg der Anteil der Personen mit Hochschulabschluss in den Vereinigten Staaten in diesem Zeitraum von 23 auf 33 Prozent an).

	Demokraten		Republikaner	
	High School oder weniger	Hochschul-abschluss und mehr	High School oder weniger	Hochschul-abschluss und mehr
1992	55	21	45	28
2017	30	39	37	28

Tab. 4: Bildungsabschlüsse der Wählerschaft der Demokratischen und der Republikanischen Partei, 1992/2017 (Anteil in Prozent). | Quelle: Für die Werte aus dem Jahr 1992 vgl. Pew Research Center (2016): The Parties on the Eve of the 2016 Election: Two Coalitions, Moving Further Apart. 13. September, S. 1. Für die Werte aus dem Jahr 2017 vgl. Pew Research Center (2018): Wide Gender Gap, Growing Educational Divide in Voters' Party Identification. 20. März, S. 26

In Anbetracht dieser Werte überrascht es nicht, dass weiße Wähler ohne Hochschulabschluss in der Koalitionsbildung der Demokratischen Partei

289 Vgl. Pew Research Center (2018): Wide Gender Gap, Growing Educational Divide in Voters' Party Identification. 20. März, S. 11.

eine immer geringere Rolle spielen. Waren 43 Prozent aller Wähler des demokratischen Präsidentschaftskandidaten John Kerry 2004 noch weiße Amerikaner ohne einen Hochschulabschluss, lag dieser Wert bei Hillary Clinton ein Dutzend Jahre später bei 26 Prozent.[290] Generell lässt sich erkennen, dass der Bildungsgrad zu einer der wesentlichen Konfliktlinien der amerikanischen Politik geworden ist. Dies ist jedoch eine eher junge politische Entwicklung, zumindest in ihrer heutigen Form der negativen Korrelation zwischen dem Bildungsniveau und dem Ausmaß republikanischer Unterstützung. Als die Republikaner 1994 zum ersten Mal seit vier Jahrzehnten eine Mehrheit im Repräsentantenhaus gewannen, definierte der Bildungsgrad nicht die Parteipräferenzen weißer Wähler. Weiße Amerikaner mit einem Hochschulabschluss unterstützen gar die Republikanische Partei etwas mehr als ihre schlechter gebildeten Pendants innerhalb der weißen Wählerschaft.[291] Die Zwischenwahl 2018 zeigte jedoch auf, dass sich in dieser Frage das Blatt vollkommen gewendet hat: Während die Demokraten weiße Amerikaner mit einem Hochschulabschluss mit einem Vorsprung von acht Prozentpunkten gewinnen konnten, führte bei weißen Wählerinnen und Wählern ohne akademischem Grad die Republikanische Partei mit 24 Punkten Vorsprung.[292]

Was bedeutet dies für die Republikanische Partei? Schlussendlich ist die Fokussierung auf weiße Wählerinnen und Wähler ohne Hochschulabschluss eine elektorale Sackgasse. Zwischen 1988 und 2016 sank der Anteil weißer Wähler ohne Hochschulabschluss innerhalb der Gesamtwählerschaft von 54 auf 34 Prozent. Gleichzeitig stieg der Anteil weißer Wähler mit Hochschulabschluss von 31 auf 37 Prozent.[293] Wie das folgende → Kapitel aufzeigen wird, sind Veränderungen bezüglich des Bildungsgrads weißer Amerikaner jedoch nur ein Mosaikstein der zukünftigen demographischen Herausforderungen der Republikanischen Partei.

Verluste innerhalb des wachsenden Segments der weißen Wähler mit Hochschulabschlüssen müssen schlussendlich anderweitig kompensiert werden. Die entscheidende Frage hinsichtlich der zukünftigen elektoralen

290 Vgl. Cohn/Parlapiano (2018).

291 Vgl. Zitner, Aaron/Dante Chinni (2018): The Yawning Divide That Helps Explain American Politics. In: Wall Street Journal, 30. Oktober.

292 Vgl. CNN (2018): Exit Polls.

293 Für Daten aus dem Jahre 1988 vgl. Teixeira, Ruy (2013): Will the Future of White Voters be Republican? Don't be too Sure. In: ThinkProgress, 9. August; Daten 2016 basierend auf *Exit Poll* von CNN (2016).

Erfolge der Republikaner lautet, inwiefern die Partei ihre Rolle als „Arbeiterpartei“ auf nicht-weiße Gruppen ausbauen kann. Nach der Wahl 2020 kam Josh Hawley, republikanisches Mitglied des US-Senats aus Missouri, zu dem Fazit, „wir sind jetzt eine Partei der Arbeiterklasse. Das ist die Zukunft“.[294] Dies basierte auf überraschenden Zugewinnen Donald Trumps innerhalb der Latino-Wählerschaft, die übermäßig aus Personen besteht, die der Arbeiterklasse zugerechnet werden können. Wie auch innerhalb der weißen Wählerschaft, war Trumps Zustimmung unter Latinos ohne Hochschulabschluss vergleichsweise hoch: 2020 gewann er 41 Prozent ihrer Stimmen, im Vergleich zu 30 Prozent unter *Hispanics* mit einem College-Abschluss.[295] Generell erscheinen die Bindungen der Latino-Bevölkerung zu ihrer traditionellen Heimat, der Demokratischen Partei, in den letzten Jahren stark abgenommen zu haben. Genossen die Demokraten 2016 noch einen Vorsprung von 36 Punkten in diesem Bevölkerungssegment, so war dieser Wert 2023 auf nur noch 12 Punkte gesunken.[296]

Auch andere Daten belegen, dass sich die Demokraten unter ethnischen Minderheiten mit Herausforderungen konfrontiert sehen. Dies ist gerade auch auf die vorherrschenden ideologischen Ansichten von Afroamerikanern und Latinos zurückzuführen, die nicht unbedingt immer eine beträchtliche Schnittmenge mit den Präferenzen der demokratischen Parteielite selbst vorweisen. Ethnische Minderheiten stehen insbesondere bei gesellschaftspolitischen Fragen oftmals rechts von weißen linksliberalen Wählern. Aufrufe, Polizeietats zu reduzieren (unter dem Schlachtruf „Defund the Police“ bekannt), sind unter Latinos beispielsweise erheblich weniger populär als unter schwarzen Amerikanern oder weißen Demokraten.[297] Auch ist eine Fokussierung auf die Rechte sexueller Minderheiten innerhalb der tendenziell eher gläubigen schwarzen Wählerschaft nicht immer populär. Fundamentale ideologische Differenzen konnten in der Vergangenheit nicht zuletzt durch die Bedeutung der Demokratischen Partei als Kämpfer für die Bürgerrechte von Minderheiten nach dem Zweiten Weltkrieg kompensiert werden – doch für jüngere Generationen der *People of Color* besitzt

294 Tweet von Josh Hawley vom 3. November 2020.

295 Vgl. Igielnik, Ruth u. a. (2021): Behind Biden's 2020 Victory. In: Pew Research Center, 30. Juni.

296 Vgl. Jones, Jeffrey M./Lydia Saad (2024): Democrats Lose Ground With Black and Hispanic Adults. In: Gallup, 7. Februar.

297 Vgl. Pew Research Center (2020): Majority of Public Favors Giving Civilians the Power to Sue Police Officers for Misconduct. 9. Juli.

dieser historische Faktor eine geringere Relevanz. Während innerhalb der allgemeinen Wählerschaft jüngere Wähler tendenziell eher demokratisch stimmen, weisen unter schwarzen Amerikanern die jüngsten Generationen hingegen die schwächsten Bindungen zur Demokratischen Partei vor.[298]

Schon George W. Bush verfolgte Anfang der 2000er eine Strategie, die laut seines Strategen Karl Rove mit großer Wahrscheinlichkeit zu republikanischen Siegen führen würde: Ein Stimmenanteil von 60 Prozent unter weißen und 40 Prozent unter Latino-Wählern war laut Rove der längerfristige Garant republikanischer Siege. Trump scheiterte in der Präsidentschaftswahl 2020 an dieser Vorgabe; er erhielt 58 Prozent der weißen und 32 Prozent der Latino-Stimmen. Letzterer Wert stellte aber einen Zugewinn von immerhin vier Prozentpunkten im Vergleich zur Wahl vier Jahre zuvor dar.[299] Andere Umfragen sahen gar einen republikanischen Zugewinn unter *Hispanics* von bis zu zehn Prozentpunkten.[300] Neben den gerade bereits erwähnten Faktoren existieren zahlreiche weitere Erklärungsansätze, die helfen zu verstehen, warum ein Präsident, der Attacken gegen Migranten aus Lateinamerika als zentrales Element seiner Kampagnen und Präsidentschaft nutzte, unter Latinos vergleichsweise erfolgreich war. Wichtig ist hierbei die hohe Diversität der lateinamerikanischen Wählerschaft. Sie besitzt Wurzeln in unterschiedlichen Staaten, besteht aus Menschen unterschiedlicher Ethnien und weist auch eine große sozio-ökonomische Bandbreite vor. Verschiedene Merkmale dieser Gruppe (Gläubigkeit, Unternehmertum) werden schon seit Jahrzehnten von Republikanern als Aspekte erkannt, die zumindest Teile der Latino-Community an die Republikaner binden könnte. Neben der Popularität von Trumps Wirtschafts- und Energiepolitik, erschien das Ausmaß xenophobischer Ansichten der entscheidende Faktor seiner Zugewinne gewesen zu sein.[301] Latinos, von denen sich ein Großteil als „weiß“ identifiziert, können nun einmal auch von Trumps Ressentiments überzeugt werden.

Inwiefern die Republikaner in Zukunft auch einen nennenswerten Anteil nicht-weißer Wähler ansprechen können, hängt gerade von der fortbestehenden Relevanz weißer Statussorgen ab. Trump sprach diese wie kein

298 Vgl. Silver, Nate (2024): Democrats are hemorrhaging support with voters of color. 15. März.

299 Vgl. Roper Center (2021).

300 Vgl. Igielnik u. a. (2021).

301 Vgl. Gómez, Gabriel u. a. (2024): Hispanic Support for Donald Trump: In-Group Favoritism or Out-Group Animus?

Zweiter an, befeuerte sie und trug damit zu einer Radikalisierung der republikanischen Wählerschaft bei. Die Ressentiments repräsentieren, wie in den vergangenen Kapiteln aufgezeigt wurde, jedoch in vielerlei Hinsicht die Basis für den Aufstieg Donald Trumps, statt eine Reaktion zu eben diesem darzustellen. Ängste und Antipathien der konservativen weißen Wählerschaft werden für die vorausschaubare Zukunft in der Republikanischen Partei mit Blick auf die Kandidatenwahl eine wichtige Rolle spielen. Doch ist festzuhalten, dass die weitverbreitete Existenz dieser Abneigungen in der prä-Trump-Ära auch belegen, dass sie nicht unbedingt das definierende Thema parteiinterner Debatten sein müssen, da besagte Ressentiments vor 2016 trotz ihres Ausbreitungsgrads innerhalb der konservativen Anhängerschaft keinesfalls eine entscheidende Rolle in den republikanischen Vorwahlen spielten. Eine vielleicht ironische Folge der starken Bindungen zwischen weißen Wählern mit Ängsten hinsichtlich des demographischen Wandels des Landes, ist, dass diese potenziell von Kandidierenden gar nicht mehr explizit adressiert werden müssen, um die Unterstützung dieser Wählerschaft zu erhalten. Kandidaten, die hingegen einen stärkeren Fokus auf Themen legen möchten, die Wählersegmente über die republikanischen Kernwählerschaft hinaus ansprechen, können diesen Weg durchaus wählen. Wie erfolgsversprechend er ist, können nur zukünftige Erfahrungen zeigen.

4 Die zukünftigen Herausforderungen der Republikaner

Fast jeder wichtige demographische Trend der Vereinigten Staaten spricht gegen die Republikanische Partei, insbesondere aufgrund der Fokussierung konservativer Strategen und Politiker auf die amerikanischen Südstaaten im letzten halben Jahrhundert. Dank der Erfolge in dieser Region sind die Republikaner – nicht zuletzt illustriert durch die Dominanz Donald Trumps – zu einer Partei von Vorurteilen gegenüber Minderheiten durchdrungener weißer christlich-konservativer Wähler geworden. All dies in einem Land, dessen religiöser und weißer Bevölkerungsanteil mit jedem Tag schrumpft. Schon die Wahlen 2008 und 2012 haben die Herausforderung und potenziellen zukünftigen Probleme der Republikanischen Partei auf beeindruckende Weise aufgezeigt. 2008 schaffte es Barack Obama als erster Kandidat in der Geschichte des Landes trotz eines zweistelligen Rückstands unter weißen Wählerinnen und Wählern Präsident zu werden – sein Rückstand gegenüber John McCain betrug zwölf Prozentpunkte. Vier Jahre später betrug der republikanische Vorsprung unter weißen Wählern gar 20 Prozentpunkte. Ungeachtet dessen setzte Obama sich vergleichsweise komfortabel mit einem Vorsprung von vier Prozentpunkten in der *Popular Vote* sowie 62 Prozent der Elektorenstimmen (332 Wählmänner) gegen Mitt Romney durch. 2020 erhielt Joe Biden sieben Millionen mehr Stimmen als Donald Trump, obwohl letzterer einen Vorsprung von 17 Prozentpunkten unter weißen Wählern genoss.

Gleichzeitig belegten die jüngsten Mehrheitsverhältnisse im Land jedoch auch, dass Republikaner nicht unweigerlich zu elektoralen Verlusten verdammt sind. Zwischen Donald Trumps Sieg und den Zwischenwahlen 2018 kontrollierten sie die drei zentralen Regierungszweige (Weißes Haus sowie beide Kammern des Kongresses). Ebenso dominieren republikanische Landesparteien seit 2010 die Politik auf Ebene der Einzelstaaten. Anfang 2024 waren insgesamt 55 Prozent aller Sitze in den Landeskammern der Vereinigten Staaten in den Händen der Republikanischen Partei. In 23 Einzelstaaten kontrollierten sie zu diesem Zeitpunkt beide Landeskammern, sowie das Amt des Gouverneurs; die Demokraten schafften dies in nur

16 Staaten.[302] Wie kann es eine Partei trotz der weitreichenden demographischen Transformation des Landes trotzdem schaffen, weiterhin an den Schalthebeln der politischen Macht zu sitzen? Die Antwort lässt sich in den aus demokratischen Gesichtspunkten höchst fragwürdigen Maßnahmen zum Machterhalt finden, mit denen republikanische Strategen und Politiker alles Erdenkliche versuchen, den Einfluss und das elektorale Gewicht demokratischer Wählergruppen zu verwässern. Dies wird durch eine für die eigene Partei vorteilhafte Ziehung der Wahlkreisgrenzen sowie die Versuche, demokratischen Wählern die Teilnahme an Wahlen zu erschweren, erreicht. Darüber hinaus hat sich die Partei auch in ihrer Akzeptanz demokratischer Normen und Konventionen allgemein in den letzten Jahren in eine illiberale Richtung bewegt. Wenden wir uns aber zuerst den demographischen Entwicklungen zu, welche die semi-legalen republikanischen Maßnahmen des Machterhalts notwendig machen.

4.1 Der demographische Wandel der USA

4.1.1 Veränderungen der ethnischen Zusammensetzung des Landes

Für den europäischen Betrachter mögen manche der bereits vorgebrachten Befunde ein wenig befremdlich wirken. Auch als Autor ist es eine Herausforderung, fortwährend über „Rasse“ zu schreiben. Doch lässt sich nicht leugnen, dass *Race* im Zentrum der Transformation des amerikanischen Parteiensystems im letzten halben Jahrhundert lag und auch heute die ethnische oder *Racial* Zugehörigkeit eine der Haupttrennlinien der amerikanischen Politik darstellt.[303] Dies soll keinesfalls heißen, sozioökonomische Merkmale würden keinerlei Rolle spielen. Doch zeigen Analysen amerikanischer Wahlen auf, dass beispielsweise auch wohlhabende Afroamerikaner sowie *Hispanics* mit der Politik der Republikanischen Partei wenig anfangen können.[304] Die demographischen Veränderungen der Vereinigten Staaten

---

302 Vgl. National Conference of State Legislatures (2024): 2024 State & Legislative Partisan Composition. Stand: 1. März 2024.

303 Vgl. Hajnal, Zoltan/Marisa Abrajano (2016): Trump's all too Familiar Strategy and its Future in the GOP. In: The Forum 14 (3), S. 295–309.

304 Vgl. Rhodes, Jesse H. u. a. (2017): Is America More Divided by Race or Class? Race, Income, and Attitudes among Whites, African Americans, and Latinos. In: The Forum 15 (1), S. 71–91.

und das stete Absinken des Bevölkerungsanteils der weißen Mehrheit bietet somit Ausblicke auf die potenzielle Entwicklung elektoraler Mehrheiten in den zukünftigen Jahrzehnten. Für die Republikaner sind dies, wie bereits erwähnt, aufgrund der Zusammensetzung ihrer heutigen Wählerschaft fast durchweg schlechte Nachrichten. Zum Verständnis der folgenden Daten ist ein Aspekt zudem wichtig: Im Kontext dieses Themas steht „weiß" für Amerikaner, die sich nicht nur selbst als weiß definieren, sondern auch keine Latino/Hispanic-Herkunft besitzen. Mit anderen Worten, jede Person außerhalb der Gruppe der *Non-Hispanic Whites* (das heißt beispielsweise *Biracial* Amerikaner, Weiße mit mexikanischen Wurzeln, Native Americans u.v.m.) fallen unter den Dachbegriff der „Minderheit".

Die demographischen Veränderungen der Vereinigten Staaten der letzten Jahrzehnte haben bereits einen beträchtlichen Einfluss auf den Ausgang von Wahlen gehabt, da der Anteil der weißen Wählerschaft stetig sinkt. Schon zwischen den Volkszählungen 2000 und 2010 waren die eben definierten ethnischen Minderheiten für fast 92 Prozent des Bevölkerungswachstums des Landes verantwortlich.[305] *Hispanics* allein repräsentierten 15,2 der 27,3 Millionen Menschen, die in diesem Jahrzehnt zur Bevölkerungszahl der USA hinzugekommen waren.[306] Somit machte diese Bevölkerungsgruppe allein 56 Prozent des Bevölkerungswachstums zwischen den beiden besagten Volkszählungen aus, obwohl sie im Jahr 2000 nur 12,5 Prozent der Bevölkerung stellte. Auch wenn sich im darauffolgenden Jahrzehnt das Wachstum dieser Gruppe ein wenig verlangsamte, so stieg die Zahl der *Hispanics* zwischen 2010 und 2020 immer noch um 11,6 Millionen an (insgesamt 51 Prozent der gesamten Bevölkerungszunahme).[307] Es sind gerade dieser Anstieg sowie die parteipolitischen Präferenzen der *Hispanics*, die Republikaner in ihrer Suche nach Mehrheiten bereits heute vor enorme Herausforderungen stellen.

Vier Präsidentschaftswahlen, die etwas mehr als drei Jahrzehnte auseinander liegen, zeigen den enormen Einfluss der demographischen Transformation auf die Mehrheitsverhältnisse des Landes auf (→ Tabelle 5).

---

305 Vgl. Humes, Karen R. u. a. (2011): Overview of Race and Hispanic Origin: 2010. United States Census Bureau, S. 4.

306 Vgl. Ennis, Sharon R. u. a. (2011): The Hispanic Population: 2010. United States Census Bureau, S. 6.

307 Vgl. Frey, William H. (2021): New 2020 census results show increased diversity countering decade-long declines in America's white and youth populations. In: Brookings Institution, 13. August.

	1988		2012		2016		2020	
	DEM	REP	DEM	REP	DEM	REP	DEM	REP
Weiß	40	60	39	59	37	58	41	58
Schwarz	89	11	93	6	88	8	87	12
Hispanic	70	30	71	27	65	29	65	32
Vorsprung Demokraten (*Popular Vote*)	-7,7		+3,9		+2,1		+4,5	

Tab. 5: Präferenzen verschiedener Wählersegmente (in Prozent). | Quelle: Roper Center for Public Opinion Research (2021): How Groups Voted

Bemerkenswert ist durchaus das Ausmaß der Stabilität der elektoralen Präferenzen der drei wichtigsten Ethnien des Landes: In den vier besagten Präsidentschaftswahlen stimmten ungefähr 60 Prozent aller weißen, 10 Prozent aller schwarzen sowie 30 Prozent aller *Hispanic*-Wählerinnen und Wähler für einen republikanischen Kandidaten. Doch warum reichten diese Werte in den späten 1980er-Jahren für einen komfortablen republikanischen Sieg von acht Prozentpunkten aus, während sie in den jüngsten Präsidentschaftswahlen zu demokratischen Vorsprüngen von teilweise über vier Prozentpunkten führten? Die Antwort lässt sich in der Zusammensetzung der Wählerschaft finden. Stellten beim Wahlsieg George H.W. Bushs über seinen demokratischen Widersacher Michael Dukakis im Jahr 1988 weiße Wähler noch 85 Prozent der gesamten Wählerschaft, so war dieser Wert 2012 auf 72 Prozent und acht Jahre darauf auf 67 Prozent gesunken.

Diese Entwicklung wird in Zukunft die Hürden der Republikaner auf dem Weg zu eigenen Mehrheiten nur noch weiter erhöhen. Nach Daten des amerikanischen *Census Bureau* stellten Weiße ohne Wurzeln in Lateinamerika (die bereits erwähnten *Non-Hispanic Whites*) im Jahre 2022 weniger als 59 Prozent der Bevölkerung des Landes. Dieser Anteil wird kontinuierlich entsprechend den Vorhersagen auf weniger als 50 Prozent im Jahr 2060 fallen (⟶ Abbildung 4).

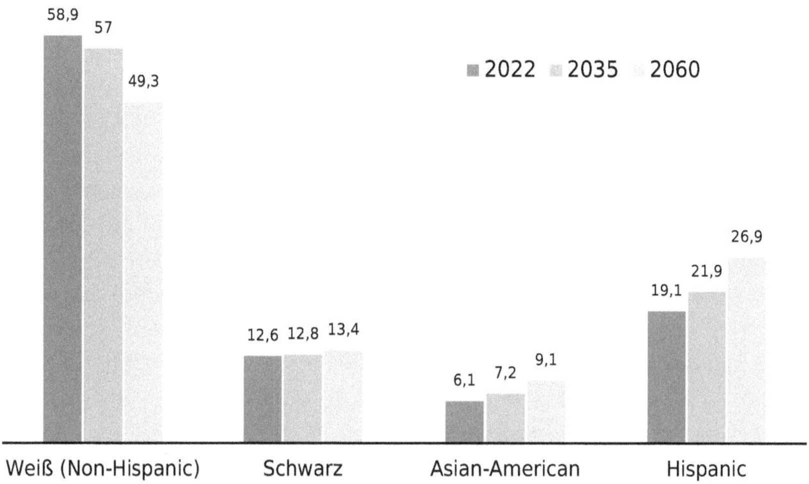

Abb. 4: Zusammensetzung der Bevölkerung der USA, 2022–2060. | Quelle: United States Census Bureau (2023): Projected Population Distribution by Race and Hispanic Origin. Stand: 31. Oktober

Generell besagen die Prognosen, dass die Vereinigten Staaten Mitte der 2040er-Jahre ein *Majority-Minority*-Land („mehrheitlich minderheitlich") sein werden, in dem *Non-Hispanic Whites* nur noch die Minderheit stellen. Zum ersten Mal in der Geschichte des Landes sank 2020 in einem Zensus die Zahl der Weißen: sie reduzierte sich zwischen 2010 und 2020 um über fünf Millionen.[308] Gleichzeitig könnten gerade *Hispanics* in zukünftigen Jahrzehnten das Zünglein an der Waage sein: Ihr Anteil an der Bevölkerung wird entsprechend der Vorhersagen des *Census Bureau* von 19 Prozent im Jahr 2022 auf ungefähr 27 Prozent im Jahr 2060 ansteigen.

In diesem Kontext höchst besorgniserregend für die Republikaner sind die ideologischen Ansichten, welche die bereits eingebrachten parteipolitischen Präferenzen der verschiedenen Ethnien untermauern, auch wenn, wie bereits erwähnt wurde, Trump in der Wahl 2020 überraschende Zugewinne unter ethnischen Minderheiten verzeichnen konnte. Dies gilt insbesondere für das wachsende Segment der *Hispanics*. Eine große Mehrheit dieser Gruppe vertritt die Ansicht, dass ein aktiver Staat, der mit einem umfas-

308 Vgl. Krogstad, Jens Manuel u. a. (2023): Key facts about U.S. Latinos for National Hispanic Heritage Month. In: Pew Research Center, 22. September.

senden Wohlfahrtsstaat seine Bürger vor Armut sichert gegenüber dem Konzept des *Small Government* zu bevorzugen sei. 2011 beantworteten beispielsweise 48 Prozent aller Einwohner der USA, dass sie eher einen straffen Staat („smaller government") mit einem kleineren Aufgabenfeld bevorzugen würden. Nur 41 Prozent sprachen sich hingegen für einen aktiveren Akteur auf staatlicher Ebene aus. *Hispanics* positionierten sich jedoch klar auf der linken Seite: 75 Prozent präferierten „Bigger Government", d. h. mehr Staatstätigkeiten.[309] In dieser grundsätzlichen ökonomischen Frage offenbart sich eine Kluft zwischen *Hispanics* und Republikanern, die nur schwer zu überbrücken sein wird. Drei Viertel letzterer bevorzugen einen kleineren Regierungsapparat.[310] Auch andere Studien spiegeln diese ideologischen Differenzen wider. Entsprechend einer „Ökonomischen Orientierungsskala" des *Public Religion Research Institute* galten 2013 39 Prozent aller *Hispanics* als wirtschaftlich progressiv und nur 7 Prozent als wirtschaftlich konservativ. Unter Republikanern lag letzterer Wert hingegen bei 55 Prozent.[311]

Insbesondere bei einem der wichtigsten politischen Themen der 2010er – dem amerikanischen Gesundheitssystem – wird diese Lücke ebenfalls ersichtlich. Während 85 Prozent aller *Hispanics* die Ansicht vertreten, dass es Aufgabe des Staates ist, seine Bürger mit Gesundheitsleistungen zu versorgen, teilen nur 20 Prozent aller Republikaner diese Ansicht.[312] In den Zwischenwahlen 2018 besaß dieser Sachverhalt für *Hispanics* zudem eine größere Bedeutung als Themen wie Migration oder Löhne.[313]

Die Republikanische Partei hat diese demographischen Herausforderungen durchaus erkannt. Nach der Niederlage Mitt Romneys veröffentlichte die Partei im Frühjahr 2013 einen Bericht, der durchaus schonungslos die Defizite der Partei im Bereich des *Minority Outreach* aufzeigte. Entsprechen der Analyse antworteten Teilnehmer mit einem Latino-Migrationshintergrund, dass Republikaner schon mit ihrer migrationspolitischen Rhetorik

309 Vgl. Taylor, Paul u. a. (2012): When Labels Don't Fit: Hispanics and Their Views of Identity. In: Pew Research Center, 4. April. Unterkapitel: Politics, Values and Religion.

310 Vgl. Pew Research Center (2017): With Budget Debate Looming, Growing Share of Public Prefers Bigger Government. 24. April, S. 8.

311 Vgl. Jones, Robert P. u. a. (2013): Do Americans Believe Capitalism & Government are Working? In: Public Religion Research Institute/Brookings Institution, 18. Juli, S. 29.

312 Für Daten bezüglich Hispanics, vgl. Bialik, Kristen (2017): More Americans say government should ensure health care coverage. In: Pew Research Center Fact Tank, 13. Januar. Für Republikaner, vgl. Dunn, Amina (2019): Democrats differ over best way to provide health coverage for all Americans. In: Pew Research Center Fact Tank, 26. Juli.

313 Vgl. Latino Decisions (2018): American Election Eve Poll 2018 – Latino Voters, S. 1.

allein viele Brücken zur *Hispanic Community* zerstören. Ebenso wurde die Positionierung der Partei beim Thema Migration als „Lackmustest“ gesehen, der Latino-Wählern aufzeigt, inwiefern die Partei sie willkommen heißt.[314] Dass nur drei Jahre nach der Veröffentlichung des Berichts ein Kandidat die Präsidentschaftskandidatur der Partei eroberte, der Migranten aus Lateinamerika als Gefahr und Speerspitze einer „Invasion“ porträtierte, weist auch auf die entstandene Kluft zwischen Teilen des republikanischen Establishments und der Kernwählerschaft der Partei, sowie einer gewissen Ohnmacht ersterer hin.

Schon heute lässt sich erkennen, dass die Demokraten hingegen die Zusammensetzung des „neuen“ Amerikas deutlich besser widerspiegeln (→ Tabelle 6). Die Entwicklung der demographischen Zusammensetzung der beiden Parteien innerhalb eines Vierteljahrhunderts veranschaulicht die Kluft zwischen den Republikanern und der generellen Wählerschaft besonders prägnant.

	1992			2016		
	Gesamt	REP	DEM	Gesamt	REP	DEM
Weiß	84	93	76	70	86	57
Schwarz	10	2	17	12	2	21
Hispanic	5	3	6	9	6	12

Tab. 6: Zusammensetzung der amerikanischen Wählerschaft, 1992 und 2016. | Quelle: Pew Research Center (2016): The Parties on the Eve of the 2016 Election, S. 1

Während sich der Anteil der weißen Wähler in der Gesamtwählerschaft zwischen 1992 und 2016 um 17 Prozent und unter Demokraten gar um 25 Prozent verringerte, sank der Anteil weißer Amerikaner innerhalb der republikanischen Wählerschaft um nur acht Prozent. Dies bedeutet, dass schon heute in der amerikanischen Politik die ethnische Zugehörigkeit eine der ausgeprägtsten Konfliktlinien ist. Waren Anfang der 1990er-Jahre beide Parteien noch von weißen Wählern geprägt, war zum Zeitpunkt der Präsidentschaftswahl 2016 bereits nur noch etwas mehr als die Hälfte aller Demokraten weiß.

314 Vgl. Republican Party (2013), S. 15.

Eine nähere Betrachtung der Präsidentschaftswahlen zeichnet ein ähnliches Bild der ethnischen Kluft innerhalb der Wählerschaft. Minderheiten repräsentierten in der Präsidentschaftswahl 1976 15 Prozent aller demokratischen sowie 4 Prozent aller republikanischen Wählerinnen und Wähler. Zwei Jahrzehnte später lagen die jeweiligen Werte bei 25 und 7 Prozent, zwei weitere Jahrzehnte danach bei 45 und 10 Prozent.[315]

Die für die Republikaner desaströsen Zwischenwahlen des Jahres 2018 zeigten ebenso auf, unter welchen Segmenten die heutige Republikanische Partei Verluste erleidet und welchen Einfluss dies auf die Mehrheitsverhältnisse im Land hat und haben wird. Auch wenn die Republikanische Partei im Senat in der Lage war dank eines vorteilhaften Umfeldes ihre Mehrheit 2018 auszubauen,[316] so muss das Ergebnis im Repräsentantenhaus als desaströs bezeichnet werden. Die Demokraten konnten 41 Wahlkreise im Vergleich zur Wahl 2016 erobern, ihr größter Zugewinn seit 1974. Ihr Vorsprung von 8,6 Prozentpunkten stellte ebenso den größten Sieg einer Partei dar, die eine Wahl zum Repräsentantenhaus als Minderheitenpartei bestritt (seit dem Beginn der Aufzeichnung der „Popular Vote“ in der Wahl 1942).[317]

Eine zentrale Erklärung für diese „Blaue Welle“ der Demokraten lässt sich in der Zusammensetzung der Wählerschaft der *Midterms* und den Verlusten der Republikaner in bestimmten Gruppierungen finden. Besonders stark stellt sich der Einbruch der Republikaner zwischen den *Midterms* 2014 und 2018 unter jungen und gebildeten Wählerinnen und Wählern dar. Gab es entsprechend des *Exit Poll* zur Wahl des Repräsentantenhauses 2014 noch einen Vorsprung von drei Prozentpunkten für Republikanische Kandidaten unter Wählern mit Universitätsabschluss, so gewannen die Demokraten dieses wachsende Segment der Wählerschaft mit 20 Punkten in Donald Trumps erster Zwischenwahl. Unter den republikanischen elektoralen Eckpfeilern – den konservativen Christen und weißen Wählerinnen und Wählern ohne Universitätsabschluss – waren die Zugewinne hingegen überschaubar. In Anbetracht der eben aufgezeigten demographischen Veränderung des Landes können Demokraten ihren Rückstand unter diesen Wählern jedoch verschmerzen.

315 Vgl. Abramowitz (2018), S. 126.

316 Die Demokraten mussten 2018 im Senat fast drei Mal so viele Sitze verteidigen wie ihre republikanischen Gegner.

317 Vgl. Enten, Harry (2018): Latest House results confirm 2018 wasn't a blue wave. It was a blue tsunami. In: CNN, 6. Dezember.

	2014	2016	2018	Veränderung 2014–18
18–29-Jährige	11	19	35	+24
Hispanic	26	38	40	+14
weiße Frauen	-14	-10	0	+14
mit Universitätsabschluss	-3	10	20	+23
Einkommen unter $100.000	0	4	14	+14
Evangelikale Christen	-58	-64	-53	+5
Weiße ohne Universitätsabschluss	-30	-37	-24	+6

Tab. 7: Vorsprung der Demokratischen Partei unter ausgewählten Wählergruppen (in Prozentpunkten). | Quelle: CNN Exit Polls

Einerseits lassen sich diese Verluste durch verändertere parteipolitische Präferenzen von Wählern, die an beiden Zwischenwahlen teilnahmen, erklären. Wichtiger mag jedoch die Mobilisierung von zusätzlichen Wählern in den Segmenten der jungen Wählerschaft und ethnischen Minderheiten gewesen sein, die beide traditionell in Zwischenwahlen in deutlich geringeren Zahlen teilnehmen als in Präsidentschaftswahlen. Dieses Merkmal amerikanischer Wahlen galt jedoch 2018 nicht. Während die Wahlbeteiligung 2018 im Vergleich zu den vorherigen Zwischenwahlen um 27 Prozent anstieg, lag diese Steigerung bei 18–29-Jährigen bei 79 Prozent (von 19,9 auf 35,6 Prozent). Unter *Hispanics* ließ sich ein Anstieg vom 50 Prozent verzeichnen (von 27,0 auf 40,4 Prozent).[318] Nahmen 2014 weniger als sieben Millionen *Hispanics* an den Zwischenwahlen teil, so lag diese Zahl vier Jahre später bei fast zwölf Millionen.[319] Dies hatte zur Folge, dass die republikanische Kernwählerschaft der weißen Wähler 2018 einen historischen Tiefststand bezüglich ihres Anteils innerhalb der allgemeinen Wählerschaft vorwies.

318 Vgl. Misra, Jordan (2019): Voter Turnout Rates Among all Voting age and Major Racial and Ethnic Groups Were Higher Than in 2014. In: United States Census Bureau, 23. April.

319 Vgl. Krogstad, Jens Manuel u. a. (2019): Historic highs in 2018 voter turnout extended across racial and ethnic groups. In: Pew Research Fact Tank, 1. Mai.

Waren in den 2014-*Midterms* noch 76,2 Prozent aller Wähler *non-Hispanic Whites*, lag dieser Anteil vier Jahre später bei weniger als 73 Prozent.[320]

4.1.2 Republikanische Defizite in weiteren wachsenden Segmenten der US-Bevölkerung

Nicht nur die ethnische Transformation des Landes stellt eine große Herausforderung für die Republikanische Partei dar. Wie bereits in → Kapitel 3.5 erläutert wurde, ist die Republikanische Partei heute die Partei der weißen Wähler ohne Hochschulabschluss. Auf der anderen Seite stellen Amerikaner mit Hochschulabschluss heute einen der Eckpfeiler der Demokratischen Partei dar. Diese Entwicklung hat sich jedoch auch erst in den letzten beiden Jahrzehnten herauskristallisiert, wie → Tabelle 8 aufzeigt. 1994 genoss die Republikanischen Partei noch unter Amerikanern, die einen vierjährigen Hochschulabschluss (zumeist ein *Bachelor's Degree*) vorweisen konnten, einen komfortablen Vorsprung von 15 Prozentpunkten. Selbst unter Personen, die danach ihre akademische Laufbahn fortsetzten, lagen Republikaner und Demokraten Mitte der 1990er-Jahre gleichauf. Fast ein Vierteljahrhundert später sind die besser gebildeten Schichten jedoch fest in demokratischer Hand.

	1994		2017	
	DEM	REP	DEM	REP
Hochschulabschluss ohne Aufbaustudium	39	54	54	39
Hochschulabschluss mit Aufbaustudium	47	45	63	31

Tab. 8: Parteipräferenzen von Hochschulabsolventen, 1994 und 2017 (in Prozent). | Quelle: Pew Research Center (2018): Wide Gender Gap, S. 10

Auch hier befindet sich die Republikanische Partei in einem Rennen gegen die Zeit. Allein zwischen 2000 und 2018 wuchs der Anteil der über 24-Jährigen in den USA, die mindestens einen Bachelorabschluss vorweisen

320 Eigene Berechnungen auf der Basis von Daten des United States Census Bureau (2019: Voting and Registration).

konnten, von 25,6 auf 35 Prozent an. Der Anteil mit einem Masterabschluss oder einer Promotion stieg im selben Zeitraum von 8,6 auf 13,1 Prozent an.[321] Dies hat natürlich auch Auswirkungen auf die Zusammensetzung der Wählerschaft. Waren bei der Wiederwahl George W. Bushs 2004 noch 58 Prozent aller Wählerinnen und Wähler des Landes ohne Hochschulabschluss (ein Segment, das Bush mit sechs Prozentpunkten Vorsprung gewann)[322], so hielten sich in der Präsidentschaftswahl 2016 die Wähler mit und ohne Hochschulabschluss die Waage. Wähler mit Hochschulabschluss konnte Hillary Clinton mit einem Vorsprung von zehn Prozentpunkten für sich gewinnen.[323] Mit jeder Wahl wird die Wählerschaft des Landes einen besseren Bildungsgrad vorweisen, der dementsprechend eine für die Demokratische Partei günstigerer Ausgangsposition mit sich bringt.

Die historische Herausforderung des demographischen Wandels, der die Republikanische Partei in das elektorale Nirvana senden könnte, lässt sich insbesondere am Wertewandel der verschiedenen Generationen des Landes ablesen, die ihrerseits die bereits erwähnten Veränderungen innerhalb der Wählerschaft bezüglich Ethnie, Bildung aber auch Religiosität (siehe nächstes → Kapitel) widerspiegeln. Millennials (geboren zwischen 1981 und 1996) stehen insbesondere bezüglich ihrer gesellschaftspolitischen Werte oft erheblich weiter links als die amerikanischen Vorgängergenerationen.[324] 47 Prozent aller Millennials äußerten 2019 beispielsweise die Ansicht, dass die Einführung der gleichgeschlechtlichen Ehe eine gute Sache für die Gesellschaft sei. Wie → Tabelle 9 aufzeigt, waren diese Werte in den älteren Generationen deutlich geringer. Eine ebenso große Kluft ließ sich bei der insbesondere in der Trump-Ära enorm relevanten Frage finden, ob Migranten eine Bereicherung für das Land darstellen.

321 Vgl. United States Census Bureau (2019): CPS Historical Time Series Tables, Table A-4: Detailed Years of School Completed by People 25 Years and Over: 2000 to 2018.

322 Insgesamt gewann George W. Bush seine Wiederwahl mit einem Vorsprung von zweieinhalb Prozentpunkten. Bei Wählerinnen und Wählern mit Hochschulabschluss lagen George W. Bush und sein demokratischer Kontrahent John Kerry gleichauf.

323 Daten aus *Exit Polls* von CNN.

324 Generation X (geboren zwischen 1965 und 1980), Baby Boomer (geboren zwischen 1946 und 1964), sowie die Silent Generation (geboren zwischen 1928 und 1945).

	Millennials	Generation X	Baby Boomer	Silent Generation
gleichgeschlechtliche Ehe gut für die Gesellschaft	47	33	27	18
Einwanderer stärken unser Land	79	66	56	47
Abtreibung sollten meistens/immer legal sein	62	59	53	48

Tab. 9: Ansichten zu verschiedenen relevanten gesellschaftspolitischen Themen (Zustimmung in Prozent). | Quelle: Frage 1: Parker, Kim u. a. (2019): Generation Z Looks a Lot Like Millennials on Key Social and Political Issues. In: Pew Research Center, 17. Januar, S. 11. Fragen 2 und 3: Pew Research Center (2018): The Generation Gap in American Politics. 1. März, S. 28 und 30

Die Generationskluft lässt sich auch in wirtschaftspolitischen Themen vorfinden. Wie bereits erwähnt, wird in den USA die grundsätzliche Einstellung zur Rolle des Staates und seinem Aufgabengebiet gerne anhand der Frage gemessen, ob „big“ oder „small government“ präferiert wird. Millennials vertreten in diesem Bereich ebenso linksliberalere Werte als ältere Wählerinnen und Wähler, die einen starken oder aktiven Staat mehrheitlich ablehnen (⟶ Abbildung 5).

Hier verläuft die vielleicht entscheidende Trennlinie zwischen jungen Amerikanern und der Republikanischen Partei des 21. Jahrhunderts. Erstere sehen den Staatsapparat als Akteur, der Land und Gesellschaft zum Besseren verändern kann. Letztere betrachten *Government* hingegen als Gegner, der dem Bürger unnütze Vorschriften oktroyiert, eine feindselige gesellschaftspolitische Agenda verfolgt und somit in allen erdenklichen Bereichen klein gehalten werden muss – eine Sichtweise, die in den letzten Jahrzehnten im konservativen Lager eine noch stärkere Ausbreitung erreicht hat. Sahen 1996 22 Prozent aller Republikaner den föderalen Regierungsapparat als „Feind“, lag dieser Wert zwei Jahrzehnte später bei 35 Prozent.[325]

325 Vgl. Pew Research Center (2015): Beyond Distrust: How Americans View Their Government. 23. November, S. 34.

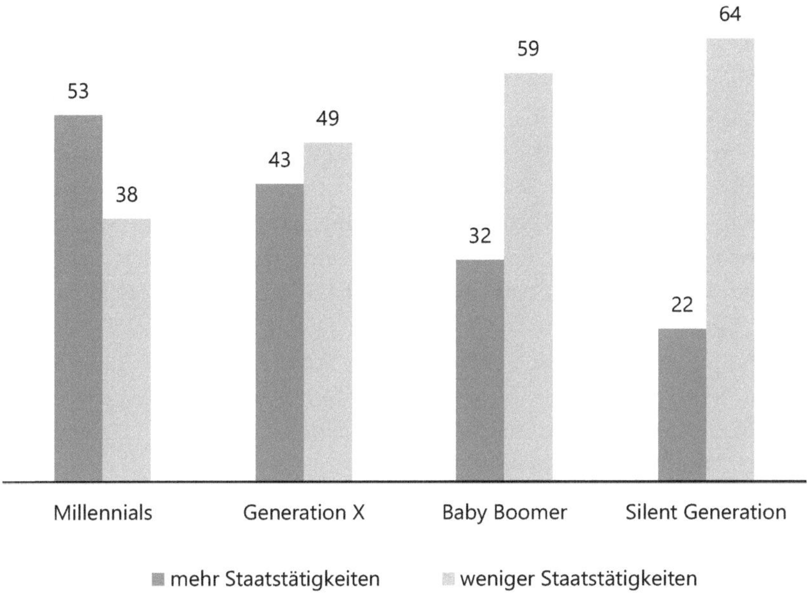

Abb. 5: Präferenzen verschiedener Generationen zum Ausmaß der Staatstätigkeiten (in Prozent). | Quelle: Pew Research Center (2014): Millennials in Adulthood: Detached from Institutions, Networked with Friends. 7. März, S. 35

In Anbetracht dieser Präferenzen überrascht es kaum, dass nur wenige Millennials die Republikanische Partei als ihre politische Heimat betrachten. 2016 gaben 54 Prozent aller Millennials an, sich als Demokraten zu identifizieren. Nur 33 Prozent sahen sich hingegen als Republikaner. Wie → Tabelle 10 aufzeigt, lagen die republikanischen Werte bei den älteren Generationen deutlich höher.

	Millennials	Generation X	Baby Boomer	Silent Generation
Demokraten	54	48	44	41
Republikaner	33	37	44	48

Tab. 10: Parteiidentifikation unter verschiedenen Generationen, 2016 (in Prozent). | Quelle: Maniam, Shiva/Samantha Smith (2017): A wider partisan and ideological gap between younger, older generations. In: Pew Research Center Fact Tank, 20. März

Anhand dieser Statistiken lassen sich die negativen Konsequenzen des republikanischen Kurses des letzten halben Jahrhunderts gut ablesen. Eine allgemein moderatere Positionierung der Partei bei den Themen der gleichgeschlechtlichen Ehe oder des Schwangerschaftsabbruchs ist nur schwer möglich, da christlich-konservative Wähler (trotz der im nächsten → Kapitel aufgezeigten Säkularisierung des Landes) weiterhin einen beträchtlichen Teil der republikanischen Stammwählerschaft ausmachen. Die nativistische Kernwählerschaft, die Donald Trumps Sieg in den republikanischen Vorwahlen ermöglichte, genießt nur ein geringes Ausmaß an ideologischen Gemeinsamkeiten mit Millennials. Die elektorale Herausforderung für Republikaner lässt sich auch daran erkennen, dass Millennials 2019 zur bevölkerungsreichsten Generation der Vereinigten Staaten wurden: Mit einer Größe von 73 Millionen überholten sie (auch dank der Einwanderung jüngerer Migranten) die Baby Boomer.[326]

Wie folgend noch aufgezeigt wird, stellt diese linksliberale Sichtweise junger Amerikaner keine Reflektion einer vergleichbaren ideologischen Positionierung vorheriger Generationen in einem ähnlichen Alter dar. Millennials stehen deutlich weiter links als andere Kohorten zu ähnlichen Zeitpunkten ihres Lebens. Besorgniserregend für die Republikaner sind auch die Entwicklungen bezüglich der ideologischen Präferenzen der jüngsten Generation (die nunmehr das Label „Generation Z" erhalten hat und nach 1996 geboren wurde). In ihren gesellschaftspolitischen Positionen lässt sich hier teilweise noch ein größeres Ausmaß an progressiven Werten als bei Millennials vorfinden. Unter Mitgliedern der Generation Z sind beispielsweise 70 Prozent der Ansicht, der Staat solle mehr tun, um Probleme und Herausforderungen zu lösen (ein Wert, der bei 64 Prozent unter Millennials liegt).[327] Zum Vergleich: nur ein Viertel aller Republikaner vertritt ebenso diese Ansicht während zwei Drittel aller Demokraten sich ihrerseits für einen aktiveren Staat aussprechen.[328]

Ein weiteres Thema, dessen Relevanz in Zukunft nur ansteigen wird und bei dem sich eine enorme ideologische Lücke zwischen Republikanern und den jüngsten Wählerinnen und Wählern des Landes erkennen lässt, ist der Klimawandel. Von Donald Trump als chinesische Erfindung bezeichnet,

---

326 Vgl. Fry, Richard (2018): Millennials projected to overtake Baby Boomers as America's largest generation. In: Pew Research Center Fact Tank, 1. März.

327 Vgl. Parker/Graf/Igielnik (2019), S. 2.

328 Vgl. Pew Research Center (2015): Beyond Distrust, S. 39.

die das Ziel verfolge, die amerikanische Industrie in Ketten zu legen,[329] steht die Republikanische Partei in dieser Frage generell am skeptischen Rand. Während zwei Drittel aller Demokraten im Frühjahr 2019 die Ansicht vertraten, der neu zusammengekommene Kongress solle die Erderwärmung als eine seiner wichtigsten Prioritäten betrachten, sahen nur 21 Prozent aller Republikaner dieses Thema als bedeutsam an.[330] Insgesamt haben sich trotz der klimatischen Entwicklungen der letzten Jahre sowie der wachsenden Beweislage der Erderwärmung die republikanischen Positionen radikalisiert. Im Jahr 2000 äußerten 29 Prozent aller Republikaner und 46 Prozent aller Demokraten, sie wären über den Klimawandel besorgt. 2023 standen die entsprechenden Werte bei 8 und 65 Prozent.[331] Auf die Frage, ob der Umweltschutz Priorität gegenüber wirtschaftlichem Wachstum erhalten sollte, gab es bis in die 1990er-Jahre fast keinen Unterschied zwischen Demokraten und Republikanern – in beiden Lagern sprachen sich große Mehrheiten von 60 bis 70 Prozent für eine grünere Politik aus. 2023 forderten knapp 80 Prozent der Demokraten aber nur noch 20 Prozent der Republikaner den Primat der Klimapolitik.[332] Zwischen jungen Amerikanern und dem konservativen Kern der Republikanischen Partei herrscht dementsprechend auch Uneinigkeit über die Gründe hinter den steigenden Temperaturen. Während 54 Prozent aller Mitglieder der Generation Z und 56 Prozent aller Millennials die Ansicht vertreten, der Mensch trage die Verantwortung für die Erderwärmung, teilen nur 18 Prozent aller konservativen Republikaner diese Ansicht. 36 Prozent sehen hingegen keine handfesten Beweise, dass sich das Klima überhaupt verändert.[333]

Besteht für die Republikaner Hoffnung auf eine zukünftige grundlegende Kehrtwende der Ansichten und Parteipräferenzen junger Amerikaner? Es ist eine durchaus populäre Ansicht zu meinen, mit erhöhtem Alter steige auch die Tendenz sich konservativen Werten zuzuneigen. Sicherlich ist es wenig überraschend, dass ein mit steigendem Alter assoziiertes höheres

---

329 So Trump im November 2012 auf Twitter: „The concept of global warming was created by and for the Chinese in order to make U.S. manufacturing non-competitive."

330 Vgl. Pew Research Center (2019): Public's 2019 Priorities: Economy, Health Care, Education and Security All Near Top of List. 24. Januar, S. 3.

331 Vgl. Saad, Lydia (2023): A Steady Six in 10 Say Global Warming's Effects Have Begun. In: Gallup, 20. April.

332 Vgl. Jones, Jeffrey M. (2023): Record Party Gap on Environment-Economic Growth Tradeoff. In: Gallup, 13. April.

333 Vgl. Parker/Graf/Igielnik (2019), S. 7; Pew Research Center (2018): Majorities see Government Efforts to Protect the Environment as Insufficient. 14. Mai, S. 11.

Einkommen mit einer gewissen Adjustierung der parteipolitischen Sympathien einhergeht. Doch zeigt die wissenschaftliche Literatur vielmehr auf, dass die politischen Ansichten, die in jungen Jahren geformt werden, die meisten Menschen durch ihr Leben begleiten. So lässt sich in den USA eine enorme Relevanz des generellen politischen Umfelds zum Zeitpunkt der ersten politischen Aktivität (beispielsweise der ersten Teilnahme an einer Wahl) bezüglich der lebenslangen politischen Neigungen vorfinden (in der Sozialwissenschaft als „impressionable years hypothesis“ bekannt). Amerikaner, die ihren 18. Geburtstag während der gemeinhin als erfolgreich betrachteten Reagan-Präsidentschaft feierten, sind heute republikanischer als die Gesamtwählerschaft. Bis in die 1990er-Jahre waren die ältesten Amerikaner zudem auch oft die Alterskohorte mit der demokratischsten Neigung, ein Merkmal, das sich durch ihr Aufwachsen in der Franklin D. Roosevelt-Präsidentschaft der 1930er- und 40er-Jahre erklären lässt.[334] In den jüngsten Wahlen war diese Altersgruppe hingegen treu im republikanischen Lager (Donald Trump gewann 2016 Amerikaner mit einem Alter von mindestens 65 Jahren mit einem Vorsprung von sieben Prozentpunkten).

Natürlich existiert keine Regel ohne Ausnahme und gewisse Schwankungen bezüglich dieser Präferenzen lassen sich durchaus vorfinden. Doch selbst wenn die These des steigenden Konservatismus im Alter die Realität akkurat widerspiegeln würde, sehen sich republikanische Strategen mit der Herausforderung konfrontiert, dass junge Amerikaner heutzutage deutlich progressivere Werte besitzen als vorherige Generationen in einem ähnlichen Lebensabschnitt. Während 55 Prozent aller „Generation X“-Amerikaner Mitte der 1990er-Jahre die Ansicht vertraten, der Staatsapparat sei meist verschwenderisch und agiere ineffizient, waren nur 42 Prozent aller Millennials in einer Umfrage im Jahre 2010 derselben Ansicht.[335] Mit anderen Worten, selbst wenn es in Zukunft eine uniforme Bewegung in Richtung konservativerer Werte unter Millennials gäbe, würde die Gesamtwählerschaft trotzdem aufgrund des Ausscheidens der konservativen älteren Wähler insgesamt eine progressivere Politik bevorzugen – nicht zuletzt da die nachrückende „Generation Z“ von der unpopulären Vorgehensweise Donald Trumps nachhaltig davon abgehalten werden könnte, ihr Kreuz in zukünftigen

334 Vgl. Motel, Seth (2013): JFK torchbearers now vote more Republican. In: Pew Research Center Fact Tank, 21. November.

335 Vgl. Pew Research Center (2010): Millennials: Confident. Connected. Open to Change. 24. Februar, S. 72.

Jahren – wenn nicht gar Jahrzehnten – bei der Republikanischen Partei zu setzen.

Es lässt sich also konstatieren, dass Amerikas politische Mehrheiten durch die Veränderung der Zusammensetzung der Wählerschaft auf fundamentale Weise beeinflusst werden. Gruppen, die in der Vergangenheit den politischen Kurs des Landes bestimmt haben, müssen nunmehr erkennen, dass ihre politischen Wünsche und Ansichten von einem immer kleineren Anteil der Bevölkerung unterstützt werden. Diese demographische Transformation des Landes in Verbindung mit den Präferenzen der stetig wachsenden Wählerschaft der (überproportional jungen) ethnischen Minderheiten, führt zu beträchtlichen Statusängsten innerhalb der republikanischen Basis, die – wie bereits in → Kapitel 3.4 beschrieben – die Wahl Donald Trumps in vielerlei Hinsicht erst ermöglichte.

Diese Entwicklung mag selbst manche Wissenschaftler überrascht haben. Vor ungefähr anderthalb Jahrzehnten vertrat die amerikanische Politikwissenschaft noch oft die Ansicht, *Whiteness*, beziehungsweise die eigene weiße Identität, spiele innerhalb der weißen Wählerschaft des Landes nur eine untergeordnete Rolle. Der Grund dafür ließ sich in der Dominanz dieser Bevölkerungsgruppe in fast allen sozialen Bereichen des Landes finden.[336] Nationale Wahlen konnten nur schwer gegen den Willen weißer Wähler entschieden werden. Zwar verloren auch Jimmy Carter und Bill Clinton das Segment der weißen Wählerinnen und Wähler, doch lag der Rückstand jeweils im niedrigen einstelligen Bereich. Dies hat sich jedoch spätestens mit der Präsidentschaftswahl 2008 grundlegend geändert. Zum ersten Mal in der Geschichte des Landes war ein Kandidat in der Lage, die weiße Wählerschaft mit einem zweistelligen Rückstand zu verlieren während der Einzug in das Weiße Haus trotzdem ermöglich wurde. Trotz der ökonomischen Krise des Jahres 2008, konnte der Republikaner John McCain weiße Wähler mit einem Vorsprung von zwölf Prozentpunkten gewinnen; vier Jahre später lag der republikanische Vorteil hier gar bei 20 Prozentpunkten. Auch Hillary Clinton verlor weiße Wähler mit einem Rückstand von 20 Prozentpunkten und war trotzdem in der Lage, die *Popular Vote* mit 2,1 Prozentpunkten zu gewinnen. Zum Vergleich: Jimmy Carter wies vier Jahrzehnte zuvor denselben landesweiten Vorsprung in der *Popular Vote* vor, musste dafür

336 Vgl. Sears, David O./Victoria Savalei (2006): The Political Color Line in America: Many „Peoples of Color" or Black Exceptionalism? In: Political Psychology 27 (6), S. 901.

aber noch 48 Prozent aller weißen Wählerinnen und Wähler auf seine Seite bringen.[337]

Im Aspekt der ethnischen Diversität lässt sich eine Konfliktlinie erkennen, die möglicherweise in zukünftigen Jahren die amerikanische Politik definieren wird. Während (und auch dank) der Trump-Präsidentschaft hat sich innerhalb der republikanischen Wählerschaft die Sichtweise zementiert, dass weiße Amerikaner nunmehr diskriminiert werden. Stimmten im Sommer 2017 63 Prozent aller Republikaner der Behauptung zu, dass Weiße im Land „under attack" wären, so lag dieser Anteil ein Jahr später bei 71 Prozent.[338] Problematisch für die amerikanische Demokratie ist nicht zuletzt, dass sich in diesen Fragen eine breite Kluft zwischen Republikanern und Demokraten aufgetan hat, die ihrerseits in Fragen bezüglich des Themas *Race* in den letzten Jahren deutlich stärker die Ansicht vertreten, dass nicht die weiße Mehrheit sondern die ethnischen Minderheiten das Landes benachteiligt werden. Offengelegt wurde die Spaltung bei dieser Frage nicht zuletzt durch die Demonstrationen nach dem Tod George Floyds im Sommer 2020. Nach einer anfänglichen Konvergenz hinsichtlich der Ansichten zu den Forderungen der „Black Lives Matter"-Bewegung zwischen beiden Parteien, wuchs innerhalb des republikanischen Lagers schnell die Opposition zu *BLM*. Positionieren sich nach der Tötung Floyds durch einen Polizeibeamten nur noch weniger als 60 Prozent aller Republikaner kritisch gegenüber Black Lives Matter, so stand dieser Wert weniger als ein halbes Jahr später bereits wieder bei 85 Prozent und somit höher als zu irgendeinem Zeitpunkt in den vorangegangenen zwei Jahren.[339]

Insgesamt zeigt eine Vielzahl an Statistiken die divergierenden Standpunkte bezüglich des Themas der Vielfalt sowie der Vorteile einer multiethnischen Demokratie auf (⟶ Tabelle 11). Nicht zuletzt auch aufgrund der parteipolitischen und ideologischen Präferenzen von nicht-weißen Wähler überrascht es nicht, dass Demokraten die demographische Entwicklung des Landes in Richtung *Majority-Minority* in einem weitaus positiveren Licht als ihre republikanischen Pendants sehen.

337 Für die diesbezüglichen Daten, vgl. Roper Center for Public Opinion Research (2021).

338 Daten von Erhebungen aus zwei Studien von Reuters, Ipsos und dem Center for Politics der University of Virginia. Siehe Reuters u. a. „Race Poll" im Literaturverzeichnis.

339 Vgl. Civiqs (2022): Do you support or oppose the Black Lives Matter movement?

	Republikaner	Demokraten	alle Amerikaner
Es muss mehr für die Gleichstellung von Schwarzen und Weißen getan werden.	29	85	59
Dem Thema „Race" wird heute zu viel Aufmerksamkeit geschenkt.	75	21	41
Dass 2050 eine Mehrheit aller Amerikaner Teil einer ethnischen Minderheit sein wird, ist gut.	16	50	35
Es ist sehr gut für die USA, dass das Land aus Menschen verschiedener Ethnien und Rassen zusammengesetzt ist.	39	71	57
Es stört mich, wenn Menschen im öffentlichen Raum nicht Englisch sprechen.	47*	18*	27
* Nur weiße Republikaner und Demokraten befragt.			

Tab. 11: Zustimmung zu verschiedenen Fragen der ethnischen Diversität des Landes (in Prozent). | Quellen: Frage 1: Pew Research Center (2018): 2018 Midterm Voters: Issues and Political Values. 4. Oktober, S. 2; Frage 2: Horowitz, Juliana Menasce u. a. (2019): Race in America 2019. In: Pew Research Center, 9. April, S. 23; Frage 3: Parker, Kim u. a. (2019): Looking to the Future, Public Sees an America in Decline on Many Fronts. In: Pew Research Center, 21. März, S. 36; Fragen 4 und 5: Horowitz, Juliana Menasce (2019): Americans See Advantages and Challenges in Country's Growing Racial and Ethnic Diversity. In Pew Research Center, 8. Mai, S. 5 und 15

Wie die Zukunft der Republikanischen Partei aussehen könnte, lässt sich an den Entwicklungen des bevölkerungsreichsten amerikanischen Einzelstaats, Kalifornien, erkennen. In vielerlei Hinsicht scheinen Trends, die sich am Pazifik offenbaren, zeitversetzt auf nationaler Ebene zu entfalten. Für Jahrzehnte war der *Golden State* in Präsidentschaftswahlen ein sicherer Ort für republikanische Kandidaten – nicht zuletzt lässt sich hier auch die politische Heimat Richard Nixons und Ronald Reagans finden. In den zehn

Präsidentschaftswahlen zwischen 1952 und 1988 konnte ein demokratischer Kandidat nur ein einziges Mal Kalifornien für sich entscheiden. Seit 1992 ist der Einzelstaat jedoch fest in demokratischer Hand. Mit 30 Prozentpunkten Vorsprung errang Hillary Clinton hier hinter Washington, D.C. und Hawaii ihr stärkstes Ergebnis. Die Gründe hinter dieser Transformation lassen sich an Entwicklungen innerhalb der lokalen Republikanischen Partei erkennen, die in den frühen 1990er-Jahren einen nativistischen Kurswechsel umsetzte. Federführend war hier der republikanische Gouverneur Pete Wilson, der 1994 mit *Proposition 187* einen plebiszitären Vorstoß unterstützte, der verschiedene Maßnahmen gegen irreguläre Migration vorsah; beispielsweise das Verbot des Besuchs von öffentlichen Schulen für Kinder ohne legalen Aufenthaltsstatus. Auch wenn fast 60 Prozent aller Wähler die Initiative in einem Volksentscheid unterstützten, sollten sich die Folgen dieser Positionierung für die Republikaner Kaliforniens als katastrophal herausstellen. Dies ist auch auf die demographische Entwicklung Kaliforniens zurückzuführen. Stellten *Hispanics* 1990 25,8 Prozent der Bevölkerung Kaliforniens, so lag dieser Anteil 2018 bei fast 40 Prozent.[340]

Unter diesen Wählern führte der republikanische Kurs der 1990er-Jahre zu erheblichen Einbußen. Konnten Republikaner in den späten 1980er-Jahren gar noch Zugewinne unter den dortigen *Hispanics* feiern,[341] so stellten *Proposition 187* und andere einwanderungskritische republikanische Schritte ein Mobilisierungsprogramm für die Demokraten dar, das sie sich in ihren kühnsten Träumen nicht hätten ausmalen können. *Hispanics*, die sich in den in den späten 1990er-Jahren als Wähler in Kalifornien registrierten, präferierten die Demokratische Partei mit einem Wert von sechs zu eins.[342] Somit wurden die lateinamerikanisch-stämmigen Wähler Kaliforniens auch zu einer festen Bank demokratischer Kandidaten. Lag der Stimmenanteil der demokratischen Präsidentschaftskandidaten 1980 und 1984 unter den kalifornischen *Hispanics* bei jeweils 60 und 55 Prozent, so erreichte dieser

340 Daten des United States Census Bureau. Vgl. Guzmán, Betsy (2001): The Hispanic Population – Census 2000 Brief, S. 4. United States Census Bureau (2018): QuickFacts California.

341 Vgl. Bowler, Shaun u. a. (2006): Earthquakes and Aftershocks: Race, Direct Democracy, and Partisan Change. In: American Journal of Political Science 50 (1), S. 146–159.

342 Vgl. Damore, David/Adrian Pantoja (2013): Anti-Immigrant Politics and Lessons for the GOP from California. In: Latino Decisions, S. 2.

Wert 2012 78 Prozent.[343] Der gleichzeitige Anstieg des Anteils von *Hispanics* an der Gesamtwählerschaft transformierte die demographische Zusammensetzung des Staats – und damit auch das politische Schicksal der dortigen Republikaner. Waren 1992 weniger als zehn Prozent aller registrierten kalifornischen Wähler *Hispanics*, so lag dieser Anteil im Jahr 2000 bei 14 Prozent und weitere zwölf Jahre später bei 26 Prozent.[344]

Die blaue Transformation Kaliforniens trug sich nicht nur auf Präsidentschaftsebene zu. In den Wahlen zum US-Repräsentantenhaus des Jahres 1994 konnten Republikaner 49 Prozent aller abgegebenen Stimmen in Kalifornien gewinnen und kontrollierten 50 Prozent aller Wahlkreise des Einzelstaats. Ein Vierteljahrhundert später sind die dortigen Republikaner jedoch zu einem größtenteils irrelevanten Akteur geworden. Nur noch zwölf der 52 kalifornischen Wahlkreise des US-Repräsentantenhauses konnte die Partei in den Zwischenwahlen 2022 für sich entscheiden. In der Landeshauptstadt Sacramento spielen Republikaner auch keine Rolle mehr. Im 40-köpfigen Landessenat kontrollierten die Demokraten nach den Wahlen 2022 32 Sitze; in der unteren Kammer der Landesversammlung waren zum selben Zeitpunkt 62 der 80 Abgeordneten Demokraten.[345]

Kalifornien ist natürlich nur ein Einzelbeispiel. Doch zeigte die Vergangenheit, dass politische Entwicklungen im Einzelstaat sich ungefähr anderthalb bis zwei Jahrzehnte später oft auch auf nationaler Ebene ereignen. Wandte sich in Kalifornien beispielsweise die dortige Republikanische Partei Mitte der 1990er dem radikalen Nativismus zu, so geschah dies 2009/10 mit der *Tea Party* auf nationaler Ebene.[346] Auch wenn sich in Washington, D.C. der Zustand der Republikaner momentan noch vergleichsweise erheblich besser präsentiert, wäre die Partei somit gut beraten, die politischen Entwicklungen des größten amerikanischen Einzelstaates in ihre zukünftigen Strategien mit einzubeziehen.

343 Vgl. Barreto, Matt (2013): The Prop 187 Effect: How the California GOP lost their way and implications for 2014 and beyond. In: Latino Decisions, 17. Oktober.

344 Vgl. Damore/Pantoja (2013), S. 14.

345 Daten von Ballotpedia zum California State Senate und California State Assembly.

346 Vgl. Leyden, Peter/Ruy Teixeira (2017): Why California Politics is Always 15 Years Ahead. In: Medium, 17. Oktober.

4.1.3 Die Säkularisierung des Landes

Wie dieses Buch aufgezeigt hat, hat die Allianz der Republikanischen Partei mit dem Süden des Landes erstere zum Verfechter christlich-konservativer Werte in fast alle relevanten politischen Fragen gemacht. Mag das Akronym *GOP* traditionell noch für „Grand Old Party" gestanden haben, so erscheint der Titel *God's Own Party* heute passender.[347] Diese Positionierung birgt für Republikaner verschiedene Probleme, bringt aber durchaus auch Vorteile mit sich. Der wichtigste liegt in der Mobilisierungsfähigkeit konservativer Protestanten. Ralph Reed, ehemaliger Vorsitzender der *Christian Coalition of American* (einer der wichtigsten christlich-konservativen Interessensgruppen des Landes) äußerte beispielsweise die Ansicht, dass die starke Mobilisierung des Wählerblocks der weißen Evangelikalen nicht zuletzt daher rührte, dass diese Gruppe immer am Wochenende vor dem Wahltag zusammenkommt.[348] Aber auch die unter weißen evangelikalen Protestanten vorgefundene hohe Wahlbeteiligung kann den demographischen Trends des Landes nur begrenzt entgegenwirken.

Wie überall in der westlichen Welt sehen wir auch in den Vereinigten Staaten einen Rückgang der Religiosität und damit einhergehend der Religionszugehörigkeit. Zusammengefasst unter der Kennzeichnung *Nones* beziehungsweise den *Religiously Unaffiliated*[349] steigt gerade in den letzten beiden Jahrzehnten die Zahl der Amerikaner, die sich als Teil dieser säkularen Gruppe sehen. Äußerten 1976 nur sieben Prozent aller Amerikaner, dass sie keiner bestimmten Religionsgruppe zugehörten, lag dieser Wert 1994 nur marginal höher bei neun Prozent. In den letzten anderthalb Jahrzehnten ist dieser Anteil jedoch sprunghaft angestiegen: Zwischen 2007 und 2022 verdoppelte er sich von 16 auf 31 Prozent.[350] Dies bedeutet, dass bezogen auf die Unterteilung der Bevölkerung anhand ihrer religiösen Identität nunmehr Amerikaner ohne spezifische religiöse Zugehörigkeit das größte Segment darstellen (wenn Protestanten in evangelikale [23 Prozent] und

---

347 So auch der Titel eines Buches des Historikers Daniel K. Williams (*God's Own Party: The Making of the Christian Right*).

348 Vgl. Wald, Kenneth D./Allison Calhoun-Brown (2011): Religion and Politics in the United States, S. 201

349 Eine Kennzeichnung, die Atheisten, Agnostiker aber auch Gläubige, die keiner bestimmten organisierten Glaubensrichtung zuzuschreiben sind, umfasst.

350 Vgl. Smith, Gregory A./Alan Cooperman (2024): Has the rise of religious 'nones' come to an end in the U.S.? In: Pew Research Center, 24. Januar.

„mainline" [11 Prozent] Gruppen unterteilt werden).[351] Dies hat natürlich ebenso einen Einfluss auf die Zusammensetzung der Wählerschaft. Waren in der Präsidentschaftswahl 2000 nur 9 Prozent aller Wählerinnen und Wähler dem Segment der *Nones* zugehörig, so lag dieser Anteil sechzehn Jahre später bei 15 Prozent.[352]

Auch hier lässt sich die Transformation der amerikanischen Gesellschaft am besten an den jüngsten Wählern des Landes erkennen. Während unter den über 65-jährigen Amerikanern nur 12 Prozent im Jahre 2016 angaben, keine religiösen Präferenzen zu besitzen, lag dieser Wert unter den 18–29-Jährigen mehr als drei Mal so hoch (→ Tabelle 12). Auf der anderen Seite sehen wir den Abstieg des weißen Evangelikalismus: 26 Prozent der amerikanischen Pensionäre (65 und älter) gaben in derselben Studie an, sie wären weiße Evangelikale. Nur acht Prozent aller 18–29-Jährigen gehörten hingegen dieser Glaubensrichtung an.

	18–29	30–49	50–64	65+
keine Zugehörigkeit	38	26	18	12
evangelikal (weiß)	8	14	21	26
katholisch (weiß)	6	9	15	16

Tab. 12: Religiöse Zugehörigkeit verschiedener Altersgruppen (in Prozent; 2016). | Quelle: Jones, Robert P./Daniel Cox (2017): America's Changing Religious Identity. In: Public Religion Research Institute, 6. September, S. 11

Ähnlich wie beim Aspekt der ökonomischen Präferenzen, haben wir es bei den säkularen Ansichten der jüngsten Amerikaner nicht mit einem Phänomen zu tun, dass unter vorherigen Generationen in einem ähnlichen Ausmaß vorhanden war. 1986 gaben 10 Prozent aller 18–29-Jährigen an, dass sie keine spezifische religiöse Zugehörigkeit besäßen.[353] In ihren „Zwanzigern" identifizierten sich nur 20 Prozent aller Mitglieder der „Generation X"

351 Vgl. Monahan, Neil/Saeed Ahmed (2019): There are now as many Americans who claim no religion as there are evangelicals and Catholics, a survey finds. In: CNN, 26. April.

352 Vgl. Martínez/Smith (2016).

353 Vgl. Jones, Robert P. u. a. (2016): Exodus: Why Americans are Leaving Religion – and Why They're Unlikely to Come Back. In: Public Religion Research Institute, 22. September, S. 3.

sowie 13 Prozent aller Baby Boomer als *Religiously Unaffiliated*.[354] Da sich auch in diesen Generationengruppen keine Anzeichen für eine steigende Religiosität in einem höheren Alter vorfinden lassen, ist auch bei den jüngsten nicht-religiösen Amerikanern zu erwarten, dass sie in späteren Jahren nur selten den Weg in die Kirche finden werden. Für eine Partei der explizit christlichen Werte schmilzt das Segment der potenziellen Wählerinnen und Wähler auch hier in einem immer schnelleren Tempo.

Die *Nones* haben sich in den letzten Jahrzehnten zum demokratischen Gegenstück zu den weißen Evangelikalen und ihrer Rolle innerhalb der Republikanischen Partei entwickelt. Je stärker die Republikanische Partei auf die Interessen der *Born Again*-Christen eingegangen ist, desto demokratischer ist das wachsende Segment der säkularen Wählerinnen und Wähler geworden. Genoss die Demokratische Partei in dieser Gesellschaftsgruppe 1994 einen Vorsprung von 19 Prozentpunkten, so lag dieser Wert 2017 bei 46 Prozentpunkten. Dazu sei gesagt, dass die Republikaner im selben Zeitraum ihren Vorsprung unter weißen Evangelikalen von 30 auf 59 Prozentpunkte ausbauten.[355]

	1997			2017		
	Gesamt	REP	DEM	Gesamt	REP	DEM
evangelikal (weiß)	25	34	19	18	33	7
katholisch (weiß)	21	20	22	13	17	10
keine Zugehörigkeit	8	5	9	24	13	33

Tab. 13: Religiöse Zusammensetzung der Demokratischen und der Republikanischen Partei, 1997 und 2017 (in Prozent). | Quelle: Pew Research Center (2018): Wide Gender Gap, S. 28

Die religiöse Zusammensetzung der beiden Parteien nach der Wahl Donald Trumps im Herbst 2016 spiegelte die Spaltung des Landes ebenso wider. Trotz des stetig sinkenden Anteils weißer Evangelikaler an der Gesamtbevölkerung des Landes, stellten diese 2017 immer noch ein Drittel aller

354 Vgl. Pew Research Center (2010): Millennials, S. 85.

355 Vgl. Pew Research Center (2018): Wide Gender Gap, S. 18, 21.

republikanischen Wähler – fast derselbe Wert wie zwei Jahrzehnte zuvor (⟶ Tabelle 13). Auf der demokratischen Seite haben sich die Wähler ohne religiöse Zugehörigkeit nunmehr zum Eckpfeiler der Partei entwickelt und repräsentierten ihrerseits ebenso ein Drittel aller Demokraten.

Die Konfliktlinie der Religion und Ansichten bezüglich der Rolle religiöser Werte in der alltäglichen Politik werden in Anbetracht dieser Daten auch in zukünftigen Jahren von zentraler Bedeutung in der amerikanischen Politik sein. Der von Patrick Buchanan (erzkonservativer Herausforderer George H.W. Bushs in den republikanischen Vorwahlen von 1992) auf dem republikanischen Parteitag desselben Jahres geäußerten Ansicht, Amerika befände sich in einem „religious war [...] for the soul of America",[356] der schlussendlich die Relevanz des Kalten Krieges erreichen würde, kann ein Vierteljahrhundert später nur zugestimmt werden. Wie in ⟶ Kapitel 4.3 später aufgezeigt wird, scheint mit der Trump-Präsidentschaft eine neue Ära in diesem Konflikt eingeläutet worden zu sein, in der beide Seiten mit einer stetig steigenden Kompromisslosigkeit ihre Ansichten verteidigen und keinen Zentimeter auf dem Schlachtfeld preisgeben wollen.

Aufgrund der Relevanz des christlich-konservativen Flügels innerhalb der Republikanischen Partei, lässt sich bei verschiedenen zentralen „Kulturkampf"-Themen eine ideologische Kluft zwischen der Partei und einem wachsenden Segment der Bevölkerung (insbesondere den jungen säkularen Wählern) erkennen. Ein wichtiger Aspekt ist die Frage der Rechte sexueller Minderheiten. Für Gesetzesvorstöße zum Verbot der Diskriminierung von Schwulen, Lesben oder Transsexuellen im Arbeitsplatz sprachen sich 2018 56 Prozent aller Republikaner aus. Dieser Anteil war jedoch fünf Prozentpunkte niedriger als drei Jahre zuvor. Auf der anderen Seite sprachen sich fast 80 Prozent der Demokraten sowie 76 Prozent aller 18–29-Jährigen für diese Schutzmaßnahmen aus. Interessant ist, dass laut dieser Studie gerade unter jungen Republikanern ein Rückgang bezüglich der Unterstützung von Anti-Diskriminierungsmaßnahmen zu erkennen ist. Zwischen 2015 und 2018 sank der Anteil der 18–29-jährigen Republikaner, die in dieser Frage staatliche Maßnahmen guthießen, um mehr als zehn Prozentpunkte, von 74 auf 63 Prozent.[357]

356 Buchanan, Patrick J. (1992): Address to the Republican National Convention. 17. August.
357 Vgl. Jones, Robert P. u. a. (2019): Fifty Years After Stonewall: Widespread Support for LGBT Issues. In: Public Religion Research Institute, 26. März, S. 8.

Auch beim Thema der gleichgeschlechtlichen Ehe existiert somit eine Kluft zwischen Republikanern und dem Rest der amerikanischen Wählerschaft. Hier sei jedoch anzumerken, dass die meisten Studien eine Abmilderung der Opposition auch unter der weißen evangelikalen Stammwählerschaft der Republikanischen Partei aufzeigen. Sprachen sich 2013 noch 71 Prozent aller weißen Evangelikalen gegen eine Legalisierung der gleichgeschlechtlichen Ehe aus, so lag dieser Anteil vier Jahre später nur noch bei 58 Prozent. Diese fortwährende Opposition erschwert es der Republikanischen Partei jedoch weiterhin, gerade unter den jungen, überproportional säkularen Wählern als akzeptable politische Option zu gelten. In derselben demoskopischen Erhebung sprachen sich 77 Prozent aller 18–29-Jährigen für den legalen Status der gleichgeschlechtlichen Ehe aus.[358]

Für Strategen der Demokratischen Partei stellt diese Entwicklung eine weitere Säule zukünftiger progressiver Mehrheiten dar. Dass beispielsweise die Zwischenwahlen 2018 für die Republikaner im Repräsentantenhaus desaströs endeten, ist auch damit verbunden, dass der Anteil der *Nones* an der Wählerschaft im Vergleich zu den vorherigen Zwischenwahlen 2014 von 12 auf 17 Prozent anstieg. Unter diesen Wählern konnte die Demokratische Partei einen Vorsprung von 42 Prozentpunkten erreichen.[359] Zukünftige Schritte zur Mobilisierung dieser Gruppe können durchaus weitere Früchte tragen. Wie am Anfang dieses → Kapitels erwähnt, weist inzwischen fast ein Drittel der amerikanischen Bevölkerung keine religiöse Zugehörigkeit vor, doch stammten nur 15 Prozent aller Wählerinnen und Wähler in der Präsidentschaftswahl 2016 aus diesem Segment. Sollten Demokraten in Zukunft in der Lage sein diese Gruppe ähnlich stark zur Wahlbeteiligung motivieren zu können, wie Republikaner dies mit weißen Evangelikalen erreicht haben, wird der Weg zu konservativen elektoralen Mehrheiten noch einmal ein deutlich steinigerer sein.

358 Vgl. Jones, Robert P. u. a. (2018): Emerging Consensus on LGBT Issues. In: Public Religion Research Institute, 1. Mai, S. 9–10.

359 Vgl. Podrebarac Sciupac, Elizabeth/Gregory A. Smith (2018): How religious groups voted in the midterm elections. In: Pew Research Center Fact Tank, 7. November.

4.2 Republikanische Maßnahmen des Machterhalts

4.2.1 *Redistricting* und das Ungleichgewicht der Repräsentation

Seit 1992 sind die Demokraten auf der Ebene der Präsidentschaftswahlen eindeutig die stärkere Partei. In sieben der acht Wahlen seither konnten sie eine Mehrheit der abgegebenen Stimmen erreichen – auch wenn sie gleichzeitig nur fünf Mal als Gewinner des *Electoral College* hervorgingen. Diese Ära koinzidiert jedoch mit einer in der jüngeren Vergangenheit einzigartigen Dominanz der Republikanischen Partei in Wahlen zum amerikanischen Repräsentantenhaus. Seit die Partei 1994 zum ersten Mal seit vier Jahrzehnten in der unteren Kammer des Kongresses eine Mehrheit erlangen konnte, war ihr demokratischer Gegner bis zu den Zwischenwahlen 2022 insgesamt nur acht Jahre (zwischen 2007 und 2011 sowie 2019 und 2023) in der Lage, eine Mehrheit im Repräsentantenhaus zu stellen.

Diese Diskrepanz ist zumindest teilweise die Folge der Art und Weise wie die Wahlkreisgrenzen des Repräsentantenhauses gezogen werden. Während diese politische Frage in Deutschland fast keine Aufmerksamkeit genießt, hat sich *Redistricting* in den Vereinigten Staaten zu einem der wichtigsten politischen Themen in den letzten Jahren entwickelt. Vom ehemaligen Präsidenten Barack Obama als eine der prinzipiellen institutionellen Herausforderungen der heutigen USA gesehen, versucht die Demokratische Partei landauf und landab in dieser Frage Reformen umzusetzen – da ihr republikanischer Gegner die Neuziehung der Wahlkreisgrenzen in der jüngeren Vergangenheit perfektioniert hat und sich auch dank der Arbeit der eigenen Kartographen konservative Mehrheiten historischen Ausmaßes im Repräsentantenhaus sichern konnte.

Dass in jedem Jahrzehnt die Wahlkreisgrenzen neu gezogen werden, ist mit den Vorgaben der amerikanischen Verfassung verbunden. Gemäß Artikel 1, Absatz 2 muss alle zehn Jahre eine Volkszählung durchgeführt werden. Auf der Basis des Zensus werden die 435 Wahlkreise im Repräsentantenhaus den Einzelstaaten gemäß ihrer Einwohnerzahl zugeteilt. Ebenso überträgt die Verfassung den Einzelstaaten das Recht zur Durchführung der Wahlen zum Kongress und somit natürlich auch der Art und Weise der Grenzziehung ihrer Kongress-Wahlkreise. Da entsprechend des Zensus aus dem Jahre 2020 sechs Einzelstaaten nur jeweils einen Repräsentanten in Washington erhielten, mussten insgesamt 44 Einzelstaaten die Grenzen für ihre Wahlkreise des US-Repräsentantenhauses entsprechend der Daten der Volkszählung neu ziehen. In 33 Fällen waren die Landesparlamente für diese Grenzziehung verantwortlich. In neun Einzelstaaten entscheiden teilweise von der Politik unabhängige Kommissionen die Zusammensetzung der Wahlkreise, während in zwei Einzelstaaten die dortigen Parlamente mit Kommissionen zusammenarbeiten.[360]

Hatten Einzelstaaten in der ersten Hälfte des 20. Jahrhunderts noch ein großes Maß an Freiheiten bei der eigenen Wahlkreisgrenzziehung, so waren es Urteile des amerikanischen Obersten Gerichtshofes in den 1960er-Jahren, die zu einer fundamentalen Reform führten. Bis zu diesem Jahrzehnt war die geltende Meinung des *Supreme Court*, das Thema der Wahlkreisgrenzziehung sei eine „politische Frage“, da die Verfassung den Einzelstaaten – wie erwähnt – explizit die Durchführung der Wahlen übertragen hatte. Nunmehr forderten die Richter aber die Umsetzung des Prinzips der Wahlgleichheit. Dieser Grundsatz fand in der damaligen Ära in einigen Regionen des Landes jedoch keine Anwendung. Stattdessen ließ sich in einer Vielzahl von Einzelstaaten ein enormes Ungleichgewicht bezüglich der Bevölkerungszahl ihrer Wahlkreise (und somit des Stimmgewichts der dortigen Wählerinnen und Wähler) vorfinden. So besaß im Jahre 1963 der bevölkerungsreichste Kongress-Wahlkreis im Einzelstaat Georgia eine Population von über 820.000 Einwohnern; der kleinste wies mit 270.000 Einwohnern hingegen weniger als ein Drittel der Bevölkerung vor.[361] Sukzessive Entscheidungen des *Supreme Court* in den darauffolgenden Jahrzehnten haben nunmehr die Vorgabe einer fast vollständigen Parität bei der Zahl der Einwohner in den Kongress-Wahlkreisen des Landes durchgesetzt.[362]

Aber auch die Vorgaben der Bevölkerungsparität können bei der heutigen Ziehung der Wahlkreisgrenzen nicht die Missachtung verschiedener demokratischer Grundsätze verhindern. Generell genießen Republikaner in dieser Frage heutzutage zwei elementar wichtige Vorteile: Einerseits sind ihre Wähler geographisch deutlich günstiger als ihre demokratischen Pendants verteilt und andererseits führt die niedrigere Wahlbeteiligung in Wahlen zu den Landeskammern zu einem überproportional starken

360 Vgl. Ballotpedia (2024): State-by-state redistricting procedures.

361 Vgl. Bullock III, Charles S. (2010): Redistricting: The Most Political Activity in America, S. 35.

362 Vgl. Issacharoff, Samuel/Pamela S. Karlan (2004): Where to Draw the Line: Judicial Review of Political Gerrymanders. In: University of Pennsylvania Law Review 153 (1), S. 541–578.

republikanischen Ergebnis. Während demokratische Wähler insbesondere in urbanen Regionen konzentriert sind und dementsprechend die dortigen Städte zu liberal-progressiven Hochburgen gemacht haben, in denen Kandidaten der Partei auch ohne die selektive Ziehung der Wahlkreisgrenzen Stimmenanteile von 75 Prozent oder mehr erhalten, sind die Unterstützer ihrer republikanischen Gegner über eine größere geographische Fläche weniger angesammelt verteilt.[363]

Die bereits erwähnte demographische Zusammensetzung der Anhängerschaft der Parteien wirkt sich ebenso auf den Ausgang der Wahlen aus. Säulen der demokratischen Wählerschaft (ethnische Minderheiten und junge Wählerinnen und Wähler) nehmen deutlich seltener an lokalen oder regionalen Wahlen teil als ältere, weiße Amerikaner – die wiederum das elektorale Rückgrat der Republikanischen Partei darstellen. Dies führte in der jüngeren Vergangenheit zu einer republikanischen Dominanz auf der politischen Ebene, die für die Ziehung der Wahlkreisgrenzen verantwortlich ist. Zum Zeitpunkt der Neuziehung der Wahlkreisgrenzen nach dem Zensus 2020 kontrollierten die Republikaner beide Landeskammern und das Amt des Gouverneurs in insgesamt 23 Einzelstaaten; in nur 15 Einzelstaaten waren Demokraten hingegen an allen Schalthebeln der lokalen politischen Macht.[364]

Republikanische Siege auf Landesebene insbesondere während der Obama-Ära gaben republikanischen Kartographen erheblich mehr Chancen auf eine für die eigene Partei vorteilhafte Grenzziehung. Konnten Demokraten und Republikaner in den Einzelstaaten im Jahre 2000 noch eine ähnliche Zahl an Wahlkreisen für das US-Repräsentantenhaus ohne Mitwirkung der gegnerischen Partei neuziehen (jeweils 101 und 98 der insgesamt 435 Wahlkreise), so besaßen die Republikaner dank ihrer Erfolge auf Landesebene anderthalb Jahrzehnte später einen Vorsprung von über 190 Wahlkreisen (200 auf republikanischer und 7 auf demokratischer Seite).[365] Dank besserer Wahlergebnisse konnten die Demokraten immerhin nach

363 Vgl. Goedert, Nicholas (2014): Gerrymandering or geography? How Democrats won the popular vote but lost the Congress in 2012. In: Research and Politics.

364 Vgl. Ballotpedia (2024): State Government Trifectas/Historical Trifecta Numbers.

365 Vgl. Skelley, Geoffrey/Kyle Kondik (2017): 2018 Governors: The Battle Lines for Drawing the Lines. In: Sabato's Crystal Ball, 23. Februar.

dem Zensus 2020 insgesamt 75 Wahlkreise ohne republikanische Mitsprache neu ziehen (auf republikanischer Seite waren es weiterhin 187).[366]

Aus dieser republikanischen Vormachtstellung resultieren Wahlkreiskarten, die für Republikaner vorteilhafte Ergebnisse liefern und manchmal den Anschein erwecken, den demokratischen Willen der Bevölkerung zu missachten. So gewannen die Republikaner in den Wahlen zum Repräsentantenhaus 2012 48 Prozent aller abgegebenen Stimmen (und lagen somit 1,2 Prozentpunkte hinter den Demokraten). Trotzdem konnten sie in der unteren Kammer des Kongresses mit 234 Sitzen ihr zweitbestes Ergebnis seit 1946 und einen Anteil der Sitze von 53,8 Prozent erreichen. Wie viele republikanische Sitze in den 2010er-Jahren schlussendlich auf die Dominanz der Partei bei der Grenzziehung zurückzuführen waren, ist eine eher ungenaue Wissenschaft. Die Antworten reichten von einer mittleren einstelligen Zahl bis über 20.[367] Schlussendlich bedeutete dies jedoch, dass in den Wahlen zum US-Repräsentantenhaus in den 2010ern die Demokratische Partei einen Vorsprung von mindestens sechs Prozentpunkten erlangen musste, um eine Mehrheit der Sitze zu erhalten.[368] Zumindest für das aktuelle Jahrzehnt scheint dieser republikanische Vorsprung jedoch beträchtlich reduziert worden zu sein, wie auch → Abbildung 6 belegt.

Es sei jedoch angemerkt, dass die effizientere geographische Ausbreitung der republikanischen Wähler auch zu einem unweigerlichen Ungleichgewicht zwischen Stimmenanteil und dem Anteil der Sitze im Repräsentantenhaus führt. Diesbezügliche Studien zeigen auf, dass selbst automatisch generierte Wahlkreise zu einer parlamentarischen Überrepräsentation der Republikanischen Partei im Repräsentantenhaus führen.[369] Die Folge ist eine oftmals signifikante Unterrepräsentation der Demokratischen Partei in der unteren Kammer des Kongresses. Wie → Abbildung 6 aufzeigt, haben die Demokraten in den Wahlen zum Repräsentantenhaus seit 1992 fast durchweg weniger Sitze erhalten, als ihnen entsprechend ihres Stim-

---

366 Vgl. Kondik, Kyle (2021): Redistricting in America, Part One: Gerrymandering Potency Raises the Stakes for the 2020s. In: Sabato's Crystal Ball, 22. Juli.

367 Eine ausführliche Analyse kam diesbezüglich beispielsweise auf einen Wert von 16–17 zusätzlichen republikanischen Sitzen. Vgl. Royden, Laura/Michael Li (2017): Extreme Maps. In: Brennan Center for Justice, S. 1.

368 Vgl. Arrington, Theodore S. (2013): The Republicans' Built-In House Advantage. In: Sabato's Crystal Ball, 3. Oktober.

369 Vgl. Chen, Jowei/Jonathan Rodden (2013): Unintentional Gerrymandering: Political Geography and Electoral Bias in Legislatures. In: Quarterly Journal of Political Science 8 (3), S. 1–31.

menanteils proportional eigentlich zustünden. Nur in vier der insgesamt sechzehn Wahlen ließ sich eine demokratische Überrepräsentation vorfinden, die darüber hinaus zweimal äußerst gering ausfiel. Auffallend ist zudem, dass die „Repräsentationslücke" (die Differenz zwischen Stimmen- und Sitzanteil) der Demokraten in den 2010ern besonders groß war und die Partei erst wieder nach der erneuten Ziehung der Wahlkreisgrenzen im Repräsentantenhaus in den Zwischenwahlen 2022 einen Sitzanteil erhielt, der ihrem Stimmenanteil gleichkam.

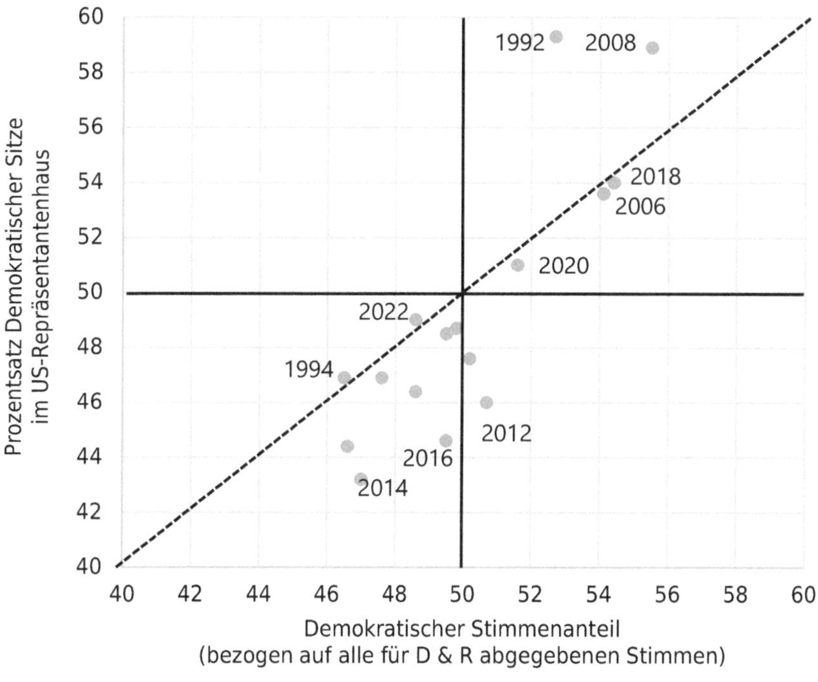

Abb. 6: Stimmenanteil und Anteil der gewonnen Sitze der Demokratischen Partei im Repräsentantenhaus, 1992–2022. | Quelle: Eigene Berechnungen

Bezüglich der elektoralen Zukunft der Republikanischen Partei lassen sich beim Thema *Redistricting* für die Partei positive als auch negative Entwicklungen erkennen. In den Wahlen 2018 und 2020 stimmten Wählerinnen und Wähler in Volksabstimmungen in fünf Einzelstaaten für eine Entmachtung der jeweiligen Landeskammer bezüglich der Wahlkreisgrenzziehung und die Errichtung von mehr oder minder unabhängigen Kommissionen, die frei von parteipolitischen Abwägungen operieren können bzw. sollen. Andererseits hat sich die republikanische Strategie bei der Neubesetzung des Obersten Gerichtshofs in den letzten Jahren ausgezahlt: Im Juni 2019 entschieden die fünf konservativen Richter des *Supreme Court* im Fall *Rucho v. Common Cause*, dass die Frage der Bewertung der Verfassungsmäßigkeit von Wahlkreiskarten zumindest auf föderaler Ebene nicht justiziabel sei. Kläger hatten in der Vergangenheit immer wieder argumentiert, dass die Schaffung von Wahlkreisen mit besonderen Vorteilen für eine Partei (bekannt als *Partisan Gerrymandering*) dazu führe, dass Wähler der Minderheitenpartei in ihrem Recht der freien Meinungsäußerung beschnitten werden (da ein Versuch der Einschränkung des Wahlrechts besteht), beziehungsweise hier ein Verstoß gegen den verfassungsrechtlich vorgeschriebenen Grundsatz der Gleichbehandlung aller Bürger vorliege. Mit der jüngsten Entscheidung dürfte die Hoffnung der justiziell vorgeschriebenen Reformen bei der Ziehung der Wahlkreisgrenzen zumindest auf der Bundesebene begraben worden sein. Es ist somit zu erwarten, dass Aktivisten für eine gerechtere Grenzziehung nunmehr hauptsächlich über den Weg der Volksabstimmungen versuchen können und werden, die Kompetenz der Grenzziehung den Landeskammern zu entziehen.

In der oberen Kammer des Kongresses, dem Senat, spielt die Grenzziehung keine Rolle. Doch auch hier lässt sich ein republikanischer Vorteil bezüglich der Repräsentation der eigenen Wählerinnen und Wähler erkennen. Wie in vielen anderen parlamentarischen Zweikammersystemen, ist der Senat nicht nach dem Prinzip einer akkuraten Repräsentation der Wählerschaft aufgebaut. Jeder Einzelstaat besitzt zwei Sitze im Senat. Kommen auf einen Senator in Kalifornien insgesamt ungefähr 19,8 Millionen Einwohner, liegt dieser Wert im kleinsten Einzelstaat Wyoming bei 289.000 Menschen.[370] Ersterer Staat ist seit einigen Jahren fest in demokratischer, letzterer fest in republikanischer Hand.

Dieses Phänomen lässt sich auch aus einer umfassenderen Perspektive erkennen. Die 25 kleinsten Einzelstaaten vereinen nur ungefähr 16 Prozent der Gesamtbevölkerung der Vereinigten Staaten auf sich – doch kontrollieren sie die Hälfte aller Sitze im Senat.[371] Am Anfang des 116. Kongresses

370 Stand: Oktober 2021. Vgl. The Green Papers (2021): 2022–2030 Federal Representation by People per House Seat, Senate Seat, and Electors.

371 Vgl. Bump, Philip (2017): The Senate may be developing an electoral college issue. In: Washington Post, 10. April.

(2019) befanden sich 29 der 50 Sitze dieser Gruppe in republikanischer Hand – ein Übergewicht, das den Erhalt von Mehrheiten durchaus erleichtert (insgesamt kontrollierten die Republikaner zu diesem Zeitpunkt 53 Sitze im Senat). Berechnet man, wie viele Bürger die beiden Fraktionen im Senat repräsentieren,[372] so existierte am Ende des 115. Kongresses (2017–19) ein demokratisches Übergewicht von fast 40 Millionen Einwohnern: demokratische Senatorinnen und Senatoren repräsentierten 182, Republikaner 143 Millionen Menschen.[373] Trotzdem war die Republikanische Partei zu diesem Zeitpunkt im Besitz von 51 Sitzen im Senat.

Diese republikanische Dominanz hat Folgen, die weit über den Prozess der einfachen Gesetzgebung hinaus reichen. Das *Electoral College* setzt sich aus den Sitzen jedes Einzelstaats im Kongress zusammen. In Anbetracht des republikanischen Übergewichts in kleineren Staaten überrascht es nicht, dass innerhalb von anderthalb Jahrzehnten mit George W. Bush und Donald Trump zwei republikanische Kandidaten trotz ihres Verlustes der *Popular Vote* eine Mehrheit der Elektorenstimmen auf sich vereinen konnten. Der Senat wählt darüber hinaus auch die Mitglieder des *Supreme Court.* Fünf der sechs konservativen Richter, die zu Beginn der Biden-Präsidentschaft einen Platz im Obersten Gericht besetzten, wurden von einer Gruppe von (fast ausschließlich republikanischen) Senatoren in ihr Amt gewählt, die insgesamt weniger Stimmen gewonnen hatten als die Senatoren des „Nein"-Lagers. Brett Kavanaugh, Donald Trumps zweiter Kandidat für den *Supreme Court,* wurde beispielsweise von einer Gruppe von Senatorinnen und Senatoren unterstützt, die ihrerseits nur 44 Prozent der amerikanischen Bevölkerung repräsentierten – ein historischer Tiefstwert bei der erfolgreichen Bestätigungswahl eines Kandidaten zum Obersten Gerichtshof.[374]

---

372 Nach dieser Berechnung würden die beiden demokratischen Senatoren aus Kalifornien die 40 Millionen Einwohner des Staates repräsentieren. Ebenso erhielten die Demokraten die Hälfte der 13 Millionen Einwohner Pennsylvanias, da dieser Staat zum Zeitpunkt der Berechnung einen Demokraten und einen Republikaner nach Washington entsandte.

373 Vgl. Brownstein, Ronald (2018): Small states are getting a much bigger say in who gets on Supreme Court. In: CNN, 10. Juli.

374 Vgl. GovTrack.us (2018): With Kavanaugh vote, the Senate reaches a historic low in democratic metric. 7. Oktober.

4.2.2 Maßnahmen zur Einschränkung des Wahlrechts

Der bereits beschriebene demographische Wandel des Landes ist kaum aufzuhalten. Ein Weg zur Einschränkung dessen elektoraler Konsequenzen lässt sich jedoch in Maßnahmen finden, deren Ziele eine Reduzierung der Wahlbeteiligung der demokratischen Kernwählerschaft verfolgen. Gerade inmitten der Coronapandemie gewann dieses Thema an Relevanz, als Einzelstaaten mit der Herausforderung konfrontiert waren, Wahlen in Anbetracht der Sorgen um die Ansteckungsgefahr durchzuführen. Hier betrachteten republikanische Politiker und Einzelstaaten oftmals die Erleichterung der Wahlteilnahme als negativ, da ihrer Ansicht nach dadurch insbesondere unter ethnischen Minderheiten und jungen Wählern – mit anderen Worten eher demokratischen Anhängern – die Beteiligung steigen würde.

Wie in den meisten anderen Demokratien, lässt sich in den Vereinigten Staaten eine soziale Kluft in der Wahlbeteiligung erkennen, die aufgrund des Einkommensgefälles zwischen Weißen und Minderheiten somit auch eine ethnische beziehungsweise rassebezogene Komponente vorweist. Dies hat schlussendlich zur Folge, dass demokratische Kampagnen bei ihren *Get Out The Vote*-Maßnahmen mit einer größeren Herausforderung konfrontiert sind, als republikanische Kandidatinnen und Kandidaten, deren oftmals wohlhabendere, ältere und tendenziell eher weiße Wähler gerade in Wahlen unterhalb der Präsidentschaftsebene eine deutlich stärkere Wahlbeteiligung vorweisen als ethnische Minderheiten.

Ähnlich wie in der Frage der Ziehung der Wahlkreisgrenzen, wissen Republikaner jedoch „natürliche" Gegebenheiten wie die geographische Konzentration bestimmter Bevölkerungsteile nicht nur für sich auszunutzen, sondern deren Einfluss auf Wahlergebnisse durch eigene Maßnahmen (wie die Schließung von Wahllokalen in bestimmten hauptsächlich von Minderheiten bewohnten Stadtteilen) zu verschärfen. Einer der populärsten Schritte ist dabei die Vorgabe, bei der Wahl einen gültigen Ausweis vorzeigen zu müssen. Zwischen 2006 und 2011 wurden alle diesbezüglichen legislativen Vorstöße (gemeinhin als *Voter ID Laws* bekannt) von republikanischen Landeskammern umgesetzt.[375] Im Frühjahr 2024 existierten nunmehr in 34 der 50 amerikanischen Einzelstaaten Vorgaben zur Identifizierung von Wäh-

375 Vgl. Bentele, Keith G./Erin E. O'Brien (2013): Jim Crow 2.0? Why States Consider and Adopt Restrictive Voter Access Policies. In: Perspectives on Politics 11 (4), S. 1088–1116.

lern. Generell lassen sich solche Restriktionen und jüngere Maßnahmen fast durchweg in Staaten finden, in denen Republikaner weitestgehend die politische Macht auf Landesebene ausüben.[376] Offiziell lautet die Argumentation republikanischer Kreise, diese Schritte sollen einzig und allein verhindern, dass Wähler unter der Vorgabe einer falschen Identität abstimmen können. Somit ließe sich durch die Gesetze großflächigem Wahlbetrug *(Voter Fraud)* ein Riegel vorschieben. Selbst wenn die Autoren der Gesetze beim Wort genommen werden, lässt sich konstatieren, dass diese Schritte ein Problem adressieren, das nicht existiert. Anhand einer Analyse von einer Milliarde in den USA abgegebenen Wählerstimmen zwischen 2000 und 2012, fand der Rechtswissenschaftler Justin Levitt nur 31 Fälle, in denen Wähler unter der Vorgabe einer falschen Identität versuchten, an einer Wahl teilzunehmen.[377] Beweise wie diese hinderten Donald Trump jedoch nicht daran, im Mai 2017 eine *Commission on Election Integrity* einzusetzen, die vermeintlichen Wahlbetrug während der Präsidentschaftswahl 2016 aufarbeiten sollte. Trump selbst argumentierte auf Twitter kurz nach seinem Wahlsieg, dass er auch die *Popular Vote* gewonnen hätte, wären „die Millionen von Menschen, die illegal abstimmten"[378] vom Ergebnis abgezogen worden. Ohne nennenswerte Ergebnisse produziert zu haben, wurde die Kommission im Januar 2018 dann auch wieder aufgelöst. Dieser Misserfolg hielt den Präsidenten jedoch nicht davon ab, immer wieder Vorwürfe des Wahlbetrugs zu äußern. Bereits in der Bekanntmachung der Kommissionsauflösung, äußerte das Weiße Haus die Interpretation, dass „erhebliche Beweise von Wahlbetrug"[379] von ihr aufgedeckt worden waren, eine weitere Verfolgung aber schlussendlich daran scheiterte, dass viele Einzelstaaten eine Übergabe von detaillierten Wählerregistern an die Kommission verweigerten. Ein Jahr später gab der Präsident über Twitter im Januar 2019 bekannt, dass seiner Ansicht nach überall im Land (und insbesondere im demokratischen Einzelstaat Kalifornien) Wahlbetrug „rampant" (weit verbreitet) sei und nur „strong voter ID"[380] die Lösung darstelle.

---

376 Vgl. Ballotpedia (2024): Voter Identification Laws by State. Stand: 1. April 2019.

377 Vgl. Levitt, Justin (2014): A comprehensive investigation of voter impersonation finds 31 credible incidents out of one billion ballots cast. In: Washington Post, 6. August.

378 Tweet von Donald Trump, 27. November 2016.

379 White House (2018): Statement by the Press Secretary on the Presidential Advisory Commission on Election Integrity. 3. Januar.

380 Tweet von Donald Trump, 27. Januar 2019.

Besonders evident wurde die fragwürdige Positionierung der Republikaner hinsichtlich des demokratischen Grundrechts der Wahlteilnahme inmitten der Coronapandemie. Von Anfang an warnte Trump, die Demokratische Partei würde Erleichterungen der Wahlteilnahme, die im Kontext der Pandemie umgesetzt wurden, zum Wahlbetrug nutzen. Auf Twitter verbreitete der damalige Präsident immer wieder die Behauptung, dass insbesondere die Erleichterung der Briefwahl zu „massivem Betrug“ (oftmals in Großbuchstaben) führen würde.

In Einzelstaaten oder Landkreisen, in denen Bürger automatisch Briefwahlunterlagen erhielten, lautete die republikanische Sorge, Personen, die gar nicht mehr im Einzelstaat lebten oder gar verstorben waren, könnten trotzdem Stimmzettel erhalten – die dann entweder vom Nachmieter an sie weitergeleitet oder beispielsweise von anderen Personen ausgefüllt wurden. Auch wenn wissenschaftliche Studien seit Jahren belegen, dass keine relevanten Fälle von Wahlbetrug vorzufinden sind,[381] ist diese Delegitimierung des Wahlausbaus zu einem zentralen Teil der republikanischen Maßnahmen gegen demokratische Grundrechte geworden. Die Folge ist eine eklatante Einschränkung eben dieser in Einzelstaaten, die von republikanischen Mehrheiten kontrolliert werden.[382]

Während der Pandemie wuchs die Kluft mit Blick auf die Erleichterungen der Wahlteilnahme zwischen demokratischen und republikanischen Regionen oftmals noch weiter. Während die Demokraten alles daran setzten, die Teilnahme an Wahlen auch hinsichtlich des Infektionsschutzes so einfach wie möglich zu gestalten, sahen republikanische Landeskammern zumeist keine diesbezügliche Notwendigkeit. In Texas traf der Staatsapparat die Entscheidung pro Landkreis nur eine „Drop-Box“ aufzustellen. Dies sind gesicherte Kästen, in denen Bürger ihre Wahlunterlagen einreichen können. Die Folge war, dass sich in Harris County, dem bevölkerungsreichsten Landkreis von Texas (in dem Houston liegt), lange Schlangen vor der „Drop-Box“ bildeten während man in eher ländlichen Regionen teilweise mehrere Stunden mit dem Auto unterwegs war, um den einzig vorhandenen Kasten für die Wahlunterlagen zu erreichen. Hinsichtlich dieser Einschrän-

381 Vgl. Hood III, M. V./William Gillespie (2012): They Just Do Not Vote Like They Used To: A Methodology to Empirically Assess Election Fraud. In: Social Science Quarterly 93(1), S. 76–94; Wu, Jennifer u. a. (2020): Are Dead People Voting By Mail? Evidence From Washington State Administrative Records.

382 Vgl. Grumbach, Jacob M. (2022): Laboratories against Democracy: How national parties transformed state politics, S. 170–173.

kung lautete das republikanische Argument, dass man bei einer zu großen Zahl an Briefkästen für die Wahlzettel nicht mehr deren Überwachung gewährleisten könne.[383]

Die weitreichendsten Maßnahmen sollten jedoch erst folgen. Behauptungen des Wahlbetrugs in der Präsidentschaftswahl 2020 wurden von republikanischen Landeskammern dazu genutzt, im darauffolgenden Jahr eine veritable Welle der Wahlrestriktionen umzusetzen. Mehr als ein Drittel aller Gesetze, die zwischen 2011 und 2021 verabschiedet und das Recht der Wahlteilnahme einschränken, wurden allein 2021 implementiert. Zumeist beinhalteten diese unter anderem eine Reduzierung der Möglichkeit, die Briefwahl zu nutzen sowie eine Erschwerung der Registrierung zur Wahl.[384] Insgesamt lässt sich konstatieren, dass zwischen 2013 und 2022 in 23 Einzelstaaten teilweise erhebliche Restriktionen der Nutzung des Wahlrechts umgesetzt wurden; in allen 23 Einzelstaaten kontrollierten zum Zeitpunkt der Gesetzgebung die Republikaner beide parlamentarischen Kammern sowie das Gouverneursamt.[385]

Die von den Republikanern beständig geäußerte Unterstellung des (demokratischen) Wahlbetrugs ist nicht spurlos an der republikanischen Wählerschaft vorbei gegangen: Während 84 Prozent aller Demokraten die Ansicht vertreten, es solle alles Mögliche getan werden, um die Teilnahme an Wahlen zu erleichtern, betrachten nur 48 Prozent aller Republikaner diesen Ausbau fundamentaler demokratischer Rechte als richtig.[386] Die Warnungen – oder, akkurater ausgedrückt, Lügen – hinsichtlich des vermeintlichen Wahlbetrugs haben auch das Vertrauen der republikanische Wählerschaft in den Wahlprozess selbst stark geschädigt. Nur 22 Prozent aller Republikaner waren 2020 der Ansicht, die Wahlstimmen seien akkurat gezählt worden. Immerhin hatte sich dieser Wert 2022 auf 42 Prozent erholt, stand aber immer noch unter den diesbezüglichen Werten in Wahlen vor 2020.[387] Dieser

---

383 Vgl. Killough, Ashley u. a. (2020): Texas governor limits election drop boxes to one per county in sprawling state. In: CNN, 5. Oktober.

384 Vgl. Brennan Center for Justice (2022): Voting Laws Roundup: December 2021. 12. Januar.

385 Vgl. Mickey, Robert (2022): Challenges to Subnational Democracy in the United States, Past and Present. In: The ANNALS of the American Academy of Political and Social Science 699(1), S. 118–129.

386 Vgl. Laloggia, John (2018): Conservative Republicans are least supportive of making it easy for everyone to vote. In: Pew Research Center Fact Tank, 31. Oktober.

387 Vgl. Stewart III, Charles (2023): How we voted in 2022: A topical look at the survey of the performance of American elections. In: MIT Election Data + Science Lab, S. 28.

Vertrauenseinbruch scheint nunmehr innerhalb der republikanischen Anhängerschaft tiefe Wurzeln geschlagen zu haben. Für die Präsidentschaftswahl 2024 waren weiterhin weniger als 40 Prozent aller Republikaner „sehr sicher", ihre eigene Stimme würde wie beabsichtigt gezählt werden, ein Wert, der unter Demokraten andererseits bei über 60 Prozent lag.[388]

Es ist dementsprechend zu erwarten, dass in Zukunft weitere Schritte zur Einschränkung des Wahlrechts unter dem Deckmantel der Wahrung der Wahllegitimität umgesetzt werden. Hinter vorgehaltener Hand wird die wahre Intention der angeblichen Maßnahmen zur Verhinderung von Wahlbetrug jedoch zugegeben. Ziel ist es, Minderheiten von der Wahl abzuhalten, indem zusätzliche Hürden zur Ausführung des Wahlrechts aufgestellt werden.[389] Die Forderung eines gültigen Lichtbildausweises zur Teilnahme an Wahlen betrifft gerade die demokratische schwarze Wählerschaft übermäßig. Daten aus dem Jahr 2006 zeigten, dass 25 Prozent aller Afroamerikaner keinen gültigen Lichtbildausweis besaßen – im Vergleich zu einem Wert von 11 Prozent unter allen Amerikanern und 8 Prozent unter Weißen.[390] In der Frage des Ausbaus der Einschränkungen des Wahlrechts trifft den *Supreme Court* auch eine durchaus beträchtliche Schuld. Seine Entscheidung im Fall *Shelby County v. Holder* aus dem Jahre 2013 weichte die Vorgaben des erstmals 1965 verabschiedeten *Votings Rights Act* (VRA) auf. Dieser verfolgt das Ziel, Maßnahmen mit dem Ziel der Einschränkung des Wahlrechts von Minderheiten zu verhindern. Um Regionen mit einer Tradition der Diskriminierung eine Fortsetzung ihrer elektoralen Zweiklassengesellschaft besonders zu erschweren, sahen Abschnitte 4(b) und 5 des VRA vor, dass ausgewählte Einzelstaaten und Landkreise Änderungen ihrer Wahlpraktiken (beispielsweise auch die Ziehung der Wahlkreisgrenzen) vom amerikanischen Justizministerium absegnen lassen mussten. Entsprechend Abschnitt 4(b) waren dies sieben Einzelstaaten des Südens, einige Landkreise in North Carolina, sowie einige wenige andere Regionen des Landes.[391] Da diese Vorgabe auf den Bewertungen der 1960er-

388 Vgl. Bright Line Watch (2024): Courts, campaigns, and confidence in American democracy.

389 Vgl. Wan, William (2016): Inside the Republican creation of the North Carolina voting bill dubbed ‚monster' law. In: Washington Post, 2. September.

390 Vgl. Brennan Center for Justice (2006): Citizens Without Proof: A Survey of Americans' Possession of Documentary Proof of Citizenship and Photo Identification, S. 3.

391 Vgl. United States Department of Justice (2015): Jurisdictions previously covered by Section 5 at the time of the Shelby County decision.

und 70er-Jahren lagen, vertrat der *Supreme Court* 2013 die Ansicht, die in Abschnitt 4(b) getroffene Auswahl an Regionen sei nunmehr überholt und dementsprechend verfassungswidrig. Die Freiheit, ohne die Erlaubnis des US-Justizministers Wahlgesetze zu ändern, nutzten die betroffenen Staaten zumeist direkt aus. Innerhalb der ersten 24 Stunden nach der Bekanntgabe des Urteils hatten bereits fünf der sieben vom VRA abgedeckten und von Republikanern geführten Einzelstaaten Restriktionen bekanntgegeben, beziehungsweise umgesetzt.[392]

Die Folgen des Urteils sind weitreichende Hindernisse auf dem Weg zur Teilnahme an Wahlen, die nur in manchen Fällen dank Interventionen der Judikative verhindert werden können. Die republikanische Mehrheit auf Landesebene in North Carolina nutzte die neuen Freiheiten, um eine der striktesten Vorgaben bezüglich der Vorlage eines Lichtbildausweises anzuordnen, „Early Voting" (also die vorzeitige Stimmzettelabgabe) zu reduzieren und die Registrierung für die Teilnahme an Wahlen am Wahltag selbst zu verbieten.[393] 2016 erklärte ein Berufungsgericht die neuen Wahlpraktiken als gesetzeswidrig, nicht zuletzt da herausgekommen war, dass die federführenden republikanischen Akteure sich von Unterlagen und Statistiken leiten ließen, die veranschaulichten, inwieweit insbesondere die Wahlbeteiligung afroamerikanische Wähler von bestimmten Maßnahmen betroffen werden würde.[394] Danach führten erneute Schritte und Vorgaben seitens der republikanischen Landeskammer dazu, dass zwischen 2014 und 2018 ungefähr ein Fünftel aller Wahllokale in North Carolina schließen musste.[395]

Besonders hohe Hürden zur Teilnahme an Wahlen wurden durch republikanische Politiker in Ohio aufgestellt. Im dortigen Einzelstaat kann die Nichtteilnahme an Wahlen zum Verlust des Wahlrechts führen. Die Schritte auf dem Weg zur Einschränkung der eigenen demokratischen Rechte sehen wie folgt aus: Personen, die zwei Jahre nicht an einer Wahl teilnehmen, erhalten daraufhin einen Brief der Wahlbehörde. Antworten sie auf diesen nicht und nehmen in den darauffolgenden vier Jahren ebenso nicht an

392 Vgl. Childress, Sarah (2013): With Voting Rights Act Out, States Push Voter ID Laws. In PBS, 26. Juni.

393 Vgl. Brennan Center for Justice (2018): The Effects of Shelby County v. Holder, 6. August.

394 Vgl. Wines, Michael/Alan Blinder (2016): Federal Appeals Court Strikes Down North Carolina Voter ID Requirement. In: New York Times, 29. Juli.

395 Vgl. Peterson, Blake (2018): Bipartisan Furor as North Carolina Election Law Shrinks Early Voting Locations by Almost 20 Percent. In: ProPublica, 24. September.

einer Wahl teil, werden sie von den Wählerverzeichnissen gelöscht – eine Vorgehensweise, die der *Supreme Court* im Juni 2018 als verfassungsmäßig deklarierte.[396] Von Seiten der federführenden Akteure hinter dem Gesetz wurde auch in diesem Falle argumentiert, dass einzig und allein das Ziel der Verhinderung des Wahlbetrugs verfolgt wurde. Schließlich, so die Begründung, könnten ohne eine gewisse Kontrolle des Wählerverzeichnisses, Bürger, die schon vor Jahren Ohio verlassen haben, trotzdem an Wahlen im dortigen Staat teilnehmen.

Doch auch hier muss konstatiert werden, dass weitere Hindernisse auf dem Weg zum Wahllokal ein vermeintliches Problem angehen, das evident nicht existiert. Vielmehr wird insbesondere demokratischen Wählergruppen wie Minderheiten und jüngeren Wählern, die tendenziell seltener an Wahlen teilnehmen, der Gebrauch ihres Wahlrechts erschwert. Ohio ist hier nur ein Beispiel. 2005 eingeführt, sollte der *Interstate Voter Registration Crosscheck* sicherstellen, dass Personen nicht in mehreren Einzelstaaten registriert waren und mehrfach an Wahlen teilnahmen. Um dies zu gewährleisten, teilten Einzelstaaten[397] ihre Wählerverzeichnisse mit dem Amt des *Secretary of State* von Kansas. Fiel auf, dass Wähler mit gleichem Namen und Geburtsdatum in mehreren Staaten registriert waren, konnten die entsprechenden Personen aufgefordert werden, ihre rechtmäßige Registrierung im Wählerverzeichnis zu verifizieren. Problematisch war diesbezüglich, dass das *Crosscheck*-System laut einer Analyse in über 99 Prozent aller Fälle „False Positives“ generierte und somit die Basis schuf, legitimen Wählern ihre Registrierung zu entziehen.[398] Dies war nicht zuletzt der Fall, da *Crosscheck* beispielsweise zweite Vornamen oftmals gar nicht beachtete.[399] Ebenso wurden ethnische Minderheiten überproportional von der simplen Aufarbeitung der Daten erfasst, da diese Gruppe eher als Weiße einen häufig vorkommenden Nachnamen teilt (man denke hier insbesondere an *Hispanics* mit den weit verbreiteten Nachnamen wie Garcia, Rodriguez oder

396 Vgl. Lopez, German (2018): Supreme Court's conservative justices uphold Ohio's voter purge system. In: Vox, 11. Juni.

397 2017 nahmen 28 Einzelstaaten an dem Programm teil. Die überwältigende Mehrheit wurde von der Republikanischen Partei auf Landesebene dominiert.

398 Vgl. Goel, Sharad u. a. (2017): One Person, One Vote: Estimating the Prevalence of Double Voting in U.S. Presidential Elections.

399 Vgl. Palast, Greg (2016): The GOP's Stealth War Against Voters. In: Rolling Stone, 24. August.

Martinez).[400] 2010 konnte beispielsweise ein Viertel der 50 weit verbreitetsten Nachnamen in den USA *Hispanics* zugeschrieben werden, obwohl diese ungefähr 16 Prozent der allgemeinen Bevölkerung stellten.[401] Somit erhielt gerade dieses tendenziell eher demokratische Segment unverhältnismäßig oft die Aufforderung, seinen Wohnort zu bestätigen. Im Dezember 2019 wurde das *Crosscheck*-Programm jedoch nach einer Klage der American Civil Liberties Union als Teil eines Vergleichs auf unbestimmte Zeit ausgesetzt.

Entscheidet sich das Volk in Referenden gegen diese Schritte vorzugehen, geben republikanische Gesetzgeber jedoch trotzdem nicht auf. Im November 2018 votierten fast zwei Drittel aller Floridianer dafür, freigelassenen Straftätern (außer Mördern und Sexualstraftätern) ihr bis dahin entzogenes Wahlrecht zurückzugeben. Die Gesetzesänderung betraf anderthalb Millionen potenzieller Wähler, von denen ungefähr 420.000 Afroamerikaner waren.[402] Die von den Republikanern kontrollierte Landeskammer verabschiedete daraufhin jedoch ein Gesetz, entsprechend dessen nur Straftäter ihr Wahlrecht zurückerhalten sollen, wenn sie die in Verbindung mit ihrer Rechtssache angefallenen finanziellen Obligationen und Schulden an die Gerichte vollständig zurückgezahlt haben. Vom republikanischen Gouverneur Ron DeSantis im Juni 2019 unterschrieben, zeigten Daten zwei Jahre später, dass 70 bis 80 Prozent aller ehemaligen Straftäter nicht in der Lage waren, die Kosten zu zahlen und sie somit ihr Wahlrecht weiterhin nicht zurückerhalten hatten.[403]

Inwiefern diese Gesetze Konsequenzen für den Ausgang von Wahlen auf nationaler Ebene vorweisen, ist weiterhin wissenschaftlich umstritten. Manche Studien erkennen einen negativen Einfluss auf die Wahlbeteiligung von Minderheiten,[404] während andere Wissenschaftler diese Auswirkungen nicht vorfinden.[405] Dass die Schließung von Wahllokalen, Hindernisse bei

400 Vgl. Brater, Jonathan u. a. (2018): Purges: A Growing Threat to the Right to Vote. In: Brennan Center for Justice, 20. Juli, S. 7.

401 Vgl. Comenetz, Joshua (2016): Frequently Occurring Surnames in the 2010 Census. In: United States Census Bureau, S. 4.

402 Vgl. Uggen, Christopher u. a. (2016): 6 Million Lost Voters: State-Level Estimates of Felony Disenfranchisement, 2016. In: The Sentencing Project, S. 15–16.

403 Vgl. Mazzei, Patricia/Michael Wines (2021): How Republicans Undermined Ex-Felon Voting Rights in Florida. In: New York Times, 30. April.

404 Vgl. Hajnal, Zoltan u. a. (2017): Voter Identification Laws and the Suppression of Minority Votes. In: The Journal of Politics 79 (2), S. 363–379.

405 Vgl. Pryor, Ben, u. a. (2019): Voter ID Laws: The Disenfranchisement of Minority Voters? In: Political Science Quarterly 134 (1), 63–83.

der Registrierung sowie die Vorgabe des Besitzes eines Ausweises die Teilnahme an Wahlen erschweren, ist jedoch evident. Zusammengetragene Zahlen des *Brennan Center for Justice* der New York University Law School zeigen auf, dass nach der *Shelby County v. Holder*-Entscheidung allein zwischen 2014 und 2016 ungefähr 16 Millionen Wähler aus den Wählerverzeichnissen entfernt wurden – in einem besonders großen Ausmaß in Einzelstaaten, die vormals von den Vorgaben der *Preclearance* des *Voting Rights Act* betroffen waren und, wie erwähnt, die Entscheidung des Obersten Gerichtshofs scheinbar als Startschuss interpretierten, nunmehr ihre eigenen Restriktionen endlich nach Belieben durchsetzen zu können.[406] Werden die Präsidentschaftswahlen 2012 und 2016 näher analysiert, lassen sich gewisse Veränderungen in der Zusammensetzung der Wählerschaft erkennen. Zwar schaffte es Präsident Obama, die Wahlbeteiligung unter schwarzen Amerikanern in einem Ausmaß zu steigern, dass diese zum ersten Mal in der Geschichte ihrer Aufzeichnung höher als die Wahlbeteiligung weißer Amerikaner war, doch sank diese 2016 wieder unter 60 Prozent und war auch vier Jahre später erheblich niedriger als die Wahlbeteiligung des weißen Elektorats (→ Tabelle 14). Besonders problematisch für demokratische Strategen ist darüber hinaus die konstant niedrige Wahlbeteiligung unter *Hispanics*, die jedoch 2020 zum ersten Mal seit über zwei Jahrzehnten die 50-Prozent-Hürde überstieg.

	1996	2000	2004	2008	2012	2016	2020
Weiß	60,7	61,8	67,2	66,1	64,1	65,3	70,9
Schwarz	53,0	56,9	60,3	65,2	66,6	59,6	62,6
Hispanic	44,0	45,1	47,2	49,9	48,0	47,6	53,7

Tab. 14: Wahlbeteiligung in Präsidentschaftswahlen nach Ethnie/*Race*, 1996–2020 (in Prozent). | Quelle: File, Thom (2017): Voting in America: A Look at the 2016 Presidential Election. In: United States Census Bureau, 10. Mai; United States Census Bureau (2021): Voting and Registration in the Election of November 2020; Tabelle 4b: Reported Voting and Registration, by Sex, Race and Hispanic Origin, for States: November 2020

Das Absinken der Wahlbeteiligung der ethnischen Minderheiten mag ausschlaggebend für den Ausgang der Präsidentschaftswahl 2016 gewesen sein,

406 Vgl. Brater u. a. (2018), S. 1.

die schlussendlich durch weniger als 80.000 Stimmen in den drei Einzelstaaten Michigan, Pennsylvania, und Wisconsin entschieden wurde, die Donald Trump mit einem respektiven Vorsprung von 0,2, 0,7 und 0,8 Prozentpunkten gewann. Zwar war Trump in der Lage, als erster Republikaner seit den 1980er-Jahren in den entsprechenden Staaten Erfolge zu feiern, doch waren diese Gewinne nicht einem sprunghaften Anstieg der republikanischen Stimmen geschuldet. Vier Jahre zuvor war Mitt Romney beispielsweise in der Lage gewesen, in Wisconsin 2.700 Stimmen mehr als Donald Trump auf sich zu vereinen – verlor jedoch den Einzelstaat mit einem Rückstand von sieben Prozentpunkten an Barack Obama. In Michigan gewann George W. Bush 2004 34.000 Stimmen mehr als Donald Trump zwölf Jahre danach. Aber auch er verlor hier gegen seinen demokratischen Widersacher John Kerry mit einem Rückstand von dreieinhalb Prozentpunkten.

Dass Hillary Clinton 2016 beispielsweise den Einzelstaat Michigan mit 10.000 Stimmen verlor, lag somit gerade am fehlenden Enthusiasmus innerhalb der dortigen schwarzen Wählerschaft. Im Vergleich zur Wahl vier Jahre zuvor sank ihre Wahlbeteiligung in Michigan um über 12 Prozentpunkte.[407] Auch vier Jahre später war die Wahl Joe Bidens trotz dessen Vorsprungs von über sieben Millionen Stimmen in der *Popular Vote* ein enger Kampf, wenn man die Mehrheiten des Elektorengremiums betrachtet. Joe Biden entschied die Einzelstaaten Arizona, Georgia und Wisconsin mit insgesamt knapp 43.000 Stimmen Vorsprung für sich. Hätte er die 37 Elektoren der besagten Staaten nicht gewonnen, wäre es zu einem Patt der Wahlmänner zwischen Biden und Trump gekommen – mit einem wahrscheinlichen Sieg Trumps in der darauffolgenden Präsidentenwahl durch das Repräsentantenhaus.[408] Somit belegte auch die Wahl 2020 einmal wieder, welche weitreichenden Konsequenzen auch die kleinsten Änderungen hinsichtlich der Durchführung von Wahlen auf Staatenebene besitzen können, selbst wenn dadurch nur wenige tausend Menschen den Gang zur Wahlurne nicht beschreiten.

Republikanische Maßnahmen können jedoch auch über die einfache Schließung von Wahllokalen oder Vorgaben bezüglich der Ausweisung hinausgehen. Einen weiteren Versuch der Sicherung des elektoralen Gewichts republikanischer Wähler, stellte der – vom *Supreme Court* im Juni 2019

---

407 Vgl. Fraga, Bernard L. u. a. (2017): Why did Trump win? More whites – and fewer blacks – actually voted. In: Washington Post, 8. Mai.

408 Bei einem Patt wird die Wahl des US-Präsidenten an das Repräsentantenhaus übertragen – in der jede Delegation der Einzelstaaten in dieser Wahl eine Stimme besitzt. Auch wenn die Demokraten zu diesem Zeitpunkt eine

blockierte – Vorstoß der Trump-Regierung dar, in den amerikanischen Zensus des Jahres 2020 eine Frage nach der Staatsbürgerschaft einzubauen. Oberflächlich mag dieser Schritt nicht sonderlich kontrovers erscheinen, doch hätte solch eine Modifizierung für amerikanische Einzelstaaten mit einem großen Anteil an ausländischen Einwohnern potenziell erhebliche negative Konsequenzen besessen, denn die relevante Zahl des Zensus ist die berechnete *Gesamtbevölkerung* des Vereinigten Staaten, beziehungsweise der Einzelstaaten („counting the whole number of persons in each State“[409]). Diese umfasst somit US-Bürger, aber auch reguläre wie irreguläre Migranten. Insbesondere letztere hätten durch die Staatsbürgerschaftsfrage davon abgehalten werden können, an der Volksbefragung teilzunehmen, da ihrerseits möglicherweise befürchtet worden wäre, dass ihre Daten eventuell zu einer Abschiebung führen könnten – auch wenn das *Census Bureau* keine Informationen mit Immigrationsbehörden teilen darf. Die voraussichtliche Folge wäre dementsprechend gerade bezüglich der *Hispanic*-Bevölkerung eine beträchtliche Reduzierung der erfassten Population gewesen: Laut einer Prognose wären im Falle der Aufnahme der Staatsbürgerschaftsfrage über sechs Millionen *Hispanics* (über zwölf Prozent dieser Bevölkerungsgruppe im Zensus 2010) nicht erfasst worden.[410]

Es wären nicht nur Finanzmittel des amerikanischen Bundes gewesen, die Einzelstaaten mit einer beträchtlichen ausländischen Population durch eine ungenaue Zählung der Bevölkerung verloren gegangen wären. Der Zensus und seine Daten zur Gesamtbevölkerung stellen die Basis für die zehnjährliche Neuverteilung der 435 Sitze im amerikanischen Repräsentantenhaus dar – und damit auch der Verteilung der 538 Elektorenstimmen des *Electoral College*. Nähmen Ausländer in geringeren Zahlen am Zensus teil, käme dies insbesondere Regionen zugute, die eine eher geringe Zahl an Migranten vorweisen (und tendenziell republikanischer sind). Die Trump-Regierung nannte für ihren Vorstoß der Modifizierung des Zensusbogens jedoch verständlicherweise offiziell andere Gründe. 2017 argumentierte das Justizministerium unter dem damaligen *Attorney General* Jeff Sessions, dass die Fragestellung bei der Umsetzung von Abschnitt 2 des *Voting Rights Act* helfen solle, entsprechend dessen der Versuch der

---

409 14. Zusatzartikel der US-Verfassung, Abschnitt 2.

410 Vgl. Baum, Matthew A. u. a. (2019): Estimating the Effect of Asking About Citizenship on the U.S. Census. In: The Shorenstein Center on Media, Politics and Public Policy, S. 2.

Beschneidung des Wahlrechts unter anderem auf der Basis von Ethnie und Rasse illegal ist. Die Kombinierung der durch den Zensus generierten Daten bezüglich der lokalen ethnischen Zusammensetzung der Bevölkerung sowie des durch die Änderung erhaltenen genauen Anteils der entsprechenden volljährigen Bevölkerung mit amerikanischem Pass (mit anderen Worten wahlberechtigen Personen) wurden bezüglich der Sicherung des Wahlrechts von Minderheiten vom Justizministerium als hilfreich tituliert.[411]

Die wahren republikanischen Intentionen waren jedoch anderer Natur. Dokumente, die auf der Festplatte des im Sommer 2018 verstorbenen republikanischen Strategen Thomas Hofeller gefunden wurden, offenbarten, dass insbesondere in Fragen des *Redistricting* eine Modifizierung des US-Zensus für republikanische Mehrheitschancen als gewinnbringend gesehen wurde. Hofeller, von der New York Times aufgrund seiner jahrzehntelangen Arbeit bei der Umsetzung vorteilhafter republikanischer Wahlkreisgrenzen als „Michelangelo of gerrymandering"[412] beschrieben, hatte bereits 2015 eine Analyse zum Zensus und der Staatsbürgerschaftsfrage verfasst. Diese zeigte auf, dass das Erfragen der Nationalität innerhalb des Zensus und die damit verbundene potenzielle Ziehung der Wahlkreisgrenzen auf der Basis der Zahl amerikanischer Staatsbürger statt der Gesamtbevölkerung (der heute generell genutzte Standard), die Grenzziehung zugunsten weißer Wähler und somit auch der Republikanischen Partei erleichtern würde. Hofeller kam jedoch auch zu dem Fazit, dass diese Änderung nur mit genauen Statistiken zur Zahl der wahlberechtigten amerikanischen Staatsbürger (der *„Citizen Voting Age Population"*, CVAP) möglich sei. Denn ohne die Erhebung dieser Zahlen fürchtete Hofeller, dass der *Supreme Court* eine Ziehung der Wahlkreisgrenzen auf der Basis der Zahl amerikanischer Staatsbürger möglicherweise aufgrund des unzureichenden Datenmaterials als rechtswidrig deklarieren könnte.[413] Die Nutzung der CVAP anstatt der Gesamtbevölkerung als Basis der Populationsberechnung der Wahlkreise hätte entsprechend Hofellers Kalkül insbesondere in demokratischen Wahlkreisen eine Verringerung der Bevölkerungszahl mit sich

411 Vgl. Ciurczak, Peter/Ted McEnroe (2018): Citizenship and the census, in context. In: The Boston Foundation, März.

412 Wines, Michael (2019): Deceased G.O.P. Strategist's Hard Drives Reveal new Details on the Census Citizenship Question. In: New York Times, 30. Mai.

413 Vgl. Jamieson, Amber (2019): A Republican consultant died. His progressive daughter then found documents that might affect the census citizenship question. In: BuzzFeed News, 30. Mai.

gebracht. Demokratische Wahlkreise hätten somit teilweise miteinander vereint werden können.[414] Ländliche republikanische Wahlkreise mit einem erheblich geringeren Anteil ausländischer Einwohner hätten andererseits ihr elektorales Gewicht erhöht.

Nach dem Einzug Donald Trumps in das Weiße Haus setzte sich Hofeller für die Änderung des Zensus ein und arbeitete als Autor an einem Brief des amerikanischen Justizministeriums an das Handelsministerium (dem das *United States Census Bureau* untersteht), in dem die Gründe für Aufnahme der Staatsbürgerschaftsfrage in den Zensus dargelegt wurden – wie bereits beschrieben, unter dem Argument, dies würde die Rechte von Latino-Wählern sichern.[415] Im Juni 2019 entschied der *Supreme Court* in einer 5-4-Entscheidung jedoch, dass eine Inklusion der Staatsbürgerschaftsfrage zwar für sich genommen nicht verfassungswidrig sei, die offizielle Begründung der Regierung für deren Einfügung aber im Kontrast zur Faktenlage bezüglich der echten Intentionen stand. Auch der von George W. Bush ernannte *Chief Justice* John Roberts musste erkennen, dass seitens der Trump-Regierung scheinbar zuerst die Entscheidung getroffen wurde, die Staatsbürgerschaftsfrage auf den Fragebogen des Zensus zu bringen und erst danach nach einem juristisch glaubhaften Grund gesucht wurde. Trotzdem schaffte es die Trump-Regierung mit ihrer Einflussnahme die Genauigkeit der Volkszählung zum Vorteil der eigenen Stammwählerschaft zu beeinflussen. So wurde insbesondere die Bevölkerungszahl der Latinos entsprechend einer Nachanalyse des *United States Census Bureau* als zu gering festgelegt.[416]

4.3 Die Republikanische Partei heute – die Partei des „Trumpismus"

Zum Zeitpunkt des Verfassens der aktualisierten Version dieses Buches im Frühjahr 2024 sieht sich Donald Trump mit mehreren Strafverfahren konfrontiert – konnte sich jedoch komfortabel in den republikanischen

414 Vgl. Hofeller, Thomas (2015): The use of citizen voting age population in redistricting. Dokument wurde von der American Civil Liberties Union am 30. Mai im Supreme Court eingereicht.

415 Vgl. Wines (2019).

416 Vgl. Lo Wang, Hansi (2022): The 2020 census had big undercounts of Black people, Latinos and Native Americans. In: NPR, 11. März.

Vorwahlen durchsetzen. Sollte Donald Trump ein weiteres Mal in das Weiße Haus einzieht, wäre dies ein weiterer Schritt des Niedergangs der US-amerikanischen Demokratie. Schockierten die gewaltsamen Versuche der Annullierung des Wahlergebnisses am 6. Januar 2021 weite Teile des Landes und der demokratischen Welt, sind für Trump und viele Republikaner die Ereignisse dieses Tages als Sternstunde des amerikanischen Patriotismus in die Geschichtsbücher eingegangen. Die verurteilten Demonstranten beschrieb Trump mehrfach als „Geiseln", die „unser Land lieben" und nunmehr „ungerechterweise inhaftiert" seien.[417] Es sind gerade diese Ansichten, die den demokratischen Verfall innerhalb des republikanischen Lagers offenlegen.

Blickt man hingegen auf Donald Trumps erste Amtszeit zurück, so erschien sein Regierungsprogramm gerade in den ersten beiden Jahren, in denen das Weiße Haus mit einer republikanischen Kongressmehrheit arbeiten konnte, vergleichsweise „konventionell". Der Präsidenten wies zwar bereits damals eine fragwürdige Interpretation demokratischer Normen vor, doch lag der Fokus seiner Administration auf Themen wie Deregulierung und wirtschaftspolitischen Vorstößen, die den Zielen vorheriger republikanischer Präsidenten ähnelten.

Die einzige große legislative Errungenschaft ließ sich in einer Steuerreform finden, die vornehmlich Unternehmen und den oberen Gehaltsschichten zugutekam. Den von Ronald Reagan artikulierten republikanischen Grundsatz, *Government* sei nicht „die Lösung" sondern „das Problem" verfolgte Trump im Amt vom ersten Tag an. Noch im Januar 2017 unterschrieb der Präsident ein Exekutivdekret, das vorsah, für jede von einer Regierungsbehörde verabschiedete neue Regulierung zwei existierende zu entfernen. Diese Ziele konnte der Staatsapparat unter Trump auch erreichen. In den ersten 18 Monaten des republikanischen Präsidenten brach die regulative Aktivität um ungefähr 70 Prozent im Vergleich zum selben Zeitraum unter seinem Vorgänger ein.[418] Bei der Frage des Klimawandels agierte Trump eindeutig als Vorsitzender einer Partei der „Skeptiker". Neben dem Ausstieg aus dem Pariser Klimaabkommen stellte Trump mit Scott Pruitt zunächst einen Akteur an die Spitze der *Environmental Protection Agency* (EPA),

417 Zitiert in: Price, Michelle L. u. a. (2024): Haley challenges Trump on her home turf in South Carolina as the Republican primary looms. In: AP News, 11. Februar.

418 Vgl. Dooling, Bridget C.E. (2018): Trump Administration Picks up the Regulatory Pace in its Second Year. In: The George Washington Regulatory Studies Center, 1. August.

der diese Umweltbehörde vormals 14 Mal wegen vermeintlich zu strengen Auflagen verklagt hatte – 13 Mal mit Unternehmen aus dem Industrie- und Energiesektor.[419] Im Amt setzte Pruitt eine „Back to Basics"-Agenda um, entsprechend derer die zentrale Aufgabe der EPA sei, „ökonomisches Wachstum zu fördern".[420] Umweltschutz wurde dementsprechend auch klein geschrieben, Vorgaben aufgeweicht oder gar ganz abgeschafft. Im Juni 2019 wurde mit der *Affordable Clean Energy Rule* dann auch die zentrale umweltpolitische Richtlinie der Obama-Ära (der *Clean Power Plan*, CPP) ersetzt. Die neuen Richtlinien geben den Einzelstaaten deutlich mehr Spielraum bei der Frage, auf welche Art und wie weit CO_2-Emissionen von ihnen reduziert werden während Obamas CPP erheblich extensivere föderale Vorgaben vorsah.[421]

Bei der Besetzung richterlicher Vakanzen konnte Trump auch die Hoffnungen des konservativen Mainstreams mehr als erfüllen. Die Auswahl der potenziellen Richter des *Supreme Court* und anderer Positionen der Bundesjudikative überließ Donald Trump konservativen Akteuren und Think Tanks, die den Präsidenten mit Kandidaten versorgten, die eine Verlagerung des ideologischen Mittelpunkts der Gerichte nach rechts garantieren würden. Insgesamt wird Donald Trumps Vermächtnis dank der Besetzung von Richterstellen seine Zeit im Weißen Haus weit überdauern, wie auch das Abtreibungsurteil des Obersten Gerichts aus dem Sommer 2022 belegte. Nicht zuletzt dank der rigiden Oppositionspolitik des republikanischen Senats in den letzten beiden Amtsjahren Präsident Obamas, traf Donald Trump am ersten Tag im *Oval Office* auf 108 zu füllende Positionen in der föderalen Judikative des Landes[422] – genau doppelt so viele wie Präsident Obama zu seinem Amtsantritt besetzen konnte.[423] In Zusammenarbeit mit Mitch McConnell und der republikanischen Senatsmehrheit konnte Donald

419 Vgl. New York Times (2017): Pruitt v. EPA: 14 Challenges of EPA Rules by the Oklahoma Attorney General. 14. Januar.

420 Zitiert in: United States Environmental Protection Agency (2017): EPA Launches Back-To-Basics Agenda at Pennsylvania Coal Mine. 13. April.

421 Vgl. Friedman, Lisa (2019): E.P.A. Finalizes its Plan to Replace Obama-Era Climate Rules. In: New York Times, 19. Juni.

422 Stellen auf Lebenszeit. Diese Zahl bezieht sich auf die sogenannten „Article III"-Richerstellen. Diese bestehen aus dem Supreme Court (insgesamt 9 Richter), den United States Court of Appeals (179), United States District Court (677) sowie den United States Court of International Trade (9). Für diese Positionen schlägt der Präsident Kandidaten vor, die danach vom Senat bestätigt werden.

423 Vgl. Ballotpedia (2019): Judicial vacancies during Trump's first term. Stand: 31. Mai.

Trump in seiner ersten Amtszeit in den direkt unter dem *Supreme Court* stehenden Berufungsgerichten (*United States Courts of Appeals*) insgesamt 54 neue Richter installieren – fünf mehr als Barack Obama beispielsweise in zwei vollen Amtszeiten besetzte.[424] Da der Oberste Gerichtshof nur eine überschaubare Zahl von Fällen anhört, sind es gerade die Berufungsgerichte, deren Entscheidungen zumeist das (zumindest vorerst) letzte Wort darstellen.

Besonders aktiv waren die Republikaner in den ersten beiden Jahren von Trumps Amtszeit, in der die zahlreichen von den republikanischen Senatoren erkämpften Vakanzen größtenteils gefüllt wurden. Insgesamt konnte Präsident Trump in den ersten 30 Monaten im Amt 146 offene Posten in Bundesgerichten besetzen (51 mehr als Barack Obama in derselben Phase seiner Präsidentschaft). Die Opposition gegen Trumps Kandidaten erwies sich jedoch als deutlich stärker als unter vorherigen Präsidenten: Unter den 95 von Präsident Obama bis Anfang August seines dritten Amtsjahres ernannten Richtern, ließen sich nur zwei Kandidaten vorfinden, in der mehr als 25 Prozent des Senats gegen deren Ernennung stimmte. Im Falle von Donald Trumps auserkorenen Kandidaten lag dieser Wert jedoch bei knapp 50 Prozent (71 von 146).[425] Diese Entwicklung ist zugegebenermaßen zumindest partiell dadurch zu erklären, dass seit November 2013 die Ernennung von Bundesrichtern[426] nicht mehr durch einen *Filibuster* verhindert, beziehungsweise verzögert werden kann. Somit besteht nicht mehr die Notwendigkeit des Vorschlags von Kandidaten, die dank einer Unterstützung von mindestens 60 Senatoren zumindest eine gewisse parteiübergreifende Zustimmung genießen.[427] Doch lassen auch diese Daten erkennen, dass Donald Trump bei der Frage der Richterernennung keinerlei Interesse an Kompromissen hat, sondern vielmehr die Pläne des konservativen Flügels der Partei in vollem Umfang unterstützt.

---

424 Vgl. United States Courts (2023): Judgeship Appointments By President.

425 Vgl. The Heritage Foundation (2019), Stand: 2. August 2019.

426 Diese Regelung galt zuerst nicht für Kandidaten des *Supreme Court*. Die Ausweitung auf potenzielle Richter des Obersten Gerichtshofs wurde im April 2017 von Mitch McConnell umgesetzt.

427 Bis zu diesem Zeitpunkt bestand die Regel, dass Debatten bezüglich der Ernennung von Kandidaten zu Bundesgerichten nur mit einer Dreifünftel-Mehrheit im Senat beendet werden konnte. In der Realität bedeutete dies, dass ein Kandidat die Unterstützung von 60 Senatoren zur erfolgreichen Ernennung brauchte, da andernfalls ein *Filibuster* die endgültige Abstimmung verhindern konnte.

Überraschender mag das programmatische Profil Donald Trumps in gesellschaftspolitischen Fragen gewesen sein. Als dreimal verheirateter Mann mehrerer Affären, der im Gegensatz zum *Born-Again*-Christen George W. Bush nicht geläutert war, sollte sich die Unterstützung der evangelikal-konservativen Wählerschaft für Donald Trump in den Vorwahlen, wie bereits erwähnt, als vergleichsweise schwach herausstellen. Dazu kam Trumps Selbstdarstellung als in diesem Themenbereich eher moderate Person. Bezogen auf sexuelle Minderheiten beschrieb sich Trump als Kandidat im Sommer 2016 als ein „echter Freund“[428] der LGBTQ-Gemeinschaft, für deren Interessen er vorgab sich als Präsident einsetzen zu werden. Zudem hatte Trump in einer republikanischen Debatte wenige Monate zuvor gar die Non-Profit-Organisation *Planned Parenthood* verteidigt. Diese bietet unter anderem Beratungen zu Schwangerschaftsabbrüchen an und führt diese ebenso durch. Jedoch stellt *Planned Parenthood* auch eine Vielzahl anderer medizinischer Dienste bereit, gerade für finanzschwache Personen. Zwar stellte Trump klar, dass er wie seine republikanischen Kontrahenten staatliche Hilfen für die Organisation ebenso einstellen würde, doch beschrieb er *Planned Parenthood* als Akteur, der laut Trump „Millionen von Frauen“[429] helfe – ein beträchtlicher Unterschied zu seinen innerparteilichen Gegnern und der geltenden republikanischen Sichtweise. Entsprechend dieser ist *Planned Parenthood* gerade aufgrund der Durchführung von Schwangerschaftsabbrüchen ein rotes Tuch.

Im Amt sollte Trump sich jedoch als enger Verbündeter des sozio-kulturell konservativen Parteiflügels beweisen. Ausländischen Nichtregierungsorganisationen, die Schwangerschaftsabbrüche anbieten oder gar nur Informationen diesbezüglich bereitstellen, wurde der Zugriff zu finanziellen Hilfsmitteln des amerikanischen Staats kurz nach Trumps Vereidigung vollständig verwehrt. Auch vorherige republikanische Präsidenten haben Restriktionen dieser Art seit den 1980er-Jahren umgesetzt (bekannt als „Global Gag Rule“ oder „Mexico City Policy“), jedoch meist in einem deutlich geringeren Ausmaß. Handelte es sich bei George W. Bush um den Verlust des Zugriffs auf Gelder in einer Höhe von ungefähr 600 Millionen US-Dollar, so lag dieser Wert dank Trumps extensiveren Einschränkungen bei fast 9

---

428 Zitiert in: Diamond, Jeremy (2016): Donald Trump to LGBT community: I'm a ‚real friend'. In: CNN, 13. Juni.

429 Zitiert in: Krieg, Gregory (2016): Donald Trump defends Planned Parenthood at GOP debate. In: CNN, 26. Februar.

Milliarden US-Dollar.[430] Auf nationaler Ebene setzte die Trump-Regierung des Weiteren Vorstöße um, die es auch Einzelstaaten erleichtern sollten, den Anbietern von Schwangerschaftsabbrüchen finanzielle Mittel zu entziehen. Ebenso wurden auch Maßnahmen zum Schutz sexueller Minderheiten vor Diskriminierung, die unter der Obama-Regierung ausgebaut wurden, oftmals wieder rückgängig gemacht. Internationale Aufmerksamkeit in diesem politischen Bereich erhielten hierbei Maßnahmen zum Verbot des Militärdienstes Transsexueller sowie das von der Regierung ausgesprochene Verbot des Hissens der Regenbogenflagge an amerikanischen Botschaften während des *Gay Pride*-Monats im Juni 2019.

Auch wenn medial manchmal der Anschein erweckt wurde, Donald Trump und der Mainstream-Flügel der Partei befänden sich in einem steten Kampf miteinander, zeichnete das Abstimmungsverhalten der Republikaner im Kongress das Bild einer Partei, die einiger denn je war. Verschiedene Faktoren waren dafür verantwortlich. Einerseits ist die ideologische Kohäsion beider Parteien im Kongress auf oder in der Nähe eines historischen Höchststands. In Abstimmungen das Lager zu wechseln und den demokratischen Gegner zu unterstützen, verlangt den Sprung über einen enormen ideologischen Spalt. Egal welche Person im Weißen Haus residiert, Abweichler aus den eigenen Reihen wird es auch in Zukunft nur in einem überschaubaren Maße geben. Ein zweiter Trump-spezifischer Faktor war dessen bereits erwähnte Politik. Trump bediente größtenteils die republikanischen Wünsche in verschiedenen programmatischen Fragen. Die Folge war ein Ausmaß an Geschlossenheit in den republikanischen Reihen hinter Donald Trump, das selbst seine eher konventionellen Vorgänger nicht genossen. So unterstützten die Republikaner im Senat Donald Trumps programmatische Positionen in den ersten beiden Jahren seiner Amtszeit in 93 Prozent aller Fälle – im Repräsentantenhaus lag dieser Wert unter Republikanern nur marginal niedriger bei 91 Prozent.[431] Selbst einer der schärfsten Trump-Kritiker wie der verstorbene Senator John McCain wies ein Abstimmungsverhalten vor, das in 83 Prozent aller Fälle mit dem Standpunkt des Präsidenten übereinstimmte.[432]

430 Vgl. Joseph, James P. u. a. (2017): President Trump's Mexico City Policy: An Expansion of Restrictions on Foreign Aid. In: Arnold & Porter, 21. Juli.

431 Vgl. Frostenson, Sarah (2019): Republicans in Congress Have Been Very Loyal to Trump. Will it Last? In: FiveThirtyEight, 3. Januar.

432 Vgl. FiveThirtyEight (2019): Tracking Congress in the age of Trump.

Neben der Realisierung konservativer Wünsche, lässt sich ein weiterer Erklärungsansatz für die enge Bindung der Republikaner im Kongress an den Präsidenten finden. Unter republikanischen Wählerinnen und Wählern historisch populär, konnte die Folge der offenen innerparteilichen Opposition gegen Donald Trumps Politik ein innerparteilicher Herausforderer in den Vorwahlen sein – mit guten Erfolgsaussichten für die Verfechter des „Trumpismus". Donald Trump erhielt fast durchweg Zustimmungswerte von 90 Prozent im eigenen Lager, höher als die Werte von Barack Obama, Bill Clinton und auch Ronald Reagan, die knapp über 80 Prozent lagen.[433] Andere Erhebungen zeigten zudem auf, dass die republikanische Wählerschaft insgesamt eher dem Präsidenten als den parlamentarischen Repräsentanten der Partei vertraute. Auf die Frage, wer bei Meinungsdifferenzen zwischen Trump und den Republikanern im Kongress eher den richtigen Standpunkt vertreten würde, stellten sich Ende 2017 52 Prozent aller republikanischen Wählerinnen und Wähler auf Seiten des Präsidenten und nur 15 Prozent auf die der Kongress-Republikaner.[434]

Zweifelsfrei durch diese Daten beeinflusst, mussten sich in der Trump-Ära republikanische Abgeordnete mit Blick auf ihr Wiederwahlgesuch und Herausforderer am rechten Rand entsprechend positionieren. Die Anerkennung oder Ablehnung des Wahlergebnisses 2020 wurde in den Vorwahlen zur Kongresswahl 2022 zur Gretchenfrage der Republikanischen Partei – wer erfolgreich sein wollte, war gut beraten, die Legitimität der Wahl zumindest anzuzweifeln. Welche Relevanz die Treue zu Trump besaß, lässt sich insbesondere auch anhand der zehn Abgeordneten, die sich im Januar 2021 gegen Trump stellten und die Anklage des Amtsenthebungsverfahrens unterstützten, erkennen. Von ihnen konnten nur zwei ihre Vorwahlen (und schlussendlich die Wiederwahl) gewinnen. Vier entschieden sich, den Kongress zu verlassen und vier weitere, darunter Liz Cheney, verloren in den Vorwahlen. Gerade das Verhalten der Partei selbst gegenüber Liz Cheney zeigte, wie einflussreich Trump auch kurz nach dem unrühmlichen Ende seiner Präsidentschaft innerhalb der eigenen Partei blieb. Cheney hatte im Januar 2019 die Rolle der Vorsitzenden der republikanischen „House Conference" erhalten (nicht mit der Position des Fraktionsführers zu verwechseln). Nach ihrem endgültigen Übertritt ins Trump-kritische Lager im

433 Vgl. Jones, Jeffrey M. (2021): Last Trump Job Approval 34 %; Average Is Record-Low 41 %. In: Gallup, 18. Januar.

434 Vgl. Bartels, Larry (2018): Partisanship in the Trump era, S. 35.

Januar 2021 wurde sie nur wenige Monate später von der eigenen Fraktion gestürzt und durch Elise Stefanik ersetzt. Diese hatte sich insbesondere durch ihre leidenschaftliche Verteidigung Trumps während dessen erstem Amtsenthebungsverfahrens innerhalb der Partei einen Namen gemacht.

Mit Blick auf die internen Dispute zur Wahl des Sprechers des Repräsentantenhauses im Januar und Oktober 2023 und Donald Trumps erneuter erfolgreicher Nominierung im Frühjahr 2024 stellt sich auch die Frage, ob überhaupt weiterhin von einem internen „Bürgerkrieg" gesprochen werden kann, beziehungsweise welche ideologische Ausrichtung das heutige „Establishment" der Partei besitzt. Kevin McCarthys schwierige Wahl zum Sprecher des Repräsentantenhauses spiegelte die wachsende Macht des vormals radikalen Rands um den republikanischen „Freedom Caucus" wider. Nur durch weitereichende Konzessionen konnte McCarthy schlussendlich nach 15 Abstimmungen, der höchsten Zahl seit dem amerikanischen Bürgerkrieg, seinen Traumjob als Sprecher des Repräsentantenhauses erhalten – nur um diesen weniger als neun Monate später zu verlieren, ein Novum in der Geschichte der US-Demokratie.

Der Wettstreit um die Nachfolge wurde größtenteils von Trump-affinen Wettbewerbern ausgetragen. Sowohl Steve Scalise als auch Jim Jordan, die beiden anfänglichen Kandidaten, die sich nach Kevin McCarthys Abwahl zum Ziel setzten, das Amt des Repräsentantenhaussprechers zu erobern, können hinsichtlich ihrer eigenen Positionierung dem national-populistischen Flügel der Partei zugerechnet werden. Dieser hat sich mit Blick auf die Führung der Partei größtenteils durchgesetzt. Trumps Politik des „America First", das innenpolitisch einem „White America First" gleichkommt, ist das definierende Merkmal der Partei – da die Wählerschaft diesen Kurs vorgibt. Große Teile der Parteielite wandten sich nach dem eher enttäuschenden Ergebnis der Zwischenwahl 2022 von Trump ab, doch dessen Umfragewerte unter republikanischen Wählern erlitten keinen statistisch signifikanten Rückgang.

Jim Jordan, der im Oktober 2023 schlussendlich in seinem Unterfangen scheiterte, Sprecher des Repräsentantenhauses zu werden, aber trotzdem immerhin im ersten Wahlgang 200 der 220 Republikaner hinter sich vereinen konnte, stellt eines der besten Beispiele für die Transformation der Republikaner und den wachsenden Einfluss des innerparteilichen Anti-Establishment-Flügels dar. Vom ehemaligen republikanischen Sprecher des

Repräsentantenhauses John Boehner als „legislativer Terrorist“[435] aufgrund Jordans zentraler Rolle hinter verschiedenen *Government Shutdowns* beschrieben und Mitgründer des innerparteilichen Freedom Caucus, der seit 2015 immer wieder auch parteieigene Vorstöße torpediert, unterstützte Donald Trump im Herbst 2023 Jordans Kandidatur für das höchste Amt des Repräsentantenhauses. Dies war keinesfalls überraschend, warnte Jordan vor der Präsidentschaftswahl 2020 mehrfach, Demokraten würden versuchen, diese zu „stehlen“, während er nach dem Wahlausgang die Verschwörungstheorien des Wahlbetrugs befeuerte.[436]

Schlussendlich sollte sich die republikanische Fraktion auf den Abgeordneten Mike Johnson als Sprecher des Repräsentantenhauses einigen. Dieser spielte nach der Wahl 2020 eine führende Rolle bei der Rekrutierung von republikanischen Abgeordneten für eine Klage, die das Ziel verfolgte, die Präsidentschaftswahlergebnisse in vier umkämpften Staaten zu kippen. Johnson brachte hierbei das Argument ein, Wahlreformen während der Pandemie in zahlreichen Staaten hätten gegen die US-Verfassung verstoßen.[437] Mit Blick auf Johnsons Standpunkte in sozio-kulturellen Fragen spiegelte die Wahl des Repräsentanten aus Louisiana auch den Durchmarsch des Rechtskonservatismus innerhalb der Partei wider – ein Wissenschaftler ging gar so weit Johnson als „Verkörperung des weißen Christlichen Nationalismus in Nadelstreifen“[438] zu bezeichnen. Auch wenn Johnson bis zu seiner Wahl im Gegensatz zu den radikalen Rebellen und Widersachern McCarthys nie in den Vordergrund getreten war, sollte dies keinesfalls als gemäßigte Weltanschauung fehlinterpretiert werden. So hatte Johnson 2005 in einem Meinungsbeitrag in einer lokalen Zeitung die Zahl der durch Abtreibungen beendeten Schwangerschaften als „einen Holocaust“ bezeichnet und argumentierte darüber hinaus, die durch die Gerichte garantierte Legalität von Schwangerschaftsabbrüchen basiere auf einer Ideologie, die sich „nicht von der Hitlers [unterscheide]“.[439]

---

435 Zitiert in: Beavers, Olivia (2021): How Jim Jordan went from 'legislative terrorist' to inside operator. In: Politico, 27. Juli.

436 Vgl. CNN (2021): Did Jim Jordan never say the election was stolen? 13. Januar.

437 Vgl. Broadwater, Luke/Steve Eder (2023): Johnson Played Leading Role in Effort to Overturn 2020 Election. In: New York Times, 25. Oktober.

438 Edsall, Thomas B. (2023): 'The Embodiment of White Christian Nationalism in a Tailored Suit'. In: New York Times, 1. November.

439 Zitiert in: MacFarlane, Scott/Michael Kaplan (2023): House Speaker Mike Johnson once referred to abortion as "a holocaust". In: CBS News, 26. Oktober.

Dass eine ehemals politische Randfigur wie Jordan sich fast an die Spitze der Republikaner in der unteren Kongresskammer stellen konnte und sich schlussendlich eine der wichtigsten Figuren hinsichtlich der Anfechtung des Präsidentschaftswahlergebnisses innerhalb des Kongresses in der Wahl zum Repräsentantenhaussprecher durchsetzte, fungiert aber keinesfalls als Indikator einer „feindlichen Übernahme“ der Partei durch den Trumpismus und seiner Anhänger. Jordan sitzt seit 2007 im Repräsentantenhaus, der besagte Freedom Caucus wurde vor Trumps Kandidatur gegründet – der Aufstieg des Abgeordneten aus Ohio spiegelt somit den wachsenden Einfluss einer Wählerschaft wider, die so gut wie alle staatlichen Institutionen in Washington, DC als Feind der eigenen Werte sieht und dementsprechend Abgeordnete (und auch einen Präsidenten) in die Hauptstadt entsendet, die ihrerseits nur ein geringes Interesse vorweisen, das reibungslose Funktionieren des Staatsapparates zu gewährleisten. Auch republikanische Think Tanks, die sich ehemals auf die Ausarbeitung einer neoliberalen Agenda für die Wirtschaftspolitik fokussierten, verbreiten heute dramatische Niedergangsszenarien, in denen in populistischer Manier die politische Elite als Volksfeind dargestellt wird. So schreibt Kevin Roberts, Präsident der Heritage Foundation, mit Blick auf den heutigen Wettbewerb zwischen den beiden ideologischen Lagern:

> *„Unsere politische Klasse ist durch Unehrlichkeit und Korruption im großen Stil diskreditiert. Sehen Sie sich das heutige Amerika unter der herrschenden und kulturellen Elite an: Die Inflation verwüstet die Familienbudgets, die Zahl der Todesfälle durch Drogenüberdosierung steigt weiter an, und Kinder leiden unter der toxischen Normalisierung des Transgenderismus mit Drag Queens und Pornografie, die in ihre Schulbibliotheken eindringen.“*[440]

In Anbetracht solch finsterer Interpretationen des Zustands der Vereinigten Staaten, überrascht es fast nicht, dass nach der Präsidentschaftswahl 2020 das antidemokratische Fieber im Trump-Lager nur noch weiter angestiegen ist. Die Szenen des 6. Januars 2021 schockierten die Welt. Schüsse fielen inmitten des Kapitols, mehrere Todesopfer wurden beklagt. Doch selbst als diese Szenen noch frisch im Gedächtnis eingebrannt waren, reagierte ein beträchtlicher Teil der republikanischen Wählerschaft mit Verständnis oder gar Unterstützung für den Versuch, die Amtsübergabe an einen le-

---

440 Roberts, Kevin (2023): Foreword. In: The Heritage Foundation: Mandate for Leadership: The Conservative Promise, S. 1.

gitim gewählten Kandidaten gewaltsam zu verhindern. Die Schritte zur Annullierung des Wahlergebnisses waren keinesfalls Positionen, die sich hauptsächlich am Rand der Partei vorfinden ließen. In einer Umfrage vor der Zusammenkunft des Kongresses zur Bestätigung des Präsidentschaftswahlergebnisses sprach sich eine Mehrheit von 53 Prozent aller republikanischen Wähler dafür aus, dass ihre Abgeordneten gegen eine Zertifizierung des Ergebnisses stimmen sollten.[441]

Weitere Umfragen nach den Vorfällen im Kapitol belegten eine fortwährend starke Unterstützung der antidemokratischen Maßnahmen. Auf die Frage, ob sie eher Kongresskandidaten unterstützen würden, die den Sieg Joe Bidens anerkannt oder abgelehnt hatten, entschieden sich in einer Umfrage weniger als eine Woche nach dem 6. Januar 2021 zwei Drittel aller republikanischen Wähler für die letztere Option.[442] Die Anklage zur Amtsenthebung stieß ebenso auf Ablehnung: 71 Prozent der republikanischen Wählerschaft beschrieb Republikaner im Kongress, die dafür gestimmt hatten, als „illoyal", nur 29 Prozent als „prinzipientreu".[443] Auf der anderen Seite genoss Trump, der erste Präsident, der sich zweimal mit einem Amtsenthebungsverfahren konfrontiert sah, Rekordwerte mit Blick auf seine Popularität. Einen Monat nach der Ansetzung des zweiten Verfahrens antworteten 36 Prozent aller republikanischen Anhänger, Donald Trump sei der beste (wohlgemerkt nicht nur republikanische) Präsident in der Geschichte des Landes gewesen. Auf dem zweiten Platz landete die konservative Ikone Ronald Reagan mit 18 Prozent. Dies stellte einen Führungswechsel im Vergleich zu einer Umfrage dar, die dieselbe Frage drei Jahre zuvor gestellt hatte, als Ronald Reagan dieses Feld noch seinerseits mit 36 Prozent anführte und nur 10 Prozent aller Republikaner den damals amtierenden Präsidenten Trump als Präsidentenprimus sahen.[444]

Nicht zuletzt die Popularität der *Big Lie* des massiven demokratischen Wahlbetrugs unter republikanischen Anhängern ermutigte zahlreiche Personen aus dem republikanischen Lager autokratische Fantasien zu äußern. Michael Flynn, Donald Trumps erster Nationaler Sicherheitsberater, der

---

441 Vgl. Yokley, Eli (2021): Most Voters Oppose Republican Push to Overturn Biden's Electoral College Victory. In: Morning Consult, 5. Januar.

442 Vgl. Backus, Fred (2021): Nearly half of Americans think some GOP lawmakers encouraged violence. In: CBS News, 13. Januar.

443 Vgl. Yokley (2021).

444 Vgl. Frankovic, Kathy (2021): Republicans used to call Ronald Reagan the best president in US history. Now it's Donald Trump. In: YouGov, 15. Februar.

aufgrund fragwürdiger Kontakte zu Russland nach drei Wochen sein Amt niederlegen musste und sich danach zu einem der bekannteren Anhänger der QAnon-Verschwörungstheorien entwickelt hatte, ging kurz nach dem Erhalt einer präsidialen Begnadigung für seine getätigten Falschaussagen gegenüber dem FBI Anfang Dezember 2020 so weit über Twitter die Forderung zu teilen, der Präsident möge das Kriegsrecht erklären, die „einseitige Propaganda der zerstörerischen Medien zum Schweigen bringen", kurzzeitig die Verfassung aussetzen und Neuwahlen unter Aufsicht des Militärs ansetzen.[445] Schlussendlich sahen sich die zehn noch lebenden ehemaligen Verteidigungsminister (dementsprechend auch die beiden Minister unter Trump) gezwungen, einen Text zu veröffentlichen, der davor warnte, die Armee in „Wahldispute" zu involvieren.[446] Quellen aus dem Weißen Haus bestätigten, dass Trump dem Plan der vom Militär gesicherten Neuwahlen durchaus nicht abgeneigt war.

Wer Trumps Versuche der Wahlannullierung untergrub, verlor schnell seinen Arbeitsplatz. Christopher Krebs, Vorsitzender der *Cybersecurity and Infrastructure Security Agency* des Heimatschutzministeriums kam kurz nach der Wahl auf der Basis von Expertenanalysen zu der Schlussfolgerung, alle Vorwürfe des Wahlbetrugs oder der Wahlmanipulation seien vollkommen haltlos.[447] Nur wenige Stunden später gab Donald Trump über Twitter bekannt, Krebs sei aufgrund dessen „höchst fehlerhaften"[448] Kommentaren von seinem Posten entfernt worden. Joe DiGenova, einer der Anwälte des Trump-Teams, die für die Annullierung der Wahlergebnisse kämpften, ging gar einen Schritt weiter und forderte die standrechtliche Erschießung von Krebs.[449]

Auch führend Akteure der Republikanischen Partei auf Ebene der Einzelstaaten zogen Trumps Zorn auf sich, soweit sie sich für die Anerkennung des Wahlausgangs einsetzen und damit ihrer demokratischen Pflicht nachkamen. Der „Secretary of State" (in diesem Falle Innenminister) Georgias,

---

445 Vgl. Brennan, David (2020): Michael Flynn's call for 'martial law' comes amid violent threats over Trump election defeat. In: Newsweek, 2. Dezember.

446 Vgl. Carter, Ashton u. a. (2020): All 10 living former defense secretaries: Involving the military in election disputes would cross into dangerous territory. Washington Post, 3. Januar.

447 Tweet von Chris Krebs vom 17. November 2020.

448 Tweet von Donald Trump vom 17. November 2020.

449 Vgl. Choi, Matthew (2020): Trump campaign lawyer says former cybersecurity chief should be 'shot'. In: Politico, 30. November.

Brad Raffensperger hatte es gewagt, der präsidialen Behauptung des Wahlbetrugs in seinem Staat zu widersprechen – dafür erhielt er prompt vom Präsidenten das Siegel des „Volksfeindes“, das dieser sich normalerweise für die Medien aufhob.[450] Ebenso warf Trump auf Twitter Raffensperger vor, dessen Bruder Ron arbeite für Huawei und somit für den chinesischen Staat, eine Ansammlung von Akteuren, die allesamt vermeintlich Trumps Wiederwahl verhindern wollten. Das Problem dabei: Brad Raffensperger besaß keinen Bruder namens Ron. Die Person auf die Trump sich bezog (Ron Raffensperger) teilte mit dem Politiker aus Georgia einzig und allein den Nachnahmen.[451] In einem letzten Versuch wies Trump in einem einstündigen Telefonat kurz vor der Zertifizierung der Wahlergebnisse im Kongress Raffensperger an, auf irgendeinem Wege knapp 12.000 zusätzliche Stimmen zu finden, um das eigene Defizit in Georgia in einen Vorsprung zu verwandeln.[452] Raffenspergers Ablehnung der Teilnahme am Wahlbetrug resultierte in einer weiteren Twittertirade des Präsidenten gegen den Politiker aus Georgia, in der letzterer als „ahnungslos“[453] bezeichnet wurde. Zwei Jahre später versuchte Trump durch die Unterstützung eines Gegenkandidaten in den Vorwahlen Raffensperger aus dem Amt zu entfernen. Dieser setzte sich jedoch mit einem komfortablen Vorsprung durch. Zumindest in diesem Falle zeigte sich, dass einzelne Republikaner für ihre Standhaftigkeit nicht unbedingt durch die Wählerschaft bestraft wurden.

Raffenspergers Erfolg sollte mit Blick auf die Radikalisierung der Republikaner jedoch die Ausnahme darstellen. Mit größerer zeitlicher Distanz zur Stürmung des Kapitols konnte keine Mäßigung der Positionierung im konservativen Lager erkannt werden. Ganz im Gegenteil schien der 6. Januar eine immer extensivere Umdeutung zu unterlaufen. Schon ein halbes Jahr nach den Ereignissen im Kongress antworteten 55 Prozent aller republikanischen Wähler, besagte Geschehnisse ließen sich als „Verteidigung der Freiheit“ beschreiben; 51 Prozent sahen die Stürmung ebenso als „patriotisch“

450 Vgl. Nordlinger, Jay (2020): Another ‘enemy of the people’, &c. In: National Review, 30. November.

451 Vgl. Krawczyk, Kathryn (2020): Trump spreads Newsmax-fueled conspiracy about Brad Raffensperger's nonexistent brother. In: Yahoo News, 30. Dezember.

452 Vgl. Gardner, Amy (2021): ‘I just want to find 11,780 votes’: In extraordinary hour-long call, Trump pressures Georgia secretary of state to recalculate the vote in his favor. In: Washington Post, 3. Januar.

453 Tweet von Donald Trump vom 3. Januar 2021.

an (Mehrfachnennungen waren möglich).[454] Teilweise zu erklären ist dies nicht zuletzt durch die rhetorische Unterstützung, die Trump immer wieder für die Teilnehmer der Stürmung geäußert hat. Strafrechtlich verurteilte Partizipanten beschrieb er allgemein als *January 6 hostages*, also Geiseln, die er im Falle der Wiederwahl befreien würde, da sie für ihn „unglaubliche Patrioten"[455] seien. Vor einem religiösen Publikum beschrieb Trump besagte Personen auch gerne als „verfolgte Christen".[456]

Die Ereignisse dieses Tages spiegeln eine allgemeine Offenheit der republikanischen Wählerschaft gegenüber antidemokratischen Maßnahmen mit dem Ziel des eigenen Machterhalts wider, die in den letzten Jahren zumeist zugenommen hat. Schon ein Jahr vor der Stürmung des Kapitols zeigte eine statistische Erhebung, dass 51 Prozent aller Republikaner dem Satz zustimmten, die „traditionelle amerikanische Lebensart verschwindet so schnell, dass man möglicherweise diesen mit Gewalt retten muss". 41 Prozent unterstützten ebenso die Sichtweise, dass „amerikanische Patrioten" in naher Zukunft „das Recht in die eigenen Hände" nehmen müssen.[457] Anderthalb Jahre später lagen die entsprechenden Werte bei 55 und 47 Prozent.[458]

Die Vorwahlen des Jahres 2024 lieferten weitere Indikatoren hinsichtlich des Radikalisierungsgrads der Republikanischen Partei. Donald Trump konnte die *Primaries* ohne nennenswerte Gegenwehr für sich entscheiden. Seine letzte Widersacherin, Nikki Haley, war zwar in der Lage, die Trump-kritische Wählerschaft hinter sich zu vereinen, doch reichte deren Größe bei weitem nicht für eine Kandidatur mit ernstzunehmenden Erfolgschancen aus. Haley konnte beispielsweise unter moderaten Republikanern in verschiedenen Vorwahlwettbewerben Trump mehrfach schlagen. Ebenso gewann sie republikanische Wähler, die der Ansicht waren, Biden sei „legitim" gewählt worden.[459] Haleys Problem war jedoch, dass diese Gruppen nur einen geringen Teil (zumeist nicht mehr als 25 bis 30 Prozent) der republikanischen Vorwählerschaft repräsentierten. Die überwältigende

---

454 Vgl. Salvanto, Anthony u. a. (2021): CBS News poll: Still more to learn about January 6, most Americans say. In: CBS News, 20. Juli.

455 Zitiert in: Mascaro, Lisa u. a. (2024): Trump is making the Jan. 6 attack a cornerstone of his bid for the White House. In: AP News, 19. März.

456 Zitiert in: Jones, Robert P. (2024).

457 Vgl. Bartels, Larry (2020): Ethnic antagonism erodes Republicans' commitment to democracy. In: PNAS 117(37), S. 22752–22759.

458 Vgl. Stecula, Dominik (2021): Nearly half of Republicans agreeing that "patriotic Americans" may have to take the law into their own hands... 29. Juli.

459 Vgl. Silver, Nate (2024): Nikki Haley's problem is America's problem. 6. März.

Mehrheit der republikanischen Kernwählerschaft sah Trump weiterhin als einen der besten Präsidenten in der Geschichte des Landes, unterstützte seine autokratischen sowie, insbesondere mit Blick auf Europa relevanten, isolationistischen Tendenzen und glaubte ebenso, es sei in der Präsidentschaftswahl 2020 zu einem massiven Wahlbetrug zugunsten der Demokraten gekommen. Zwei Drittel aller Vorwähler äußerten zudem die Sichtweise, Trump wäre selbst im Falle der Verurteilung für ein Verbrechen weiterhin für das Amt des Präsidenten geeignet.[460] Als interessant mit Blick auf den heutigen Zustand der Republikanischen Partei bewies sich auch die Kampagne von Mike Pence, dessen evangelikaler Glaube und konservative politische Bilanz eigentlich Basis einer formidablen Kandidatur hätten sein können. Trump hatte ihn am 6. Januar 2021 aber gewarnt, dass die politische Karriere des damaligen Vizepräsidenten beendet sein würde, wenn er sich nicht der Bestätigung des Wahlergebnisses widersetze.[461] Trump sollte Recht behalten: Anfang Juni 2023 ins Rennen eingetreten, beendete Pence weniger als fünf Monate später lange vor den ersten Urnengängen seine Kampagne – er schaffte es nicht einmal mehr als fünf Prozent in den Umfragen zu erhalten. Insgesamt unterstrich der Vorwahlwettbewerb des Jahres 2024 ein weiteres Mal, welche Herausforderung insbesondere der aktive Teil der republikanischen Anhängerschaft für die amerikanische Demokratie darstellt – nicht nur inmitten der Trump-Ära, sondern für die vorhersehbare Zukunft.

4.4 Die amerikanische Demokratie in der Trump-Ära

Innerhalb eines Zweiparteiensystems ist es keine sonderlich profunde Feststellung, dass der Zustand einer Partei einen enormen Einfluss auf die generelle Verfassung des politischen Systems besitzt. Wie wir gesehen haben, trägt die Republikanische Partei den Großteil der Verantwortung hinsichtlich der Polarisierung des Landes – und damit auch am politischen Stillstand und den fortwährenden Grabenkämpfen, die immer wieder in Wissenschaft und Medien die Frage aufwerfen, inwieweit die amerikanische Demokratie kränkelt.

460 Vgl. Perry, Stephanie (2024): We polled thousands of voters during the GOP primary season. Here's what we learned. In: NBC News, 20. März.

461 Vgl. Broadwater, Luke/Maggie Haberman (2024): Trump Told Pence Certifying Election Would Be 'Career Killer,' Valet Testified. In: New York Times, 21. März.

Dies tut sie zweifelsfrei. Der Demokratie-Index des *Economist* sieht die Vereinigten Staaten in den letzten Jahren nunmehr nur noch als eine „flawed", also fehlerhafte, Demokratie. Lag das Land 2008 in diesem Index noch auf dem 18. Platz, fand es sich anderthalb Jahrzehnte später nur noch auf Platz 29 vor.[462] Die dafür als verantwortlich gesehenen Gründe wie der dysfunktionale Regierungsapparat sowie der damit verbundene Vertrauensverlust in die Politik lassen sich durchaus auf die Entwicklungen zurückführen, die im vorliegenden Buch erörtert wurden. Das amerikanische politische System basiert auf einer Kompromissbereitschaft der politischen Akteure, die in einem Umfeld der tiefen ideologischen Gräben zwischen den beiden Parteien heutzutage nur noch selten vorzufinden ist. Mit einer Vielzahl an Vetopunkten innerhalb des politischen Systems verfolgten die *Founding Fathers* im späten 18. Jahrhundert das Ziel, insbesondere legislative Schnellschüsse zu vermeiden. Denn, so Alexander Hamilton im Federalist Paper Nr. 70, „[i]n the legislature, promptitude of decision is oftener an evil than a benefit."[463] Schnelles Regieren war somit von Anfang an nicht erwünscht, ganz im Gegenteil: Die Zusammensetzung des politischen Systems durch verschiedene Wahlmodi und mehrere gleichberechtigte Akteure sollten jeden Handelnden im Zaum halten.

„Durchregieren" mit einer eigenen Mehrheit ist nur selten möglich, da in den meisten Sachverhalten beide Kammern des Kongresses gleichberechtigt sind und die starke präsidentielle Exekutive einer parlamentarischen Mehrheit mit einem Veto (das nur mit einer Zweidrittelmehrheit in beiden Kongress-Kammern überstimmt werden kann) einen Strich durch die Rechnung machen kann. Selbst ein hervorragendes Wahljahr mag nicht zu einer Mehrheit im Senat führen, da immer nur ein Drittel aller Senatorinnen und Senatoren zur Wiederwahl stehen – dies erklärt beispielsweise auch den republikanischen Zugewinn im Senat in den Zwischenwahlen 2018 trotz Donald Trumps enormer Unbeliebtheit, da fast drei Viertel aller zur Wahl stehenden Senatssitze in diesem Zyklus in demokratischer Hand waren. Somit boten sich für die Republikaner deutlich mehr Einzelstaaten zur Eroberung, während sie im Repräsentantenhaus einen ihrer größten

---

462 Vgl. The Economist Intelligence Unit (2024): Democracy Index 2023: Age of Conflict, S. 9.

463 Hamilton, Alexander (1788): The Federalist Papers: No. 70. In: Yale Law School – Lillian Goldman Law Library.

Verluste in der jüngeren Geschichte erfuhr.[464] Vier Jahre später konnten die Demokraten hingegen eine Mehrheit im Senat erreichen, während sie die untere Kammer an die Republikaner verloren. Da das Repräsentantenhaus selbst in einem zweijährigen Zyklus gewählt wird, können auch komfortable Mehrheiten in allen Bereichen des Regierungsapparates nach kurzer Zeit verschwunden sein – sowohl Barack Obama als auch Donald Trump mussten dies am eigenen Leib erfahren. Die Folge ist ein legislativer Stillstand, exemplifiziert durch das nunmehr fast dauerhafte Schreckgespenst des *Government Shutdown* wenn die Republikaner zumindest eine Kammer des Kongresses kontrollieren.

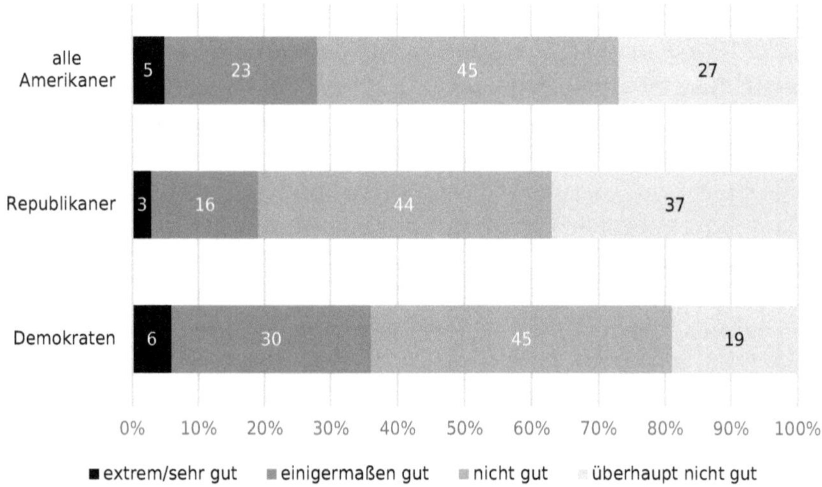

Abb. 7: Wie gut funktioniert heutzutage die Demokratie in den USA? | Quelle: Pew Research Center (2023): Americans' Dismal Views of the Nation's Politics. 19. September

Der amerikanischen Bevölkerung sind die negativen Entwicklungen ihrer Demokratie nicht entgangen (→ Abbildung 7). Auf die Frage, wie gut die Demokratie in ihrem Land heute funktioniere, antworteten 2023 nur 5 Prozent aller Amerikaner „sehr gut" – ein Anteil von 27 Prozent sah hingegen

464 Das demokratische „Übergewicht" in der Senatswahl 2018 lässt sich auch dadurch erklären, dass diese Sitze vormals 2012 und 2006 zur Wahl standen; zwei Wahljahre mit exzeptionell guten Ergebnissen für die Demokratische Partei, die zur Folge hatten, dass Demokraten in teilweise zutiefst Republikanischen Regionen ihre Sitze verteidigen mussten.

die Funktionsweise der amerikanischen Demokratie als „überhaupt nicht gut" an. Fünf Jahre zuvor hatten die jeweiligen Werte noch bei 18 und 13 Prozent gelegen. Insgesamt ließ sich eine Unterteilung von 28 Prozent im zufriedenen (2018: 58 Prozent) und 72 Prozent im unzufriedenen Lager (2018: 40 Prozent) vorfinden.[465]

Hier ist anzumerken, dass diese Unzufriedenheit zumindest nicht in ihrer Gesamtheit auf Trump zurückzuführen ist, denn auch Republikaner erkennen durchaus beträchtliche Defizite. Während 68 Prozent aller Demokraten nach dem ersten Jahr der Trump-Ära argumentierten, der Aufbau des amerikanischen Regierungsapparates bedürfe fundamentalen Veränderungen, waren immerhin auch 50 Prozent aller Republikaner dieser Ansicht.[466] Auch das Ende der Trump-Präsidentschaft brachte in dieser Frage keine Rückkehr der Zufriedenheit – ganz im Gegenteil verzeichnete das Meinungsforschungsinstitut Gallup im Dezember 2023 einen historischen Tiefstwert hinsichtlich der Frage, wie zufrieden die Amerikaner mit dem Zustand ihrer Demokratie seien.[467]

Auch wenn die Republikanische Partei als Hauptschuldiger für einige der problematischen Entwicklungen der amerikanischen Demokratie betrachtet werden kann, lassen sich trotzdem auf der anderen Seite des politischen Grabens ebenso Entwicklungen vorfinden, die mit Blick auf den ideologischen Polarisierungsgrad ein eher düsteres Fazit bezüglich der Zukunft des Landes bieten. War die interne ideologische Kohäsion lange Zeit ein Merkmal, das hauptsächlich auf die Republikaner zutraf, so lässt sich dies nun auch für die Demokraten behaupten (in gewisser Weise auch als Reaktion auf die steigende ideologische Radikalität der Republikaner). Im Jahr 2000 war die Demokratische Partei noch eine Partei der verschiedenen ideologischen Strömungen. Der Anteil der Demokraten, die sich als konservativ betrachteten (24 %), war zu diesem Zeitpunkt fast so hoch wie die der Anteil der Liberalen[468] innerhalb der Partei (28 %; die restlichen demokratischen

465 Für die Werte des Jahres 2018 vgl. Pew Research Center (2018): The Public, the Political System and American Democracy. 26. April.

466 Vgl. ebd.

467 Vgl. Jones, Jeffrey M. (2024): Record Low in U.S. Satisfied With Way Democracy Is Working. In: Gallup, 5. Januar.

468 Hier sei angemerkt, dass „liberal" im amerikanischen Kontext sich eher auf linksliberale Ansichten bezieht. Ebenso steht eine liberale ökonomische Politik in den Vereinigten Staaten für einen aktiven Staat samt einem vergleichsweisen starken Sozialstaat.

Wähler beschrieben sich als „moderat“). In den Jahren zuvor waren diese beiden Strömungen gar gleichauf.[469]

Für demokratische Präsidentschaftskandidaten war es vor nur zwei Jahrzehnten möglich, in den Vorwahlen eine moderate Allianz von Zentristen und Konservativen auf dem Weg zur Nominierung zu vereinigen. Wurden vom demokratischen Parteiestablishment Sorgen bezüglich der ideologischen Werte eines potenziellen Präsidentschaftskandidaten geäußert, handelte es sich hierbei um die Befürchtung, ein Kandidat könne zu (links-)liberal für die allgemeine Wählerschaft sein. Ebenso wie auf der republikanischen Seite, lässt sich indessen auf der demokratischen Seite eine Konvergenz zwischen Parteipräferenz und ideologischen Werten finden. 2022 beschrieben sich 54 Prozent aller Demokraten als liberal; der Anteil der Konservativen innerhalb der Partei war hingegen auf nur noch 10 Prozent gesunken.[470]

Auch auf der Elitenebene lässt sich auch ein gewisser Linksruck erkennen. Umfasste der eher linksstehende *Congressional Progressive Caucus* (CPC)[471] der Demokratischen Partei vor der Zwischenwahl 2018 76 Mitglieder, so lag diese Zahl danach bei 95. Dies bedeutete, dass der Anteil von CPC-Mitgliedern innerhalb der demokratischen Fraktion im Repräsentantenhaus von 30 auf 40 Prozent angestiegen war.[472] Auch wenn sich 2020 mit Joe Biden schlussendlich ein Demokrat der Mitte durchsetzte, erschien es in den demokratischen Vorwahlen für mehrere Monate nicht unwahrscheinlich, dass ein selbsternannter Sozialist das Rennen für sich entscheiden würde. Galt Bernie Sanders vier Jahre zuvor mit seinen – für amerikanische Verhältnisse – linken Standpunkten bezüglich des Gesundheitssystems und des Ausmaßes der Staatstätigkeit als Außenseiter, so sind sozialdemokratische Werte nunmehr selbst auf der höchsten Ebene fast zu einer parteiinternen Norm geworden, wohlwissend, dass in der heutigen Demokratischen Partei die Label „moderat“ oder gar „konservativ“ das Todesurteil der eigenen elektoralen Hoffnungen darstellen können.

---

469 Vgl. Saad, Lydia (2019): U.S. Still Leans Conservative, but Liberals Keep Recent Gains. In: Gallup, 8. Januar.

470 Vgl. Saad, Lydia (2023): Democrats' Identification as Liberal Now 54 %, a New High. In Gallup, 12. Januar.

471 Eine parteiinterne Gruppe/Fraktion, die das Ziel der Umsetzung einer progressiven Agenda innerhalb der Demokratischen Partei vorantreiben möchte.

472 Vgl. Skelley, Geoffrey (2018): The House Will Have Just as Many Moderate Democrats as Progressives Next Year. In: FiveThirtyEight, 20. Dezember.

Dazu gesellt sich eine sinkende Kompromissbereitschaft innerhalb der demokratischen Wählerschaft. Lange Zeit waren es die Demokraten und ihre Unterstützer, die Politik als ein Geben und Nehmen betrachteten und die Notwendigkeit der ideologischen Brückenbildung im amerikanischen System erkannten. 2011 gaben 46 Prozent aller Demokraten aber nur 31 Prozent aller Republikaner an, dass sie Kandidaten bevorzugen, die auf Akteure mit konträren Standpunkten zugehen – 2018 betrug diese Differenz nur noch zwei Prozentpunkte.[473] Donald Trump erscheint den demokratischen Wählern hier als ein rotes Tuch. Während beispielsweise immerhin 25 Prozent aller Republikaner nach den Zwischenwahlen 2018 argumentierten, Präsident Trump solle in einem hohen Maß mit seinen demokratischen Gegnern im Kongress bis zur nächsten Wahl kooperieren, äußerten nur zehn Prozent aller Demokraten diese Einstellung bezüglich der geforderten Kompromissbereitschaft der demokratischen Führungsriege im Kongress.[474]

Die Gräben innerhalb der amerikanischen Wählerschaft erscheinen somit tiefer denn je. Sowohl ideologisch als auch emotional. Der politische Gegner wird nicht mehr als Kontrahent mit legitimen Standpunkten, sondern als Feind für das eigene Wohl und die amerikanische Demokratie betrachtet. Sahen 1994 noch 21 Prozent aller Republikaner sowie 17 Prozent aller Demokraten die gegnerische Partei in einem „sehr negativen" Licht, so lagen die jeweiligen Werte 2022 bei 62 und 54 Prozent.[475] Es überrascht kaum, dass über 60 Prozent der Unterstützer beider Parteien somit die Ansicht vertreten, die andere Partei stelle eine „sehr" oder „teilweise ernste Bedrohung" für Land und Leute dar.[476] Ansichten wie diese haben gar enormen Einfluss auf das alltägliche Leben: 45 Prozent aller Demokraten sowie 35 Prozent aller Republikaner antworteten 2019, dass sie „sehr unglücklich" darüber wären, wenn ihr Kind einen Ehepartner aus dem gegnerischen politischen Lager heiraten würde.[477]

---

473 Vgl. Pew Research Center (2018): The Public, S. 91.

474 Vgl. Pew Research Center (2018): Public Expects Gridlock, Deeper Divisions With Changed Political Landscape. 15. November, S. 14.

475 Vgl. Pew Research Center (2022): As Partisan Hostility Grows, Signs of Frustration With the Two-Party System. 9. August, S. 11.

476 Vgl. Baker Center/Knight Foundation (2018): 2018 American Institution Confidence Poll: The Health of American Democracy in an Era of Hyperpolarization, S. 15.

477 Vgl. Jones, Robert P./Maxine Najle (2019): American Democracy in Crisis: The Fate of Pluralism in a Divided Nation. In: Public Religion Research Institute, 19. Februar, S. 20.

Ob diesen Entwicklungen Einhalt geboten werden kann, ist insbesondere nach der Wahl 2020 höchst fraglich. Für die Demokraten stellen die Republikaner mehr denn je eine Gefahr für das Fortbestehen der US-Demokratie dar, während die gegnerischen Republikaner seit Jahrzehnten das liberale Lager als Totengräber der amerikanischen Werte betrachten. Donald Trumps fortwährende Beliebtheit unter Republikanern selbst nach den Ereignissen des 6. Januars 2021 beweist, dass ein Konfrontationskurs im konservativen Lager populärer denn je ist. Demokratische Politiker reagieren ihrerseits ebenso mit einer rhetorischen Aufrüstung, die darauf deutet, dass politische Konflikte in zukünftigen Jahren in den Vereinigten Staaten aller Voraussicht nach noch erbitterter ausgetragen werden.

5 Fazit & Ausblick: Die demokratische Gefahr der Republikaner über die amerikanischen Grenzen hinaus

Kevin Phillips prophezeite in den späten 1960er-Jahren, dass seine *Southern Strategy* den Republikanern bis zum Jahre 2004 zu sicheren Mehrheiten verhelfen werde.[478] Wie zahlreiche andere Prognosen des damals noch nicht einmal 30-Jährigen sagte sie die Zukunft der Partei erstaunlich akkurat voraus. Republikanische Kandidaten gewannen fünf der sechs Präsidentschaftswahlen zwischen den späten 1960er- und 1980er-Jahren. Einzig und allein nach dem Watergate-Skandal konnte sich der Demokrat Jimmy Carter in der Wahl 1976 durchsetzen. Auch wenn seit 1992 die Demokraten in Wahlen zum Weißen Haus die eindeutig dominierende Partei sind, haben die Republikaner gerade dank ihrer Eroberung des Südens seit 1994 ein vergleichbares Ausmaß an Überlegenheit in Wahlen zum Repräsentantenhaus genossen. In den drei Jahrzehnten nach dem ersten Gewinn einer Mehrheit im Repräsentantenhaus seit fast einem halben Jahrhundert, konnten die Republikaner für 22 dieser 30 Jahre die untere Kammer des US-Kongresses kontrollieren.

Es wäre vermessen zu sagen, dass die strategischen Entscheidungen konservativer Kräfte in den 1960er-Jahren fehlerhaft waren. Moralisch sicherlich mehr als fragwürdig, führte der Siegeszug im Süden dank der Fokussierung auf weiße Wähler mit rassistischen Ressentiments zu einer politischen Dominanz, die der Republikanischen Partei auf verschiedenen politischen Ebenen zum Status des federführenden Akteurs verhalf. Auch zum Zeitpunkt des Verfassens dieses Fazits im Frühjahr 2024 sieht die Situation im Lande für die Republikaner zumindest oberflächlich alles andere als bedenklich aus, kontrollieren sie das US-Repräsentantenhaus sowie eine überwältigende Mehrheit der Einzelstaatenkammern, in denen weiterhin oft die wichtigsten alltäglichen politischen Entscheidungen des Landes getroffen werden – nicht zuletzt dank einiger der jüngsten Entscheidungen des Obersten Gerichts, das ebenso fest in Hand des konservativen Lagers ist. Auf Einzelstaatenebene können legislative Projekte, welche die Kerninteressen der republikanischen elektoralen Basis widerspiegeln, verfolgt

478 Vgl. Boyd (1970).

werden (wie die rigide Einschränkung von Schwangerschaftsabbrüchen nach dem *Dobbs*-Urteil des Obersten Gerichts oder auch Restriktionen des Wahlrechts). Auch wenn die Partei seit 1992 nur ein einziges Mal in acht Versuchen die *Popular Vote* der Präsidentschaftswahl gewinnen konnte, verfügt sie trotzdem über eine Zusammensetzung der Wählerschaft, die es ihr dank des Modus des *Electoral College* erlaubt, auch in diesem elektoralen Umfeld wettbewerbsfähig zu sein. Es ist hierbei noch einmal erwähnenswert, dass 2020 nur 43.000 Stimmen Donald Trump von seiner Wiederwahl trennten, obwohl sich im gesamten Land sieben Millionen Menschen mehr für Joe Biden entschieden hatten.

Die jüngere Vergangenheit hat jedoch auch die Kehrseite der nativistisch-populistischen Strategie der letzten 50 Jahre aufgezeigt, die nunmehr die amerikanische Demokratie gefährdet. Fortwährende Attacken gegen die politische Elite Washingtons und Minderheitengruppen haben innerhalb der Partei eine Wählerschaft geschaffen, die von der republikanischen Führungsriege kaum kontrolliert werden kann. Nicht zuletzt die beeindruckende Rückkehr Donald Trumps belegt dies. Die Parteielite hätte nach dem 6. Januar 2021 sowie dem durchwachsenen Zwischenwahlergebnis im Herbst 2022 nur zu gerne ein neues Kapitel ohne Trump aufgeschlagen. Doch die fortwährende Popularität des 45. Präsidenten innerhalb des republikanischen Elektorats verhinderte dies und zwang letztendlich auch die Führungsriege der Partei, Trump im Wahlzyklus 2024 in einem erheblich höheren Ausmaß als acht Jahre zuvor zu unterstützen.

Die heutige national-populistische Kernwählerschaft der Partei ist eine Gruppe, die den Personen des rechten Rands gleicht, die Richard Hofstadter in seinem bereits erwähnten Essay *The Paranoid Style in American Politics* in den 1960er-Jahren beschrieb. „[T]he modern right wing", so Hofstadter, „feels dispossessed. America has largely been taken away from them and their kind … ."[479] Republikaner sind heute mehrheitlich Wähler, die das Gefühl beschleicht, „ihr" Amerika sei nunmehr verschwunden und befinde sich auf einem fortwährenden gesellschaftlichen und ökonomischen Abstieg. Sie waren es, die Trump zu seinen mehrfachen erfolgreichen Kandidaturen verhalfen und werden auch in den Jahren nach Trump in der Republikanischen Partei von Kandidaten Beachtung finden.

Auch wenn Hofstadter in seinem Essay vom rechten Flügel der Gesellschaft sprach, repräsentiert die Wählerschaft, die Trump den Schlüssel

479 Hofstadter (1965), S. 23.

zum Weißen Haus übertrug, keinesfalls den radikalen Rand der Republikanischen Partei, sondern vielmehr ihr ideologisches Herz. Es sind Wähler, die weniger Einwanderung wollen und die demographische Veränderung des Landes samt dem damit verbundenen steigenden Einfluss nicht-weißer Minderheiten mit Argwohn betrachten. Dies erklärt auch den Erfolg der Partei innerhalb der weißen Arbeiterklasse, die von den wirtschafts- und sozialpolitischen Maßnahmen der Republikaner keineswegs profitiert. Der Sozialstaat wird von konservativen Politikern und Strategen seit Jahrzehnten als Institution dargestellt, die insbesondere eben diesen Minderheiten einen unverdienten Vorteil verschafft und ihnen damit hilft, die soziale Leiter emporzusteigen.

Ausgeprägt in Bezug auf das Thema Migration ist hier gerade die Divergenz zwischen den Schlussfolgerungen, die von der republikanischen Elite nach der Niederlage 2012 getroffen wurden, und der Präferenz der Basis, die sie durch ihre Unterstützung für Donald Trump kundtat. Vorschläge bezüglich einer Moderierung der Parteiposition beim Thema Einwanderung stießen und stoßen innerhalb der Basis auf taube Ohren. In ihrer Analyse der Wahlniederlage von 2012 kamen die Autoren des republikanischen Berichtes zu folgendem Fazit:

> *„We have become expert in how to provide ideological reinforcement to like-minded people, but devastatingly we have lost the ability to be persuasive with, or welcoming to, those who do not agree with us on every issue.“*[480]

Auch die republikanische Führungsriege erkennt, dass ihre Partei ein Konstrukt von beeindruckender ideologischer (sowie auch demographischer) Homogenität ist. Zeichen der gewünschten Moderierung sind nur schwer erkennbar. Ganz im Gegenteil: Auf die Frage, ob sie eine moderatere oder konservativere Partei sehen wollen, äußert die republikanische Wählerschaft schon seit Jahren, dass sie sich mehr ideologische Radikalität wünscht.[481] Die Kehrseite der ideologischen Geschlossenheit lässt sich im Unvermögen der Gewinnung von Wählern finden, deren Ansichten marginal von der Parteiideologie abweichen.

Der demographische Wandel des Landes wird der Partei jedoch keine andere Möglichkeit offenlassen, als Wählersegmente anzusprechen, die sie bis jetzt missachtet hat. Interessanterweise konnte Donald Trump unter

---

480 Republican Party (2013), S. 5.

481 Vgl. Pew Research Center (2019): Public's 2019 Priorities, S. 10.

Latinos Zugewinne verzeichnen. Auch wenn die überwältigende Mehrheit dieser Gruppe weiterhin die Demokratische Partei unterstützt, scheinen gewisse gesellschaftspolitische Entwicklungen bei den Demokraten Ablehnung im *Hispanic*-Lager hervorzurufen. Doch auch hier wird es für die Republikaner aufgrund ihrer Entwicklung in den letzten 60 Jahren eine Herausforderung sein, langfristige Erfolge zu erzielen. Über Jahrzehnte hinweg sind verschiedene Gesellschaftsgruppen nicht nur außer Acht gelassen, sondern aktiv als Feind der eigenen Kernwählerschaft dargestellt worden. Ethnische und sexuelle Minderheiten für die Partei zu gewinnen, würde eine Kehrtwende voraussetzen, die von der Stammwählerschaft vehement abgelehnt wird. Die von den Autoren des erwähnten Berichts geäußerte Sorge, eine Beibehaltung der jetzigen republikanischen Vorgehensweise würde schlussendlich darin münden, dass die Partei auf ihren harten Kern schrumpft, ist der Kernwählerschaft schlichtweg egal. Für die Erfolgsaussichten eines potenziellen republikanischen Kandidaten spielen die Ängste, die seit Jahrzehnten an der Basis genährt werden, zudem eine erheblich relevantere Rolle. Das diesbezüglich beste Beispiel stellt hier Donald Trump dar, der jede Schlussfolgerung sowie Empfehlung des Berichtes missachtete und sich mit einer Botschaft der Angst trotz seiner unterschiedlichsten Defizite mehrfach gegen parteiinterne Gegner durchsetzen konnte.

Ist die Republikanische Partei also dazu verurteilt, auf dem Müllhaufen der Geschichte zu landen? Zuerst einmal muss angemerkt werden, dass Vorhersagen bezüglich der Mehrheitsverhältnisse der amerikanischen Politik oft eine überschaubare Halbwertzeit vorweisen. 1988 argumentierte der liberale Autor und Kolumnist E.J. Dionne, Jr., dass die Republikanische Partei mit Freude auf die Zukunft schauen könne, da am Ende der Reagan-Ära die Partei selbst unter jungen Wählern durchaus gut aufgestellt war[482] – George H.W. Bush gewann 18–29-jährige Wählerinnen und Wähler mit einer Differenz von sechs Prozentpunkten, nur marginal geringer als sein genereller Stimmenvorsprung von acht Punkten gegenüber Michael Dukakis. Ebenso gibt es wahrscheinlich keinen besseren Katalysator zur Umsetzung von Reformen als elektorale Niederlagen. Doch auch hier konfrontiert das amerikanische politische System moderate Kräfte in der Republikanischen Partei mit einem fundamentalen Problem. Ein Schrumpfen der Partei auf ihre Kernwählerschaft bedeutet gerade in Bezug auf die Kandidatenauswahl

482 Vgl. Dionne, Jr., E.J. (1988): Political Memo; G.O.P. Makes Reagan Lure of Young a Long-Term Asset. In: New York Times, 31. Oktober.

schlussendlich, dass der ideologisch radikalere Kern der Partei ein größeres Gewicht vorweist. Dies ist insbesondere in den Vorwahlen der Fall, in denen der Ausgang von den Präferenzen der politisch aktiven Stammwählerschaft abhängt. Schon während der *Tea Party*-Ära zogen republikanische Amtsinhaber die Lehre, dass ein politisches Überleben nur durch einen Rechtsruck gesichert werden könne. Zukünftige republikanische Aspiranten auf hohe politische Ämter werden somit zumindest für die absehbare Zukunft auch den Weg der rigiden Verteidigung konservativer Ansichten als den vielversprechendsten sehen.

Dazu kommt die Frage, inwiefern die weitere demographische Transformation des Landes Einfluss auf das Wahlverhalten der (jetzigen) weißen Mehrheit haben wird. Ein stetig wachsender Fundus an wissenschaftlicher Literatur verdeutlicht, dass die Konfrontation mit dem bevorstehenden Minderheitenstatus nicht nur am Rand der weißen Gesellschaft zu einem Wachstum an Konservatismus führt.[483] Ist die Republikanische Partei in der Lage, unter weißen Wählerinnen und Wählern Zugewinne zu feiern, kann sie zumindest in der nahen Zukunft weiterhin Mehrheiten auf verschiedenen politischen Ebenen erreichen.

Welchen Weg wird diese Wählerschaft in den nächsten Jahren gehen? Die jüngsten Entwicklungen haben offenbart, dass die Statusängste, die zur Wahl Donald Trumps beitrugen, innerhalb der republikanischen Wählerschaft fest verankert sind – die Eroberung des weißen Südens durch die Partei hat somit schlussendlich auch zu einer Reproduktion der weißen Befindlichkeiten der Region innerhalb der Partei geführt. Wurde die schwarze Minderheit in der Region über Jahrhunderte als Gefahr für den gesellschaftlichen Status und politischen Einfluss der weißen Mehrheit gesehen, so lassen sich diese Auffassungen heute auch in beträchtlichen Teilen der republikanischen Wählerschaft im gesamten Land finden. Die allgemeinen Folgen für die Demokratie könnten auch der Entwicklung des Südens ähneln. Nur durch antidemokratische Maßnahmen wie den Entzug des Wahlrechts für schwarze Amerikaner konnte die weiße Bevölkerung der Südstaaten ihre politische Dominanz für über ein Jahrhundert nach dem amerikanischen Bürgerkrieg bewahren. Schon heute leitet diese Lehre die Politik vieler republikanischer Akteure.

483 Ein guter Einstieg in dieses Thema lässt sich im bereits erwähnten Text von Craig/Richeson (2014) finden.

Nur wenige Indikatoren deuten darauf hin, dass sich in naher Zukunft eine gemäßigtere Sichtweise durchsetzen könnte. „Kulturkriege" zum Thema Abtreibung, der demographische Wandel des Landes und die damit verbundenen ideologischen Veränderungen (immer mehr Amerikaner verschreiben sich säkularer und linksprogressiver Werte) dürften vielmehr unter republikanischen Kernwählern ebenso zu einer noch rigideren Wagenburgmentalität führen – mit den damit verbundenen negativen Konsequenzen für die amerikanische Demokratie.

Donald Trumps Sieg in den republikanischen Vorwahlen verhalf der Sichtweise, die Partei befände sich in einer Art Bürgerkrieg und stünde möglicherweise vor einer imminenten Spaltung zu Konjunktur. Zweifelsfrei gibt es weiterhin verschiedene Flügel mit verschiedenen programmatischen Schwerpunkten. Doch haben die vergangenen Jahrzehnte gezeigt, dass diese Gruppen friedlich miteinander koexistieren können und schlussendlich mit elektoralen Siegen eine Politik für alle beteiligten Akteure innerhalb der Partei umgesetzt wird. *Business Conservatives* wissen ihrerseits ebenso, dass sie ohne *Social Conservatives* nur schwer Mehrheiten erringen können. Letztere, oft wirtschaftlich schwächer gestellt, können mit einem Abbau des Wohlfahrtsstaates und Deregulierung leben, solange ihre Präferenzen in gesellschaftspolitischen Fragen von der Partei verteidigt werden. Dazu gesellt sich das politische Umfeld der Vereinigten Staaten. Die immense ideologische Kluft zwischen den beiden Parteien erschwert ein Überlaufen in das andere Lager. Die Gründung einer dritten Partei erscheint für abtrünnige Konservative ebenso wenig aussichtsreich. Mag der traditionelle Grundsatz, das Mehrheitswahlrecht führe zu Zweiparteiensystemen („Duvergers Gesetz") in verschiedenen Ländern widerlegt worden sein, so bleibt der politische Wettbewerb in den USA ein Kampf zwischen Republikanern und Demokraten. Man denke nur an die Wahl 2016 zurück, in der zwei Kandidaten mit historisch niedrigen Popularitätswerten trotzdem fast 95 Prozent aller Stimmen auf sich vereinen konnten.

Bezogen auf die generelle Zukunft der amerikanischen Demokratie muss abschließend konstatiert werden, dass die Republikaner immer stärker die Demokratie des Landes unterminieren. Zu diesem Fazit kam das vorliegende Buch bereits in der ersten Ausgabe im Sommer 2019. Insbesondere, aber nicht nur, aufgrund des Verhaltens nach der Wahl 2020 erscheint die Perspektive eines Niedergangs der amerikanischen Demokratie durch die stete Illiberalisierung der Republikaner nicht mehr undenkbar.

Wie bei seiner nativistischen Positionierung bildet Donald Trumps Affinität zum Autoritarismus ebenso die existierende republikanische Grundeinstellung nach, anstatt die Partei in eine grundsätzlich neue anti-demokratische Richtung zu bewegen. Steven Levitsky, Autor des Buches „Wie Demokratien sterben", stufte das Verhalten der Partei außerhalb des Weißen Hauses gar als noch gefährlicher als Donald Trumps Missachtung demokratischer Normen ein. Levitskys Ansicht nach haben sich die Republikaner allgemein in eine autoritäre Richtung bewegt, in der alles Erdenkliche versucht wird, um den politischen Gegner von den Schalthebeln der Macht fernzuhalten – eine Feststellung, die er schon lange vor der Stürmung des Kapitols im Januar 2021 getroffen hatte.[484] Eine wachsende Zahl an Wissenschaftlern stellt nunmehr die Frage, ob sich die Republikanische Partei heute noch demokratischen Grundsätzen verschreibt.[485] Die im vorliegenden Buch dargelegten republikanischen Maßnahmen des Machterhalts belegen, dass die Darstellung der Republikaner als semi-demokratische Partei durchaus die Realität der heutigen politischen Verhältnisse Amerikas widerspiegelt. Möchte man die Republikaner innerhalb des klassischen Modells der Parteienfamilien einordnen, so weist die heutige Republikanische Partei eine größere Schnittmenge mit den europäischen Rechtspopulisten statt den hiesigen bürgerlichen Parteien des konservativen oder christdemokratischen Lagers vor. Sowohl Republikaner als auch die Rechtspopulisten Europas teilen Sorgen hinsichtlich des Niedergangs der westlichen Zivilisation, der durch linksliberale Eliten vorangetrieben wird. Gerettet werden kann der Westen nur durch eine Beschneidung der politischen Macht besagter kosmopolitischer Eliten – notfalls mit antidemokratischen Mitteln.

Republikanische Strategen haben mit ihrer Vorgehensweise in den letzten Jahrzehnten innerhalb der konservativen Wählerschaft ein Klima der Angst erzeugt, das nicht nur zur Wahl Donald Trumps beitrug. Vielmehr hat es ebenso dazu geführt, dass republikanische Wähler antidemokratische Maßnahmen nicht nur tolerieren, sondern teilweise begrüßen. Schließlich geht es in ihren Augen um nicht weniger als die Wahrung der Republik vor dem

---

484 Vgl. Tomasky, Michael (2019): Do the Republicans Even Believe in Democracy Anymore? In: New York Times, 1. Juli.

485 Der Rechtswissenschaftler Aziz Huq kam schon im Sommer 2019 – also lange vor dem Versuch der Wahlannullierung und der Stürmung des Kapitols – zu folgendem Fazit: „We don't know how committed the Republican Party is to the project of democracy." Kommentar während der *American Constitution Society for Law and Policy Convention*, 7. Juni 2019. Video verfügbar über C-SPAN.

Sozialismus der Demokraten und ihrer Wähler, die Amerika grundlegend verändern wollen. Dank des Werdegangs der Republikanischen Partei in den letzten 60 Jahren steht auch die amerikanische Demokratie vor einer ihrer größten Herausforderungen.

Die jüngere Vergangenheit belegt jedoch eindrucksvoll, inwiefern jedoch nicht nur die US-Demokratie von der Transformation der Republikaner beeinflusst wird. Als die erste Auflage des vorliegenden Buches verfasst wurde, erschien ein europäischer Stellungskrieg, der in seiner Brutalität an die Schützengräben von Verdun und der Somme erinnert, undenkbar. Donald Trump hatte zwar als Kandidat die Sinnhaftigkeit der NATO in Frage gestellt, doch schien sich, zumindest anfänglich, in den grundlegenden außenpolitischen Fragen das Establishment der Republikanischen Partei durchgesetzt zu haben. Führende Kongressrepublikaner waren die „Erwachsenen im Raum“, erhoben beispielsweise Sanktionen gegen Russland und beteuerten gegenüber den Verbündeten in Europa immer wieder, dass die Vereinigten Staaten natürlich ein vertrauenswürdiger Partner bleiben würden.

Fünf Jahre nach der Erstauflage erscheint die Welt in vielerlei Hinsicht gänzlich anders. Im Frühjahr 2024 ist die Ukraine an der Front im Rückzug – gerade da die Republikaner im Kongress weitere Hilfen verzögert haben. Dies ist die Folge eines wachsenden Isolationismus innerhalb der Partei, der auf eine Ablehnung des Multilateralismus an der Basis zurückzuführen ist und die von Trump schon während seiner Zeit im Amt nach 2017 befeuert wurde. Herrschte zu Beginn des Konflikts in der Ukraine noch eine beträchtliche überparteiliche Übereinstimmung hinsichtlich der Notwendigkeit der Hilfen für den Verbündeten in Osteuropa, so wurden seitdem die kritischen Stimmen auf republikanischer Seite immer lauter. Etwas mehr als ein Jahr nach der russischen Invasion gab eine Mehrheit der republikanischen Wähler an, sie vertraue dem ukrainischen Präsidenten Selenskyj nicht, ein Wert, der 30 Prozentpunkte höher lag als unter demokratischen Anhängern.[486] Dies ging einher mit der stetig wachsenden Ansicht, die Vereinigten Staaten hätten bereits genug oder gar zu viel für die Ukraine getan.

Der vormals eher Trump zugeschriebene Isolationismus hat nunmehr alle Ebenen der Republikanischen Partei erfasst. Selbst ehemals standhafte Internationalisten wie der republikanische Senator aus South Carolina Lindsey

486 Vgl. Poushter, Jacob u. a. (2023): Americans Hold Positive Feelings Toward NATO and Ukraine, See Russia as an Enemy. In: Pew Research Center, 10. Mai.

Graham, die während der ersten Trump-Administration einen gewissen Widerstand gegen einige der übertrieben isolationistischen Positionen Donald Trumps leisteten, haben begonnen, sich eine „Trump'sche" Auslegung der Außenpolitik zu eigen zu machen. Im Februar 2024 stimmten Graham und eine Mehrheit der republikanischen Senatoren (26 von 49) gegen einen Gesetzesentwurf zur Bereitstellung essenzieller Hilfen für die Ukraine, obwohl dieser auch Bestimmungen zur Sicherung der amerikanischen Südgrenze enthielt, die in Verhandlungen von den Republikanern gefordert wurden.[487] Von den 17 republikanischen Senatoren, die seit 2018 gewählt wurden, stimmten gar 15 gegen den Entwurf.[488] Auch die schlussendlich im April 2024 verabschiedeten Hilfen von über 60 Milliarden US-Dollar für die Ukraine wurden von einer Mehrheit der republikanischen Fraktion im Repräsentantenhaus abgelehnt.

Republikanische Kongressmitglieder sind gut beraten, sich als Gegner des Multilateralismus zu positionieren, da die Kernwählerschaft der Partei in den letzten Jahren immer stärker einen Rückzug aus der internationalen Involvierung einfordert. Zum ersten Mal seit vier Jahrzehnten optierte in einer statistischen Erhebung im Herbst 2023, die Amerikaner befragte, ob das Land eine „aktive Rolle im Weltgeschehen" spiele solle, nur eine Minderheit der Republikaner für die engagierte Rolle (während 70 Prozent aller Demokraten dies forderten).[489] Die NATO und die damit verbundene Bündnistreue zu den europäischen Demokratien wird ebenso auf republikanischer Seite nunmehr erheblich kritischer gesehen. Vertraten bis in die 1990er-Jahre die Republikaner im Vergleich zum demokratischen Gegner eher die Ansicht, man solle das Militärbündnis stärker unterstützen, so hat sich in den letzten beiden Jahrzehnten eine beträchtliche Kluft zwischen den Anhängern der beiden großen amerikanischen Parteien aufgetan. 2023 erhielt eine Verpflichtung zu mehr NATO-Unterstützung unter Demokraten eine fast universelle Zustimmung (92 Prozent sprachen sich dafür aus). Auf republikanischer Seite lag dieser Wert bei 68 Prozent.[490] Optimisten mögen argumentieren, dass dies weiterhin eine klare Mehrheit darstellt. Ein Blick in

487 Vgl. Stiles, Matt (2024): How each member of the Senate voted on foreign aid package. In: CNN, 13. Februar.

488 Tweet von Eric Schmitt vom 13. Februar 2024.

489 Vgl. Smeltz, Dina/Craig Kafura (2024): Majority of Trump Republicans Prefer the United States Stay out of World Affairs. In: The Chicago Council on Global Affairs, 16. Februar.

490 Vgl. Smeltz. Dina (2023): Americans Continue to See Benefits from US Alliances. In: The Chicago Council on Global Affairs, Oktober, S. 4.

die vergangenen außenpolitischen Strömungen des Landes und die daraus zu ziehenden Lehren lassen solch einen Optimismus jedoch verschwinden. Die Zwischenkriegsphase der 1920er- und 30er-Jahre war in den Vereinigten Staaten die Ära des Nativismus, mit den ersten weitreichenden Einwanderungsbeschränkungen und einem erneuten Aufflammen des Ku-Klux-Klans. Sie war ebenso eine Epoche des Isolationismus. Zwischen beiden Ideologien lässt sich eine Verbindung erkennen: Amerikaner, die heute nativistische Präferenzen vorweisen, also das Land frei von „fremden" Einflüssen halten wollen, sind ebenso eher für einen Rückzug der Vereinigten Staaten aus internationalen Bündnissen und lehnen den Freihandel ab.[491] Das vorliegende Buch hat aufgezeigt, welche Relevanz insbesondere die nativistischen Ressentiments innerhalb der Republikanischen Partei heute besitzen – und darüber hinaus ihre politische Potenz in zukünftigen Jahren verdeutlicht. Es ist somit anzunehmen, dass eine nativistische Republikanische Partei in einem ähnlichen Maße isolationistisch sein wird. Die innerparteilichen Entwicklungen der Republikaner wirken sich somit auch außerhalb der Vereinigten Staaten auf den Zustand und die Zukunft der freiheitlichen Demokratie aus.

491 Vgl. Jardina, Ashley (2019): White Identity Politics, S. 211–212.

Literaturverzeichnis

Abramowitz, Alan I. (2012): Grand Old Tea Party: Partisan Polarization and the Rise of the Tea Party Movement. In: Lawrence Rosenthal/Christine Trost (Hg.): Steep: The Precipitous Rise of the Tea Party. Berkeley/Los Angeles: University of California Press, S. 212–241.

Abramowitz, Alan I. (2013): Not Their Cup of Tea: The Republican Establishment Versus the Tea Party. In: Sabato's Crystal Ball, 14. November. http://www.centerforpolitics.org/crystalball/arti cles/not-their-cup-of-tea-the-republican-establishment-versus-the-tea-party/ [aufgerufen am 2.8.2019].

Abramowitz, Alan I. (2018): The Great Alignment: Race, Party Transformation, and the Rise of Donald Trump. New Haven/London: Yale University Press.

Adorf, Philipp (2016): How the South was won and the nation lost: The roots and repercussions of the Republican Party's Southernization and Evangelicalization. Bonn: Bonn University Press.

Albrecht, Lelia C. (1982): Should a Discriminatory School be Tax-Free? Reagan Says yes, Then no; Bob Jones Cries Foul. In: People, 15. Februar. https://people.com/archive/should-a-discrimi natory-school-be-tax-free-reagan-says-yes-then-no-bob-jones-cries-foul-vol-17-no-6/ [aufgerufen am 2.8.2019].

Alman, Ashley (2013): Larry Klayman Tells Obama ‚to put the Quran Down' at Veterans Rally. In: Huffington Post, 13. Oktober. https://www.huffpost.com/entry/larry-klayman-obama-quran_n_4094589 [aufgerufen am 2.8.2019].

Arceneaux, Kevin/Stephen P. Nicholson (2012): Who Wants to Have a Tea Party? The Who, What, and Why of the Tea Party Movement. In: Political Science & Politics 45 (4), S. 700–710.

Arrington, Theodore S. (2013): The Republicans' Built-In House Advantage. In: Sabato's Crystal Ball, 3. Oktober. http://www. centerforpolitics.org/crystalball/articles/the-republicans-built-in-house-advantage/ [aufgerufen am 3.8.2019].

Backus, Fred (2021): Nearly half of Americans think some GOP lawmakers encouraged violence. In: CBS News, 13. Januar. https://www.cbsnews.com/news/nearly-half-of-americans-think-some-republicans-congress-encouraged-violence/ [aufgerufen am 16.3.2024].

Baker Center/Knight Foundation (2018): 2018 American Institution Confidence Poll: The Health of American Democracy in an Era of Hyperpolarization. https://b

akercenter.georgetown.edu/wp-content/uploads/2018/10/2018-American-Institutional-Confide nce-Poll-1.pdf [aufgerufen am 3.8.2019].
Ballotpedia (2017): Pivot Counties: The counties that voted Obama-Obama-Trump from 2008–2016. https://ballotpedia.org/Pivot _Counties:_The_counties_that_voted_Obama-Obama-Trump_ from_2008-2016 [aufgerufen am 2.8.2019].
Ballotpedia (2018): State Government Trifectas. https://ballotpedia. org/State_government_trifectas [aufgerufen am 3.8.2019].
Ballotpedia (2019): Judicial vacancies during Trump's first term. https://ballotpedia.org/Judicial_vacancies_during_Trump%27s_first_term [aufgerufen am 3.8.2019].
Ballotpedia (2024): State-by-state redistricting procedures. https://ballotpedia.org/State-by-state_redistricting_procedures [aufgerufen am 24.2.2024].
Ballotpedia (2019): Voter Identification Laws by State. https://ballotpedia.org/Voter_identification_laws_by_state [aufgerufen am 3.8.2019].
Barreto, Matt (2013): The Prop 187 Effect: How the California GOP lost their way and implications for 2014 and beyond. In: Latino Decisions, 17. Oktober. https://www.latinodecisions.com/blog/ prop187effect/ [aufgerufen am 2.8.2019].
Barreto, Matt A. (2018): Even for Trump, There is Such a Thing as too far. In: New York Times, 24. Oktober. https://www.nytimes. com/2018/10/24/opinion/trump-caravan-immigration-midterms. html [aufgerufen am 2.8.2019].
Bartels, Larry (2018): Partisanship in the Trump era. Entwurf, Stand: 7. Februar. https://www.vanderbilt.edu/csdi/includes/ Workingpaper2_2108.pdf [aufgerufen am 3.8.2019].
Bartels, Larry (2020): Ethnic antagonism erodes Republicans' commitment to democracy. In: PNAS 117(37), S. 22752–22759.
Baum, Matthew A./Bryce J. Dietrich/Rebecca Goldstein/Maya Sen (2019): Estimating the Effect of Asking About Citizenship on the U.S. Census. In: The Shorenstein Center on Media, Politics and Public Policy. https://shorensteincenter.org/wp-content/up loads/2019/03/Census-Citizenship-March-2019.pdf [aufgerufen am 3.8.2019].
Beavers, Olivia (2021): How Jim Jordan went from 'legislative terrorist' to inside operator. In: Politico, 27. Juli. https://www.politico.com/news/2021/07/27/jim-jordan-legislative-terrorist-gop-500785 [aufgerufen am 16.3.2024].
Beck, Glenn (2013): Glenn gives rousing Civil Rights speech outside the Capitol. 19. Juni. https://www.glennbeck.com/2013/06/ 19/glenn-gives-rousing-civil-rights-speech-outside-the-capitol/ [aufgerufen am 2.8.2019].

Bentele, Keith G./Erin E. O'Brien (2013): Jim Crow 2.0? Why States Consider and Adopt Restrictive Voter Access Policies. In: Perspectives on Politics 11 (4), S. 1088–1116.

Bialik, Kristen (2017): More Americans say government should ensure health care coverage. In: Pew Research Center Fact Tank, 13. Januar. https://www.pew research.org/fact-tank/2017/ 01/13/more-americans-say-government-should-ensure-health-care-coverage/ [aufgerufen am 2.8.2019].

Black, Earl/Merle Black (2002): The Rise of Southern Republicans. Cambridge: The Belknap Press of Harvard University Press.

Blake, Aaron (2013): Priebus: Romney's self-deportation comment was ‚horrific'. In: Washington Post, 16. August. https://www. Washingtonpost.com/news/post-politics/wp/2013/08/16/priebus -romneys-self-deportation-comment-was-horrific/ [aufgerufen am 2.8.2019].

Blow, Charles M. (2018): ‚The Lowest White Man'. In: New York Times, 11. Januar. h ttps://www.nytimes.com/2018/01/11/opini on/trump-immigration-white-supremacy.html [aufgerufen am 2.8.2019].

Bowler, Shaun/Stephen P. Nicholson/Gary M. Segura (2006): Earthquakes and Aftershocks: Race, Direct Democracy, and Partisan Change. In: American Journal of Political Science 50 (1), S. 146–159.

Boyd, James (1970): Nixon's Southern strategy – ‚It's All In the Charts'. In: New York Times, 17. Mai. http://www.nytimes.com/ packages/html/books/phillips-southern.pdf [aufgerufen am 2.8. 2019].

Bradberry, Leigh A./Gary C. Jacobson (2015): The Tea Party and the 2012 presidential election. In: Electoral Studies 40, S. 500–508.

Brater, Jonathan/Kevin Morris/Myrna Pérez/Christopher Deluzio (2018): Purges: A Growing Threat to the Right to Vote. In: Brennan Center for Justice, 20. Juli. https://www.brennancen ter.org/sites/default/files/publications/Purges_Growing_Threat_2018.1.pdf [aufgerufen am 3.8.2019].

Breland, Ali (2021): Who Is Nick Fuentes, and Why Is a US Rep Buddying Up to the Segregationist, Holocaust-Denying Gen Z Influencer? In: Mother Jones, 29. Juni. h ttps://www.motherjones.com/politics/2021/06/who-is-nick-fuentes-and-why-is-a-us-rep-buddying-up-to-the-segregationist-holocaust-denying-gen-z-influence r/ [aufgerufen am 16.3.2024].

Brenan, Megan (2019): Americans' Trust in Government to Handle Problems at new low. In: Gallup, 31. Januar. https://news. gallup.com/poll/246371/ americans-trust-government-handle-problems-new-low.aspx [aufgerufen am 3.8.2019].

Brennan, David (2020): Michael Flynn's call for 'martial law' comes amid violent threats over Trump election defeat. In: Newsweek, 2. Dezember. https://www.newsweek.com/michael-flynn-call-martial-law-comes-amid-violent-threats-trump-election-defeat-1551769 [aufgerufen am 16.3.2024].

Brennan Center for Justice (2006): Citizens Without Proof: A Survey of Americans' Possession of Documentary Proof of Citizenship and Photo Identification. https://www.brennancenter.org/ sites/default/files/legacy/d/download_file_39242.pdf [aufgerufen am 3.8.2019].

Brennan Center for Justice (2018): The Effects of Shelby County v. Holder. 6. August. https://www.brennancenter.org/analysis/ effects-shelby-county-v-holder [aufgerufen am 3.8.2019].

Brennan Center for Justice (2022): Voting Laws Roundup: December 2021. 12. Januar. https://www.brennancenter.org/our-work/research-reports/voting-laws-roundup-december-2021 [aufgerufen am 16.3.2024].

Bright Line Watch (2024): Courts, campaigns, and confidence in American democracy. https://brightlinewatch.org/courts-campaigns-and-confidence-in-american-democracy/ [aufgerufen am 16.3.2024].

Broadwater, Luke/Steve Eder (2023): Johnson Played Leading Role in Effort to Overturn 2020 Election. In: New York Times, 25. Oktober. https://www.nytimes.com/2023/10/25/us/politics/mike-johnson-2020-election-overturn.html [aufgerufen am 16.3.2024].

Broadwater, Luke/Maggie Haberman (2024): Trump Told Pence Certifying Election Would Be 'Career Killer,' Valet Testified. In: New York Times, 21. März. https://www.nytimes.com/2024/03/21/us/trump-pence-jan-6-white-house-valet.html [aufgerufen am 21.3.2024].

Broder, David S. (2001): Jesse Helms, White Racist. In: Washington Post, 29. August. http://www.washingtonpost.com/wp-dyn/con tent/article/2008/07/06/AR2008070602321.html [aufgerufen am 2.8.2019].

Brookings Institution (2019): Vital Statistics on Congress, Democratic and Republican Seats in the House, by Region, 69th-116th Congresses, 1925–2019. https://www.brookings.edu/wp-content /uploads/2019/03/1-3-Full.pdf [aufgerufen am 2.8.2019].

Brownstein, Ronald (2018): Small states are getting a much bigger say in who gets on Supreme Court. In: CNN, 10. Juli. https:// edition.cnn.com/2018/07/10/politics/small-states-supreme-court/index.html [aufgerufen am 3.8.2019].

Buchanan, Patrick J. (1992): Address to the Republican National Convention. 17. August. https://www.americanrhetoric.com/ speeches/patrickbuchanan1992rnc.htm [aufgerufen am 3.8. 2019].

Buchanan, Patrick J. (2014): The Greatest Comeback: How Richard Nixon Rose from Defeat to Create the New Majority. New York: Crown Forum.

Bullock III, Charles S. (2010): Redistricting: The Most Political Activity in America. Lanham: Rowman & Littlefield.

Bump, Philip (2017): The Senate may be developing an electoral college issue. In: Washington Post, 10. April. https://www.wash ingtonpost.com/news/politics/wp/2017/04/10/the-senate-may-be-developing-an-electoral-college-issue/ [aufgerufen am 3.8. 2019].

Burge, Ryan (2019): The Religious Composition of the Two Major Parties. In: Religion in Public, 25. April. https://religioninpublic. blog/2019/04/25/the-religious-composition-of-the-two-major-parties/ [aufgerufen am 2.8.2019].

Bycoffe, Aaron (2016): The 2016 Endorsement Primary. In: FiveThirtyEight, 7. Juni. https://projects.fivethirtyeight.com/ 2016-endorsement-primary/ [aufgerufen am 2.8.2019].

C-SPAN (2019): American Constitution Society for Law and Policy Convention. 7. Juni. https://www.c-span.org/video/?461505-1/ senator-mazie-hirono-delivers-keynote-address-american-constitution-society-convention [aufgerufen am 3.8.2019].

Cannon, Lou (2000): President Reagan: The Role of a Lifetime. New York: PublicAffairs.

Carnes, Nicholas/Noam Lupu (2016): Why Trump's appeal is wider than you might think. In: MSNBC, 8. April. http://www.msnbc. com/msnbc/why-trumps-appeal-wider-you-might-think [aufgerufen am 2.8.2019].

Carter, Ashton/Dick Cheney/William Cohen/Mark Esper/Robert Gates/Chuck Hagel/James Mattis/Leon Panetta/William Perry/Donald Rumsfeld (2020): All 10 living former defense secretaries: Involving the military in election disputes would cross into dangerous territory. In: Washington Post, 3. Januar. https ://www.washingtonpost.com/opinions/10-former-defense-secretaries-military-peaceful-transfer-of-power/2021/01/03/2a23d52e-4c4d-11eb-a9f4-0e668b9772ba_story.html [aufgerufen am 16.3.2024].

Carter, Dan T. (2000): The Politics of Rage: George Wallace, the Origins of the New Conservatism, and the Transformation of American Politics. 2. Aufl. Baton Rouge: Louisiana State University Press.

Chen, Jowei/Jonathan Rodden (2013): Unintentional Gerrymandering: Political Geography and Electoral Bias in Legislatures. In: Quarterly Journal of Political Science 8 (3), S. 1–31.

Childress, Sarah (2013): With Voting Rights Act out, States Push Voter ID Laws. In Public Broadcasting Service, 26. Juni. https://www.pbs.org/wgbh/frontline/article/with-voting-rights-act-out-states-push-voter-id-laws/ [aufgerufen am 3.8.2019].

Choi, Matthew (2020): Trump campaign lawyer says former cybersecurity chief should be 'shot'. In: Politico, 30. November. https://www.politico.com/news/2020/11/30/trump-campaign-lawyer-cybersecurity-chief-shot-441577 [aufgerufen am 16.3.2024].

Ciurczak, Peter/Ted McEnroe (2018): Citizenship and the census, in context. In: The Boston Foundation, März. https://www.tbf.org/ blog/2018/march/understanding-the-census-citizenship-question-debate [aufgerufen am 3.8.2019].

Civiqs (2022): Do you support or oppose the Black Lives Matter movement? https://civiqs.com/results/black_lives_matter [aufgerufen am 16.3.2024].

Clement, Scott/John C. Green (2011): The Tea Party and Religion. In: Pew Research Center, 23. Februar. https://www.pewforum. org/2011/02/23/tea-party-and-religion/ [aufgerufen am 2.8. 2019].

CNN (2016): Exit Polls. https://edition.cnn.com/election/2016/ results/exit-polls [aufgerufen am 2.8.2019].

CNN (2018): Exit Polls. https://edition.cnn.com/election/2018/exit-polls [aufgerufen am 2.8.2019].

CNN (2021): Did Jim Jordan never say the election was stolen? 13. Januar. https://edition.cnn.com/factsfirst/politics/factcheck_f165b264-5776-418c-85e5-572fa9cbf95a [aufgerufen am 16.3.2024].

Cohen, Marty/David Karol/Hans Noel/John Zaller (2008): The Party Decides: Presidential Nominations Before and After Reform. Chicago: The University of Chicago Press.

Cohn, Nate/Alicia Parlapiano (2018): How Broad, and how Happy, is the Trump Coalition? In: New York Times, 9. August. https://www.nytimes.com/interactive/2018/08/09/upshot/trump-voters-how-theyve-changed.html [aufgerufen am 2.8.2019].

Comenetz, Joshua (2016): Frequently Occurring Surnames in the 2010 Census. In: United States Census Bureau. https://www2. census.gov/topics/genealogy/2010surnames/surnames.pdf [aufgerufen am 3.8.2019].

Cooney, Peter (2014): Jeb Bush says illegal immigration often ‚an act of love'. In: Reuters, 7. April. https://www.reuters.com/arti cle/us-usa-politics-bush/jeb-bush-says-illegal-immigration-often-an-act-of-love-idUSBREA350P620140406 [aufgerufen am 2.8.2019].

Courtwright, David. T. (2010): No Right Turn: Conservative Politics in a Liberal America. Cambridge: Harvard University Press.

Cox, Daniel (2014): Why Loyalty to their Tea Party Constituents is Holding Back House Republicans on Immigration Reform. In: Public Religion Research Institute, 8. August. https ://www.prri. org/spotlight/why-loyalty-to-their-tea-party-constituents-is-holding-back-house-republicans-on-immigration-reform/ [aufgerufen am 2.8.2019].

Cox, Daniel (2016): White Evangelical Protestants Will Continue to Be a Force in GOP Primaries, but a Force for Whom? In: Public Religion Research Institute, 14. März. https://www.prri.org/ spotlight/white-evangelical-protestants-will-continue-to-be-a-force-in-gop-primaries-but-a-force-for-whom/ [aufgerufen am 2.8.2019].

Cox, Daniel/Robert P. Jones (2017): Majority of Americans Oppose Transgender Bathroom Restrictions In: Public Religion Research Institute, 10. März. https://www.prri.org/research/lgbt-transgender-bathroom-discrimination-religious-liberty/ [aufgerufen am 2.8.2019].

Craig, Maureen A./Jennifer A. Richeson (2014): On the Precipice of a „Majority-Minority" America: Perceived Status Threat From the Racial Demographic Shift Affects White Americans' Political Ideology. In: Psychological Science 25 (6), S. 1189–1197.

Craig, Maureen A./Julian M. Rucker/Jennifer A. Richeson (2018): Racial and Political Dynamics of an Approaching „Majority-Minority" United States. In: ANNALS 677, S. 204–214.

Crespino, Joseph (2007): In Search of another Country: Mississippi and the Conservative Counterrevolution. Princeton: Princeton University Press.

Crespino, Joseph (2012): Strom Thurmond's America. New York: Hill and Wang.

D'Antonio, William V./Steven A. Tuch/Josiah R. Baker (2013): Religion, Politics, and Polarization: How Religiopolitical Conflict is Changing Congress and American Democracy. Lanham: Rowman & Littlefield.

Dallek, Matthew (2011): The divisive underbelly of Reagan's sunny optimism. In: Slate, 3. Februar. https://www.salon.com/2011/02/ 03/reagan_dallek_image/ [aufgerufen am 2.8.2019].

Damore, David/Adrian Pantoja (2013): Anti-Immigrant Politics and Lessons for the GOP from California. In: Latino Decisions. https://www.latinodecisions.com/blog/wp-content/uploads/ 2016/11/Prop187Effect.pdf [aufgerufen am 2.8.2019].

Danforth, John C. (2017): The Real Reason Trump is not a Republican. In: Washington Post, 27. August. https://www.washington post.com/opinions/trump-is-exactly-what-republicans-are-not/ 2017/08/24/9909a320-8832-11e7-a50f-e0d4e6ec070a_story.html [aufgerufen am 2.8.2019].

Daniller, Andrew (2021): Majorities of Americans see at least some discrimination against Black, Hispanic and Asian people in the U.S. In: Pew Research Center, 18. März. https://www.pewresearch.org/short-reads/2021/03/18/majorities-of-americans-see-at-least-some-discrimination-against-black-hispanic-and-asian-people-in-the-u-s/ [aufgerufen am 16.3.2024].

Davidson Sorkin, Amy (2012): Mitt's Forty-Seven-Per-Cent Problem. In: The New Yorker, 18. September. https://www.newyor ker.com/news/amy-davidson/mitts-forty-seven-per-cent-prob lem [aufgerufen am 2.8.2019].

Davis, Joshua T./Samuel L. Perry (2021): White Christian Nationalism and Relative Political Tolerance for Racists. In: Social Problems 68(3), S. 513–534.

Dean, John W. (2001): The Rehnquist Choice: The Untold Story of the Nixon Appointment That Redefined the Supreme Court. New York: Touchstone.

Dean, John W./Barry M. Goldwater Jr. (2008): Pure Goldwater. New York: Palgrave Macmillan.

Diamond, Jeremy (2016): Donald Trump to LGBT community: I'm a ‚real friend'. In: CNN, 13. Juni. https://edition.cnn.com/ 2016/06/13/politics/donald-trump-lgbt-community/index.html [aufgerufen am 3.8.2019].

Diamond, Sara (1998): Not by Politics Alone: The Enduring Influence of the Christian Right. New York: The Guilford Press.

DiMaggio, Anthony (2022): Rising Fascism in America: It Can Happen Here. New York: Routledge.

Dionne, Jr., E.J. (1988): Political Memo; G.O.P. Makes Reagan Lure of Young a Long-Term Asset. In: New York Times, 31. Oktober. https://www.nytimes.com/1988/10/31/us/political-memo-gop-makes-reagan-lure-of-young-a-long-term-asset.html [aufgerufen am 3.8.2019].

Dionne, Jr., E.J. (2006): Polarized by God? American Politics and the Religious Divide. In: Pietro S. Nivola/David W. Brady (Hg.): Red and Blue Nation? Volume One: Characteristics and Causes of America's Polarized Politics. Washington, D.C.: Brookings Institution Press, S. 175–205.

Dionne, Jr., E.J. (2016): Why the Right Went Wrong: Conservatism – From Goldwater to Trump and Beyond. New York: Simon & Schuster.

Djupe, Paul A./Andrew R. Lewis/Anand E. Sokhey (2023): The Full Armor of God: The Mobilization of Christian Nationalism in American Politics. Cambridge: Cambridge University Press.

Domke, David/Kevin Coe (2010): The God Strategy: How Religion Became a Political Weapon in America. Oxford/New York: Oxford University Press.

Dooling, Bridget C.E. (2018): Trump Administration Picks up the Regulatory Pace in its Second Year. In: The George Washington Regulatory Studies Center, 1. August. https://regulatorystudies. columbian.gwu.edu/trump-administration-picks-regulatory-pace-its-second-year [aufgerufen am 3.8.2019].

Dress, Brad (2022): Trump blames Kanye West for bringing Nick Fuentes as dinner guest. In: The Hill, 27. November. https://thehill.com/homenews/3751785-trump-blames-kanye-west-for-bringing-nick-fuentes-as-dinner-guest/ [aufgerufen am 16.3.2024].

Dunn, Amina (2019): Democrats differ over best way to provide health coverage for all Americans. In: Pew Research Center Fact Tank, 26. Juli. https://www.pewresearch.org/fact-tank/2019/07/ 26/democrats-differ-over-best-way-to-provide-health-coverage-for-all-americans/ [aufgerufen am 2.8.2019].

Edsall, Thomas B. (2019): Trump Needs his Base to Burn With Anger. In: New York Times, 3. Juli. https://www.nytimes.com/ 2019/07/03/opinion/trump-republican-base.html [aufgerufen am 2.8.2019].

Edsall, Thomas B. (2023): 'The Embodiment of White Christian Nationalism in a Tailored Suit'. In: New York Times, 1. November. https://www.nytimes.com/2023/11/01/opinion/mike-johnson-christian-nationalism-speaker.html [aufgerufen am 16.3.2024].

Edsall, Thomas Byrne/Mary D. Edsall (1992): Chain Reaction: The Impact of Race, Rights, and Taxes on American Politics. New York: W.W. Norton.

Edwards, Jonathan/Mariana Alfaro (2022): McConnell says no space in GOP for 'white supremacists or anti-Semitism' after two House Republicans participate in white nationalist's conference." In: Washington Post, 28. Februar. https://www.washingtonpost.com/nation/2022/02/28/marjorie-taylor-greene-white-nationalist-conference/ [aufgerufen am 16.3.2024].

Edwards-Levy, Ariel (2024): What South Carolina exit polling tells us about Haley's home-state loss. In: CNN, 24. Februar. https://edition.cnn.com/2024/02/24/politics/exit-polls-south-carolina-primary/index.html [aufgerufen am 16.3.2024].

Ehrenberg, John (2022): White Nationalism and the Republican Party: Toward Minority Rule in America. New York/London: Routledge.

Ennis, Sharon R./Merarys Ríos-Vargas/Nora G. Albert (2011): The Hispanic Population: 2010. United States Census Bureau. https://www.census.gov/prod/cen2010/briefs/c2010br-04.pdf [aufgerufen am 2.8.2019].

Enten, Harry (2018): Latest House results confirm 2018 wasn't a blue wave. It was a blue tsunami. In: CNN, 6. Dezember. https://edition.cnn.com/2018/12/06/politics/latest-house-vote-blue-wave/index.html [aufgerufen am 2.8.2019].

Erickson, Erick (2019): I'll Be Voting for President Trump and Vice President Pence in 2020. In: The Resurgent, 11. Februar. https://theresurgent.com/2019/02/11/ill

-be-voting-for-presi dent-trump-and-vice-president-pence-in-2020/ [aufgerufen am 2.8.2019].

Fea, John (2018): Believe me: The Evangelical Road to Donald Trump. Grand Rapids: William B. Eerdmans Publishing Company.

File, Thom (2017): Voting in America: A Look at the 2016 Presidential Election. In: United States Census Bureau, 10. Mai. https://www.census.gov/newsroom/blogs /random-samplings/ 2017/05/voting_in_america.html [aufgerufen am 3.8.2019].

Fingerhut, Hannah (2018): Most Americans express positive views of country's growing racial and ethnic diversity. In: Pew Research Center Fact Tank, 14. Juni. h ttps://www.pewresearch. org/fact-tank/2018/06/14/most-americans-express-positive-views-of-countrys-growing-racial-and-ethnic-diversity/ [aufgerufen am 2.8.2019].

FiveThirtyEight (2019): Tracking Congress in the age of Trump. https://projects.fiv ethirtyeight.com/congress-trump-score/ [aufgerufen am 3.8.2019].

Flowers, Prudence (2018): ‚A Prolife Disaster': The Reagan Administration and the Nomination of Sandra Day O'Connor. In: Journal of Contemporary History 53 (2), S. 391–414.

Formisano, Ronald P. (2012): The Tea Party: A Brief History. Baltimore: The Johns Hopkins University Press.

Fowler, Robert Booth/Allen D. Hertzke/Laura R. Olson/Kevin R. den Dulk (2014): Religion and Politics in America: Faith, Culture, and Strategic Choices. 5 Aufl. Boulder: Westview Press.

Fox News (2010): Palin Calls Health Care Process ‚Undemocratic' and ‚Un-American'. 18. März. https://www.foxnews.com/story/ palin-calls-health-care-process-undemocratic-and-un-american [aufgerufen am 2.8.2019).

Fraga, Bernard L./Sean McElwee/Jesse Rhodes/Brian F. Schaffner (2017): Why did Trump win? More whites – and fewer blacks – actually voted. In: Washington Post, 8. Mai. https://www.wash ingtonpost.com/news/monkey-cage/wp/2017/05/08/ why-did-trump-win-more-whites-and-fewer-blacks-than-normal-actually-voted/ [aufgerufen am 3.8.2019].

Frankovic, Kathy (2021): Republicans used to call Ronald Reagan the best president in US history. Now it's Donald Trump. In: YouGov, 15. Februar. https://tod ay.yougov.com/politics/articles/34164-republicans-best-president-reagan-trump [aufgerufen am 16.3.2024].

Fredrickson, George M. (1975): A Man but not a Brother: Abraham Lincoln and Racial Equality. In: The Journal of Southern History 41 (1), S. 39–58.

Frey, William H. (2021): New 2020 census results show increased diversity countering decade-long declines in America's white and youth populations. In: Brookings Institution, 13. August. https://www.brookings.edu/articles/new-2020-census-results-show-increased-diversity-countering-decade-long-declines-in-americas-white-and-youth-populations/ [aufgerufen am 16.3.2024].

Friedman, Lisa (2019): E.P.A. Finalizes its Plan to Replace Obama-Era Climate Rules. In: New York Times, 19. Juni. https://www.nytimes.com/2019/06/19/climate/epa-coal-emissions.html [aufgerufen am 3.8.2019].

Frostenson, Sarah (2019): Republicans in Congress Have Been Very Loyal to Trump. Will it Last? In: FiveThirtyEight, 3. Januar. https://fivethirtyeight.com/features/republicans-in-congress-have-been-very-loyal-to-trump-will-it-last/ [aufgerufen am 3.8. 2019].

Frum, David (2013): A Tea Party Exit Would be a Blessing for GOP. In: CNN, 14. Oktober. https://edition.cnn.com/2013/10/14/op inion/frum-tea-party-third-party/index.html [aufgerufen am 2.8. 2019].

Fry, Richard (2018): Millennials projected to overtake Baby Boomers as America's largest generation. In: Pew Research Center Fact Tank, 1. März. https://www.pewresearch.org/fact-tank/ 2018/03/01/millennials-overtake-baby-boomers/ [aufgerufen am 2.8.2019].

Gardner, Amy (2021): 'I just want to find 11,780 votes': In extraordinary hour-long call, Trump pressures Georgia secretary of state to recalculate the vote in his favor. In: Washington Post, 3. Januar. https://www.washingtonpost.com/politics/trump-raffensperger-call-georgia-vote/2021/01/03/d45acb92-4dc4-11eb-bda4-615aaefd0555_story.html [aufgerufen am 16.3.2024].

Gienapp, William E. (1987): The Origins of the Republican Party, 1852–1856. Oxford/New York: Oxford University Press.

Gilens, Martin (1999): Why Americans Hate Welfare: Race, Media, and the Politics of Antipoverty Policy. Chicago: The University of Chicago Press.

Goedert, Nicholas (2014): Gerrymandering or geography? How Democrats won the popular vote but lost the Congress in 2012. In: Research and Politics.

Goel, Sharad/Marc Meredith/Michael Morse/David Rothschild/ Houshmand Shirani-Mehr (2017): One Person, One Vote: Estimating the Prevalence of Double Voting in U.S. Presidential Elections. 24. Oktober.

Goldwater, Barry M. (1960/2007): The Conscience of a Conservative (James Madison Library in American Politics edition). Princeton: Princeton University Press.

Goldwater, Barry (1964): Senator Barry Goldwater 1964 Acceptance Speech. C-SPAN. https://www.c-span.org/video/ ?4018-1/barry-goldwater-accepts-1964-republican-presidential-nomination [aufgerufen am 2.8.2019].

Gómez, Gabriel/Amanda Sahar D'Urso/Mike Cowburn (2024): Hispanic Support for Donald Trump: In-Group Favoritism or Out-Group Animus?

Gorski, Philip S. (2020): American Babylon: Christianity and Democracy Before and After Trump. London/New York: Routledge.

Gould, Lewis (2003): Grand Old Party: A History of the Republicans. Oxford/New York: Oxford University Press.

GovTrack.us (2018): With Kavanaugh vote, the Senate reaches a historic low in democratic metric. 7. Oktober. https://govtrack insider.com/with-kavanaugh-vote-the-senate-reaches-a-historic -low-in-democratic-metric-dfb0f5fa7fa [aufgerufen am 3.8. 2019].

Green, John C. (2004): The American Religious Landscape and Political Attitudes: A Baseline for 2004. https://assets.pewre search.org/wp-content/uploads/sites/11/2007/10/green-full.pdf [aufgerufen am 2.8.2019].

Grumbach, Jacob M. (2022): Laboratories against Democracy: How national parties transformed state politics. Princeton: Princeton University Press.

Guzmán, Betsy (2001): The Hispanic Population – Census 2000 Brief. United States Census Bureau. https://www.census.gov/ prod/2001pubs/c2kbr01-3.pdf [aufgerufen am 2.8.2019].

Haberman, Aaron (2005): Into the Wilderness: Ronald Reagan, Bob Jones University, and the Political Education of the Christian Right. In: The Historian 67 (2), S. 234–253.

Hajnal, Zoltan/Marisa Abrajano (2016): Trump's all too Familiar Strategy and its Future in the GOP. In: The Forum 14 (3), S. 295–309.

Hajnal, Zoltan/Nazita Lajevardi/Lindsay Nielson (2017): Voter Identification Laws and the Suppression of Minority Votes. In: The Journal of Politics 79 (2), S. 363–379.

Hamilton, Alexander (1788): The Federalist Papers: No. 70. In: Yale Law School – Lillian Goldman Law Library. https://avalon. law.yale.edu/18th_century/fed70.asp [aufgerufen am 3.8.2019].

Hancock, Ange-Marie (2004): The Politics of Disgust: The Public Identity of the Welfare Queen. New York: New York University Press.

Haney López, Ian (2014): Dog Whistle Politics: How Coded Racial Appeals Have Reinvented Racism and Wrecked the Middle Class. New York: Oxford University Press.

Hawley, Josh (2020): We are a working class party now. That's the future. 3. November. https://twitter.com/HawleyMO/status/1323835709753593858 [aufgerufen am 16.3.2024].

Hillygus, D. Sunshine/Todd Shields (2008): The Persuadable Voter: Wedge Issues in Presidential Campaigns. Princeton: Princeton University Press.

Hofeller, Thomas (2015): The use of citizen voting age population in redistricting. In: American Civil Liberties Union, Mitteilung an den Supreme Court vom 30. Mai 2019, S. 55–63. https://drive.google.com/file/d/1AJgLKL9ewtSvsYMJC7-zbOyoFNtFX5to/view?usp=sharing [aufgerufen am 3.8.2019].

Hofstadter, Richard (1965): The Paranoid Style in American Politics. In: The Paranoid Style in American Politics and Other Essays. Erste Harvard University Taschenbuch Auflage, 1996. Cambridge: Harvard University Press, S. 3–40.

Hood III, M. V./William Gillespie (2012): They Just Do Not Vote Like They Used To: A Methodology to Empirically Assess Election Fraud. In: Social Science Quarterly 93(1), S. 76–94.

Hopkins, Dan (2016): What Trump Supporters Were Doing Before Trump. In: FiveThirtyEight, 14. März. https://fivethirtyeight. com/features/what-trump-supporters-were-doing-before-trump/ [aufgerufen am 2.8.2019].

Horowitz, Juliana Menasce (2019): Americans See Advantages and Challenges in Country's Growing Racial and Ethnic Diversity. In: Pew Research Center, 8. Mai. https://www.pewsocialtrends. org/wp-content/uploads/sites/3/2019/05/Views-of-diversity_ FINAL_05.08.19.pdf [aufgerufen am 2.8.2019].

Horowitz, Juliana Menasce/Anna Brown/Kiana Cox (2019): Race in America 2019. In: Pew Research Center, 9. April. https://www. pewsocialtrends.org/wp-content/uploads/sites/3/2019/04/Race-report_updated-4.29.19.pdf [aufgerufen am 2.8.2019].

Horwitz, Joshua/Casey Anderson (2009): Guns, Democracy, and the Insurrectionist Idea. Ann Arbor: University of Michigan Press.

Horwitz, Robert B. (2013): America's Right: Anti-Establishment Conservatism from Goldwater to the Tea Party. Malden: Polity Press.

Humes, Karen R./Nicholas A. Jones/Roberto R. Ramirez (2011): Overview of Race and Hispanic Origin: 2010. United States Census Bureau. https://www.census.gov/prod/cen2010/briefs/ c2010br-02.pdf [aufgerufen am 2.8.2019].

Igielnik, Ruth/ Scott Keeter/Hannah Hartig (2021): Behind Biden's 2020 Victory. In: Pew Research Center, 30. Juni. https://www.pewresearch.org/politics/2021/06/30/behind-bidens-2020-victory/ [aufgerufen am 16.3.2024].

Issacharoff, Samuel/Pamela S. Karlan (2004): Where to Draw the Line: Judicial Review of Political Gerrymanders. In: University of Pennsylvania Law Review 153 (1), S. 541–578.

Jamieson, Alastair (2008): US vice-presidential debate: Sarah Palin fails to name a single newspaper. In: The Telegraph, 1. Oktober. https://www.telegraph.co.u

k/news/worldnews/sarah-palin/ 3115002/US-vice-presidential-debate-Sarah-Palin-fails-to-name-a-single-newspaper.html [aufgerufen am 2.8.2019].

Jamieson, Amber (2019): A Republican consultant died. His progressive daughter then found documents that might affect the census citizenship question. In: BuzzFeed News, 30. Mai. https://www.buzzfeednews.com/article/amberjamieson/citizenship-question-2020-census [aufgerufen am 3.8.2019].

Jardina, Ashley (2019): White Identity Politics. Cambridge: Cambridge University Press.

Johnson, Jenna (2016): Ivanka and Eric Trump didn't register in time to vote for their dad in New York primary. In: Washington Post, 11. April. https://www.washingtonpost.com/news/post-politics/wp/2016/04/11/ivanka-and-eric-trump-didnt-register-in-time-to-vote-for-their-dad-in-new-york/ [aufgerufen am 2.8. 2019].

Johnson, Olati (2010): The Story of Bob Jones University v. United States: Race, Religion, and Congress' Extraordinary Acquiescence. In: Columbia Public Law & Legal Theory Working Papers, Nr. 9184.

Jones, Jeffrey M. (2021): Last Trump Job Approval 34 %; Average Is Record-Low 41 %. In: Gallup, 18. Januar. https://news.gallup.com/poll/328637/last-trump-job-approval-average-record-low.aspx [aufgerufen am 16.3.2024].

Jones, Jeffrey M. (2023): Record Party Gap on Environment-Economic Growth Tradeoff. In: Gallup, 13. April. https://news.gallup.com/poll/474218/record-party-gap-environment-economic-growth-tradeoff.aspx [aufgerufen am 16.3.2024].

Jones, Jeffrey M. (2024): Record Low in U.S. Satisfied With Way Democracy Is Working. In: Gallup, 5. Januar. https://news.gallup.com/poll/548120/record-low-satisfied-democracy-working.aspx [aufgerufen am 16.3.2024].

Jones, Jeffrey M./Lydia Saad (2024): Democrats Lose Ground With Black and Hispanic Adults. In: Gallup, 7. Februar. https://news.gallup.com/poll/609776/democrats-lose-ground-black-hispanic-adults.aspx [aufgerufen am 16.3.2024].

Jones, Robert P. (2016): The End of White Christian America. New York: Simon & Schuster.

Jones, Robert P. (2018): White Evangelical Support for Donald Trump at All-Time High. In: Public Religion Research Institute, 18. April. https://www.prri.org/spotlight/white-evangelical-sup port-for-donald-trump-at-all-time-high/ [aufgerufen am 2.8. 2019].

Jones, Robert P. (2024): In Speech to White Evangelical Broadcasters, Trump Lays Out His White Christian Nationalist Vision. In: White Too Long, 18. März. https://www.whitetoolong.net/p/in-speech-to-white-evangelical-broadcasters [aufgerufen am 20.3.2024].

Jones, Robert P./Daniel Cox (2010): Old Alignments, Emerging Fault Lines: Religion in the 2010 Election and Beyond. In: Public Religion Research Institute. https ://www.prri.org/wp-content/ uploads/2010/11/2010-Post-election-American-Values-Survey-Report.pdf [aufgerufen am 2.8.2019].

Jones, Robert P./Daniel Cox (2017): America's Changing Religious Identity. In: Public Religion Research Institute, 6. September. https://www.prri.org/wp-content/uploads/2017/09/PRRI-Religion-Report.pdf [aufgerufen am 2.8.2019].

Jones, Robert P./Maxine Najle (2019): American Democracy in Crisis: The Fate of Pluralism in a Divided Nation. In: Public Religion Research Institute, 19. Februar. https://www.prri.org/wp-content/uploads/2019/02/Democracy-in-Crisis-3-Pluralism-1.pdf [aufgerufen am 3.8.2019].

Jones, Robert P./Daniel Cox/Betsy Cooper/Rachel Lienesch (2016): Exodus: Why Americans are Leaving Religion – and Why They're Unlikely to Come Back. In: Public Religion Research Institute, 22. September. https://www.prri.org/wp-content/up loads/2016/09/PRRI-RNS-Unaffiliated-Report.pdf [aufgerufen am 3.8.2019].

Jones, Robert P./Daniel Cox/E.J. Dionne, Jr./ William A. Galston/ Betsy Cooper/Rachel Lienesch (2016): How immigration and concerns about cultural changes are shaping the 2016 election. In: Public Religion Research Institute/Brookings Institution, 23. Juni. https://www.prri.org/wp-content/uploads/2016/06/PRRI-Brookings-2016-Immigration-survey-report.pdf [aufgerufen am 2.8.2019].

Jones, Robert P./Daniel Cox/William A. Galston/E.J. Dionne, Jr. (2011): What it Means to be an American: Attitudes in an Increasingly Diverse America ten Years after 9/11. In: Brookings Institution/Public Religion Research Institute, 6. September. https://www.brookings.edu/wp-content/uploads/2016/06/0906_american_attitudes.pdf [aufgerufen am 2.8.2019].

Jones, Robert P./Daniel Cox/Robert Griffin/Molly Fisch-Friedman/ Alex Vandermaas-Peeler (2018): Emerging Consensus on LGBT Issues. In: Public Religion Research Institute, 1. Mai. https://www.prri.org/wp-content/uploads/2018/05/AVA-2017-FINAL.pdf [aufgerufen am 3.8.2019].

Jones, Robert P./Daniel Cox/Juhem Navarro-Rivera/E.J. Dionne, Jr./William A. Galston (2013): Do Americans Believe Capitalism & Government are Working? In: Public Religion Research Institute/ Brookings Institution, 18. Juli. https://www.brookings. edu/wp-content/uploads/2016/06/2013-Economic-Values-Re port.pdf [aufgerufen am 2.8.2019].

Jones, Robert P./Maxine Najle/Oyindamola Bola/Daniel Greenberg (2019): Fifty Years After Stonewall: Widespread Support for LGBT Issues. In: Public Religion Research Institute, 26. März. https://www.prri.org/wp-content/uploads/2019/03/PRRI-Mar-2019-American-Values-Atlas.pdf [aufgerufen am 3.8.2019].

Joseph, James P./Bridget M. Weiss/Samuel Witten/Andras Kosaras (2017): President Trump's Mexico City Policy: An Expansion of Restrictions on Foreign Aid. In: Arnold & Porter, 21. Juli. https://www.arnoldporter.com/en/perspectives/publications/2017/07/president-trumps-mexico-city-policy [aufgerufen am 3.8. 2019].

Justice, Jessilyn/Taylor Berglund (2016): Trump, Palin Challenge ORU Students to Launch ‚Great Awakening'. In: Charisma News, 20. Januar. https://www.charismanews.com/politics/ 54595-trump-palin-challenge-oru-students-to-launch-great-awakening [aufgerufen am 2.8.2019].

Kabaservice, Geoffrey (2012): Rule and Ruin: The Downfall of Moderation and the Destruction of the Republican Party, From Eisenhower to the Tea Party. Oxford/New York: Oxford University Press.

Kaczorowski, Robert J. (1995): Federal Enforcement of Civil Rights During the First Reconstruction. In: Fordham Urban Law Journal 23 (1), S. 155–186.

Kehaulani Goo, Sara (2015): What Americans want to do about illegal immigration. In: Pew Research Center, 24. August. https://www.pewresearch.org/fact-tank/2015/08/24/what-ameri cans-want-to-do-about-illegal-immigration/ [aufgerufen am 2.8. 2019].

Key, Jr., V.O. (1949): Southern Politics in State and Nation. Neue Auflage (1984), 7. Druck (2011). Knoxville: The University of Tennessee Press.

Killough, Ashley/Ed Lavandera/Paul LeBlanc (2020): Texas governor limits election drop boxes to one per county in sprawling state. In: CNN, 5. Oktober. https://edition.cnn.com/2020/10/01/politics/texas-governor-drop-off-locations-ballots/index.html [aufgerufen am 16.3.2024].

Kinder, Donald R./Cindy D. Kam (2009): Us Against Them: Ethnocentric Foundations of American Opinion. Chicago: The University of Chicago Press.

Kirell, Andrew (2015): When CNBC created the Tea Party. In: The Daily Beast, 30. Oktober. https://www.thedailybeast.com/when-cnbc-created-the-tea-party [aufgerufen am 2.8.2019].

Kondik, Kyle (2021): Redistricting in America, Part One: Gerrymandering Potency Raises the Stakes for the 2020s. In: Sabato's Crystal Ball, 22. Juli. https://centerforpolitics.org/crystalball/articles/redistricting-in-america-part-one-gerrymandering-potency-raises-the-stakes-for-the-2020s/ [aufgerufen am 16.3.2024].

Krawczyk, Kathryn (2020): Trump spreads Newsmax-fueled conspiracy about Brad Raffensperger's nonexistent brother. In: Yahoo News, 30. Dezember. https://news.yahoo.com/trump-spreads-newsmax-fueled-conspiracy-150356596.html [aufgerufen am 16.3.2024].

Krebs, Chris (2020): ICYMI: On allegations that election systems were manipulated, 59 election security experts all agree... 17. November. https://twitter.com/CISAKrebs/status/1328741106624901120 [aufgerufen am 16.3.2024].

Krieg, Gregory (2016): Donald Trump defends Planned Parenthood at GOP debate. In: CNN, 26. Februar. https://edition.cnn.com/ 2016/02/25/politics/donald-trump-defends-planned-parenthood-republican-debate/index.html [aufgerufen am 3.8.2019].

Krogstad, Jens Manuel/Luis Noe-Bustamante/Antonio Flores (2019): Historic highs in 2018 voter turnout extended across racial and ethnic groups. In: Pew Research Fact Tank, 1. Mai. https://www.pewresearch.org/fact-tank/2019/05/01/historic-highs-in-2018-voter-turnout-extended-across-racial-and-ethnic-groups/ [aufgerufen am 2.8.2019].

Krogstad, Jens Manuel/Jeffrey S. Passel/Mohamad Moslimani/Luis Noe-Bustamante (2023): Key facts about U.S. Latinos for National Hispanic Heritage Month. In: Pew Research Center, 22. September. https://www.pewresearch.org/short-reads/2023/09/22/key-facts-about-us-latinos-for-national-hispanic-heritage-month/ [aufgerufen am 16.3.2024].

Kruse, Kevin M. (2005): White Flight: Atlanta and the Making of Modern Conservatism. Princeton: Princeton University Press.

Laloggia, John (2018): Conservative Republicans are least supportive of making it easy for everyone to vote. In: Pew Research Center Fact Tank, 31. Oktober. https://www.pewresearch.org/ fact-tank/2018/10/31/conservative-republicans-are-least-suppor tive-of-making-it-easy-for-everyone-to-vote/ [aufgerufen am 3. 8.2019].

Lamis, Alexander P. (1999): The Two-Party South: From the 1960s to the 1990s. In: Ders. (Hg.): Southern Politics in the 1990s. Baton Rouge: Louisiana State University Press, S. 1–49.

Langer, Gary (2013): Disapproval of GOP Peaks in Blame for the Budget Crisis. In: ABC News, 14. Oktober. https://abcnews.go. com/blogs/politics/2013/10/disapproval-of-gop-peaks-in-blame-for-the-budget-crisis/ [aufgerufen am 2.8.2019].

Latino Decisions (2018): American Election Eve Poll 2018 – Latino Voters. http://www.latinodecisions.com/files/3215/4169/1580/ Latino_Xtab_States.pdf [aufgerufen am 2.8.2019].

Layman, Geoffrey (1999): ‚Culture Wars' in the American Party System: Religious and Cultural Change among Partisan Activists Since 1972. In: American Politics Research 27 (1), S. 89–121.

Layne, Nathan (2023): Trump repeats 'poisoning the blood' anti-immigrant remark. In: Reuters, 17. Dezember. https://www.reuters.com/world/us/trump-repeats-poi soning-blood-anti-immigrant-remark-2023-12-16/ [aufgerufen am 16.3.2024].

Levitt, Justin (2014): A comprehensive investigation of voter impersonation finds 31 credible incidents out of one billion ballots cast. In: Washington Post, 6. August. https://www.washington post.com/news/wonk/wp/2014/08/06/ a-comprehensive-investi gation-of-voter-impersonation-finds-31-credible-incidents-out-of-one-billion-ballots-cast/ [aufgerufen am 3.8.2019].

Leyden, Peter/Ruy Teixeira (2017): Why California Politics is Always 15 Years Ahead. In: Medium, 17. Oktober. https://medium.com/s/state-of-the-future/americas-pa ralyzed-politics-today-is-california-s-15-years-ago-5fc9c50eebc3 [aufgerufen am 2.8.2019].

Lo Wang, Hansi (2022): The 2020 census had big undercounts of Black people, Latinos and Native Americans. In: NPR, 11. März. https://www.npr.org/2022/03/10/108373 2104/2020-census-accuracy-undercount-overcount-data-quality [aufgerufen am 16.3.2024].

Lopez, German (2018): Supreme Court's conservative justices uphold Ohio's voter purge system. In: Vox, 11. Juni. https://www.vox.com/policy-and-politics/2018/6 /11/17448742/ ohio-voter-purge-supreme-court-ruling [aufgerufen am 3.8.2019].

Lowndes, Joseph (2008): From the New Deal to the New Right: Race and the Southern Origins of Modern Conservatism. New Haven: Yale University Press.

Lütjen, Torben (2016): Partei der Extreme: Die Republikaner – Über die Implosion des amerikanischen Konservativismus. Bielefeld: Transcript.

MacFarlane, Scott/Michael Kaplan (2023): House Speaker Mike Johnson once referred to abortion as "a holocaust". In: CBS News, 26. Oktober. https://www.cbsne ws.com/news/house-speaker-mike-johnson-abortion-holocaust/ [aufgerufen am 16.3.2024].

Madison, Lucy (2012): Romney on Immigration: I'm for „self-deportation". In: CBS News, 24. Januar. https://www.cbsnews. com/news/romney-on-immigration-im-for-self-deportation/ [aufgerufen am 2.8.2019].

Maniam, Shiva/Samantha Smith (2017): A wider partisan and ideological gap between younger, older generations. In: Pew Research Center Fact Tank, 20. März. htt ps://www.pewre search.org/fact-tank/2017/03/20/a-wider-partisan-and-ideologi cal-gap-between-younger-older-generations/ [aufgerufen am 2. 8.2019].

Markon, Jerry/Karen Tumulty (2012): Romney: Obama's gift giving led to loss. In: Washington Post, 14. November. https://www. washingtonpost.com/politics/romney-obamas-gift-giving-led-to-loss/2012/11/14/c8d7e744-2eb7-11e2-89d4-040c9330702a_story.html [aufgerufen am 2.8.2019].

Marley, David John (2006): Ronald Reagan and the Splintering of the Christian Right. In: Journal of Church and State 48 (4), S. 851–868.

Martí, Gerardo (2019): The Unexpected Orthodoxy of Donald J. Trump: White Evangelical Support for the 45th President of the United States. In: Sociology of Religion 80 (1), S. 1–8.

Martínez, Jessica/Gregory A. Smith (2016): How the faithful voted: A preliminary 2016 analysis. In: Pew Research Center Fact Tank, 9. November. https://www.pewresearch.org/fact-tank/ 2016/11/09/how-the-faithful-voted-a-preliminary-2016-analysis/ [aufgerufen am 2.8.2019].

Mascaro, Lisa/ Mary Clare Jalonick/Jill Colvin (2024): Trump is making the Jan. 6 attack a cornerstone of his bid for the White House. In: AP News, 19. März. https://apnews.com/article/donald-trump-jan-6-pardons-2024-campaign-2401ead35cb1402a7b289c2c99761373 [aufgerufen am 20.3.2024].

Mayer, Jeremy D. (2002): Running on Race: Racial Politics in Presidential Campaigns, 1960–2000. New York: Random House.

Mayer, Jeremy D. (2007): Reagan and Race: Prophet of Color Blindness, Baiter of the Backlash. In: Kyle Longley/Jeremy D. Mayer/Michael Schaller/John W. Sloan (Hg.): Deconstructing Reagan: Conservative Mythology and America's Fortieth President. New York: M.E. Sharpe, S. 70–89.

Mazzei, Patricia/Michael Wines (2021): How Republicans Undermined Ex-Felon Voting Rights in Florida. In: New York Times, 30. April. https://www.nytimes.com/2020/09/17/us/florida-felons-voting.html [aufgerufen am 16.3.2024].

McLaughlin, Dan (2016): No, Ronald Reagan Didn't Launch his 1980 Campaign in Philadelphia, MS. In: RedState, 2. Juni. https://www.redstate.com/dan_mclaughlin/2016/06/02/ronald-reagan-didnt-launch-1980-campaign-philadelphia-ms/ [aufgerufen am 2.8.2019].

Memoli, Mascaro (2014): Republicans keep tea party wing at bay in primary races. In: Los Angeles Times, 20. Mai. https://www.la times.com/nation/politics/la-na-gop-primaries-20140521-story. html [aufgerufen am 2.8.2019].

Mendelberg, Tali (1997): Executing Hortons: Racial Crime in the 1988 Presidential Campaign. In: Public Opinion Quarterly 61 (1), S. 134–157.

Mendelberg, Tali (2001): The Race Card: Campaign Strategy, Implicit Messages, and the Norm of Equality. Princeton: Princeton University Press.

Mickey, Robert (2022): Challenges to Subnational Democracy in the United States, Past and Present. In: The ANNALS of the American Academy of Political and Social Science 699(1), S. 118–129.

Micklethwait, John/Adrian Woolridge (2004): The Right Nation: Conservative Power in America. New York: Penguin Books.

Misra, Jordan (2019): Voter Turnout Rates Among all Voting age and Major Racial and Ethnic Groups Were Higher Than in 2014. In: United States Census Bureau, 23. April. https://www.census.gov/library/stories/2019/04/behind-2018-united-states-midterm-election-turnout.html [aufgerufen am 2. 8.2019].

Mississippi Black Codes (1865). http://web.mit.edu/21h.102/www/ Primary%20source%20collections/Reconstruction/Black%20 codes.htm [aufgerufen am 2.8.2019].

Mogelson, Luke (2021): Among the insurrectionists. In: New Yorker, 15. Januar. https://www.newyorker.com/magazine/2021/01/25/among-the-insurrectionists [aufgerufen am 16.3.2024].

Monahan, Neil/Saeed Ahmed (2019): There are now as many Americans who claim no religion as there are evangelicals and Catholics, a survey finds. In: CNN, 26. April. https://edition.cnn. com/2019/04/13/us/no-religion-largest-group-first-time-usa-trnd/index.html [aufgerufen am 3.8.2019].

Motel, Seth (2013): JFK torchbearers now vote more Republican. In: Pew Research Center Fact Tank, 21. November. https://www. pewresearch.org/fact-tank/2013/11/21/jfk-torch-bearers-now-vote-more-republican/ [aufgerufen am 2.8.2019]

Mudde, Cas (2007): Populist Radical Right Parties in Europe. Cambridge: Cambridge University Press.

Naftali, Tim (2019): Ronald Reagan's Long-Hidden Racist Conversation With Richard Nixon. In: The Atlantic, 30. Juli. https://www.theatlantic.com/ideas/archive/2019/07/ronald-reagans-racist-conversation-richard-nixon/595102/ [aufgerufen am 2.8.2019].

Nanto, Tommy (2022): A Wolf in Sheep's Clothing: Christian Nationalist Belief and Behavior in the United States. In: Sigma: Journal of Political and International Studies 39(5), S. 33–51.

National Conference of State Legislatures (2024): 2024 State & Legislative Partisan Composition. 1. März. https://documents.ncsl.org/wwwncsl/About-State-Legislatures/Legis-Control-2024-3-1-24.pdf [aufgerufen am 10.3.2024].

National Public Radio (2016): Donald Trump's Speech Responding to Assault Accusations. 13. Oktober. https://www.npr.org/2016/ 10/13/497857068/transcript-donald-trumps-speech-responding-to-assault-accusations [aufgerufen am 2.8.2019].

New York Times (1976): ‚Welfare Queen' Becomes Issue in Reagan Campaign. 15. Februar. https://www.nytimes.com/1976/02/15/ archives/welfare-queen-becomes-issue-in-reagan-campaign-hitting-a-nerve-now.html [aufgerufen am 2.8.2019].

New York Times (2017): Pruitt v. EPA: 14 Challenges of EPA Rules by the Oklahoma Attorney General. 14. Januar. https://www.nytimes.com/interactive/2017/01/14/us/politics/document-Pruitt-v-EPA-a-Compilation-of-Oklahoma-14.html [aufgerufen am 3.8.2019].

Newman, Mark (2001): Getting Right With God: Southern Baptists and Desegregation, 1945–1995. Tuscaloosa: The University of Alabama Press.

Newport, Frank/Joseph Carroll (2005): Another Look at Evangelicals in America Today. In: Gallup, 2. Dezember. https://news.gallup.com/poll/20242/another-look-evangelicals-america-today.aspx [aufgerufen am 2.8.2019].

Newton, Michael (2014): White Robes and Burning Crosses: A History of the Ku Klux Klan from 1866. Jefferson: McFarland.

Nixon, Richard (1967): What has Happened to America? In: The Reader's Digest, Oktober, S. 49–54.

Nixon, Richard (1968): Remarks in New York City: „Toward Freedom From Fear". 8. Mai. https://www.presidency.ucsb.edu/ documents/remarks-new-york-city-toward-freedom-from-fear [aufgerufen am 2.8.2019].

Nixon, Richard (1968): Address Accepting the Presidential Nomination at the Republican National Convention in Miami Beach, Florida. 8. August. https://www.presidency.ucsb.edu/documents /address-accepting-the-presidential-nomination-the-republican-national-convention-miami [aufgerufen am 2.8.2019].

Nordlinger, Jay (2020): Another 'enemy of the people', &c. In: National Review, 30. November. https://www.nationalreview.com/2020/11/another-enemy-of-the-people-c/ [aufgerufen am 16.3.2024].

Office of the Clerk of the U.S. House of Representatives (2017): Statistics of the Presidential and Congressional Election From Official Sources for the Election of November 8, 2016. http://clerk.house.gov/member_info/electionInfo/2016/statistics2016.pdf [aufgerufen am 2.8.2019].

Palast, Greg (2016): The GOP's Stealth War Against Voters. In: Rolling Stone, 24. August. https://www.rollingstone.com/poli tics/politics-features/the-gops-stealth-war-against-voters-247905/ [aufgerufen am 3.8.2019].

Pape, Robert A. (2021): What an analysis of 377 Americans arrested or charged in the Capitol insurrection tells us. In: Washington Post, 6. April. https://www.washingtonpost.com/opinions/2021/04/06/capitol-insurrection-arrests-cpost-analysis/ [aufgerufen am 16.3.2024].

Parker, Christopher S./Matt A. Barreto (2013): Change They Can't Believe in: The Tea Party and Reactionary Politics in America. Princeton: Princeton University Press.

Parker, Kim/Nikki Graf/Ruth Igielnik (2019): Generation Z Looks a Lot Like Millennials on Key Social and Political Issues. In: Pew Research Center, 17. Januar. h ttps://www.pewsocialtrends.org/ wp-content/uploads/sites/3/2019/01/Generations-full-report_ FINAL_1.18.pdf [aufgerufen am 2.8.2019].

Parker, Kim/Rich Morin/Juliana Menasce Horowitz (2019): Looking to the Future, Public Sees an America in Decline on Many Fronts. In: Pew Research Center, 21. März. https://www.pew socialtrends.org/wp-content/uploads/sites/3/2019/03/US-2050_full_report-FINAL.pdf [aufgerufen am 2.8.2019].

PBS News (2022): AP FACT CHECK: Trump seeds race animus with COVID falsehood. 16. Januar. https://www.pbs.org/newshour/politics/ap-fact-check-trump-seeds-race-animus-with-covid-falsehood [aufgerufen am 16.3.2024].

Perlstein, Rick (2001): Before the Storm: Barry Goldwater and the Unmaking of the American Consensus. New York: Hill and Wang.

Perman, Michael (2009): Pursuit of Unity: A Political History of the American South. Chapel Hill: The University of North Carolina Press.

Perry, Stephanie (2024): We polled thousands of voters during the GOP primary season. Here's what we learned. In: NBC News, 20. März. https://www.nbcnews.com/politics/2024-election/gop-primary-exit-polls-trump-rcna144248 [aufgerufen am 21.3.2024].

Peterson, Blake (2018): Bipartisan Furor as North Carolina Election Law Shrinks Early Voting Locations by Almost 20 Percent. In: ProPublica, 24. September. https://www.propublica.org/article/ bipartisan-furor-as-north-carolina-election-law-shrinks-early-voting-locations-by-almost-20-percent [aufgerufen am 3.8.2019].

Pew Research Center (2010): Millennials: Confident. Connected. Open to Change. 24. Februar, https://www.pewsocialtrends.org/ wp-content/uploads/sites/3/2010/02/millennials-confident-connected-open-to-change.pdf [aufgerufen am 2.8.2019].

Pew Research Center (2013): Whither the GOP? Republicans Want Change, But Split over Party's Direction. 31. Juli. https://www. pewresearch.org/wp-content/uploads/sites/4/legacy-pdf/7-31-2013-GOP-Release-fix.pdf [aufgerufen am 2.8.2019].

Pew Research Center (2014): Millennials in Adulthood: Detached from Institutions, Networked with Friends. 7. März. https://www.pewresearch.org/wp-content/uploads/sites/ 3/2014/03/2014-03-07_generations-report-version-for-web.pdf [aufgerufen am 2.8.2019].

Pew Research Center (2014): Religious Landscape Study. https://www.pewforum.or g/religious-landscape-study/ [aufgerufen am 2.8.2019].

Pew Research Center (2015): Beyond Distrust: How Americans View Their Government. 23. November. https://www.pewrese arch.org/wp-content/uploads/sites/4/2015/11/11-23-2015-Governance-release.pdf [aufgerufen am 2.8.2019].

Pew Research Center (2016): Campaign Exposes Fissures Over Issues, Values and How Life Has Changed in the U.S. 31. März. https://www.pewresearch.org/wp-co ntent/uploads/sites/4/2016/ 03/3-31-16-March-Political-release-1.pdf [aufgerufen am 2.8. 2019].

Pew Research Center (2016): Partisanship and Political Animosity in 2016. 22. Juni. h ttps://www.people-press.org/wp-content/up loads/sites/4/2016/06/06-22-16-Partisanship-and-animosity-release.pdf [aufgerufen am 3.8.2019].

Pew Research Center (2016): Clinton, Trump Supporters Have Starkly Different Views of a Changing Nation. 18. August. https://www.people-press.org/wp-cont ent/uploads/sites/4/2016/ 08/08-18-2016-August-political-release.pdf [aufgerufen am 2.8. 2019].

Pew Research Center (2016): The Parties on the Eve of the 2016 Election: Two Coalitions, Moving Further Apart. 13. September. https://www.people-press.org/ wp-content/uploads/sites/4/2016/ 09/09-13-2016-Party-ID-release-final.pdf [aufgerufen am 2.8. 2019].

Pew Research Center (2016): The State of American Jobs. 6. Oktober. https://ww w.pewsocialtrends.org/wp-content/uploads/sites /3/2016/10/ST_2016.10.06_Future-of-Work_FINAL4.pdf [aufgerufen am 2.8.2019].

Pew Research Center (2016): Low Approval of Trump's Transition but Outlook for His Presidency Improves. 8. Dezember. https://www.people-press.org/wp-conte nt/uploads/sites/4/2016/ 12/12-08-16-December-political-release.pdf [aufgerufen am 2.8. 2019].

Pew Research Center (2017): With Budget Debate Looming, Growing Share of Public Prefers Bigger Government. 24. April. https://www.people-press.org/wp -content/uploads/sites/4/2017/ 04/04-24-17-Spending-release.pdf [aufgerufen am 2.8.2019].

Pew Research Center (2018): The Generation Gap in American Politics. 1. März. https ://www.people-press.org/wp-content/up loads/sites/4/2018/03/03-01-18-Generations-release2.pdf [aufgerufen am 2.8.2019].

Pew Research Center (2018): Wide Gender Gap, Growing Educational Divide in Voters' Party Identification. 20. März. https://www.people-press.org/wp-content/ uploads/sites/4/2018/ 03/03-20-18-Party-Identification-CORRECTED.pdf [aufgerufen am 2.8.2019].

Pew Research Center (2018): The Public, the Political System and American Democracy. 26. April. https://www.people-press.org/ wp-content/uploads/sites/4/2018/04/4-26-2018-Democracy-release-1.pdf [aufgerufen am 3.8.2019].
Pew Research Center (2018): Majorities see Government Efforts to Protect the Environment as Insufficient. 14. Mai. https://www. pewresearch.org/science/wp-content/uploads/sites/16/2018/05 /PS_2018.05.14_energyclimate_FINAL.pdf [aufgerufen am 2.8. 2019].
Pew Research Center (2018): 2018 Midterm Voters: Issues and Political Values. 4. Oktober. https://www.people-press.org/wp-content/uploads/sites/4/2018/10/Values-for-release.pdf [aufgerufen am 2.8.2019].
Pew Research Center (2018): Public Opinion on Abortion. 15. Oktober. https://www.pewforum.org/fact-sheet/public-opinion-on-abortion/ [aufgerufen am 2.8.2019].
Pew Research Center (2018): Public Expects Gridlock, Deeper Divisions With Changed Political Landscape. 15. November. https://www.people-press.org/wp-content/uploads/sites/4/2018/ 11/11-15-18-Post-election-report6.pdf [aufgerufen am 3.8.2019].
Pew Research Center (2019): Public's 2019 Priorities: Economy, Health Care, Education and Security All Near Top of List. 24. Januar. https://www.people-press.org/wp-content/uploads/sites /4/2019/01/PP_2019.01.24_political-priorities_FINAL.pdf [aufgerufen am 2.8.2019].
Pew Research Center (2019): Attitudes on Same-Sex Marriage. 14. Mai. https://www.pewforum.org/fact-sheet/changing-attitudes-on-gay-marriage/ [abgerufen am 2.8.2019].
Pew Research Center (2020): Majority of Public Favors Giving Civilians the Power to Sue Police Officers for Misconduct. 9. Juli. https://www.pewresearch.org/politics/2020/07/09/majority-of-public-favors-giving-civilians-the-power-to-sue-police-officers-for-misconduct/ [aufgerufen am 16.3.2024].
Pew Research Center (2022): Majority of Public Disapproves of Supreme Court's Decision To Overturn Roe v. Wade. 6. Juli. https://www.pewresearch.org/politics/2022/07/06/majority-of-public-disapproves-of-supreme-courts-decision-to-overturn-roe-v-wade/ [aufgerufen am 16.3.2024].
Pew Research Center (2022): As Partisan Hostility Grows, Signs of Frustration With the Two-Party System. 9. August. https://www.pewresearch.org/politics/2022/08/09/as-partisan-hostility-grows-signs-of-frustration-with-the-two-party-system/ [aufgerufen am 21.2.2024].
Pew Research Center (2023): Americans' Dismal Views of the Nation's Politics. 19. September. https://www.pewresearch.org/politics/2023/09/19/americans-dismal-views-of-the-nations-politics/ [aufgerufen am 16.3.2024].

Piacenza, Joanna (2019): White Evangelicals' Support for Trump Has a Soft Underbelly. In: Morning Consult, 1. Mai. https://morningconsult.com/2019/05/01/white-evangelicals-sup port-for-trump-has-a-soft-underbelly/ [aufgerufen am 2.8.2019].

Pitre, Merline (1979): Frederick Douglass: The Politician vs. the Social Reformer. In: Phylon 40 (3), S. 270–277.

Phillips, Kevin (1969/2015): The Emerging Republican Majority (James Madison Library in American Politics edition). Princeton: Princeton University Press.

Phillips, Kevin (2006): American Theocracy: The Peril and Politics of Radical Religion, Oil, and Borrowed Money in the 21st Century. New York: Penguin Books.

Podrebarac Sciupac, Elizabeth/Gregory A. Smith (2018): How religious groups voted in the midterm elections. In: Pew Research Center Fact Tank, 7. November. https://www.pewrese arch.org/fact-tank/2018/11/07/how-religious-groups-voted-in-the-midterm-elections/ [aufgerufen am 3.8.2019].

Poushter, Jacob/ Moira Fagan/Sneha Gubbala/Jordan Lippert (2023): Americans Hold Positive Feelings Toward NATO and Ukraine, See Russia as an Enemy. In: Pew Research Center, 10. Mai. https://www.pewresearch.org/global/2023/05/10/americans-hold-positive-feelings-toward-nato-and-ukraine-see-russia-as-an-enemy/ [aufgerufen am 16.3.2024].

Price, Michelle L./Meg Kinnard/James Pollard (2024): Haley challenges Trump on her home turf in South Carolina as the Republican primary looms. In: AP News, 11. Februar. https://apnews.com/article/trump-nikki-haley-south-carolina-primary-challenge-edeb501801a773cad21935ff7a2ed237 [aufgerufen am 16.3.2024].

Priess, David (2018): How a Difficult, Racist, Stubborn President was Removed From Power – If not From Office. In: Politico Magazine, 13. November. https://www.politico.com/magazine/ story/2018/11/13/andrew-johnson-undermined-congress-cabinet-david-priess-book-222413 [aufgerufen am 2.8.2019].

ProPublica (2013a): House Vote 55 – Passes Reauthorization of the Violence Against Women Act. 23. Februar. https://projects.pro publica.org/represent/votes/113/house/1/55 [aufgerufen am 2.8. 2019).

ProPublica (2013): House Vote 550 – Passes Senate Budget Compromise. 16. Oktober. https://projects.propublica.org/represent/ votes/113/house/1/550 [aufgerufen am 2.8.2019].

Pryor, Ben/Rebekah Herrick/James A. Davis (2019): Voter ID Laws: The Disenfranchisement of Minority Voters? In: Political Science Quarterly 134 (1), 63–83.

Public Broadcasting Service (2013): Sen. Mitch McConnell: I don't think anybody can make the health reform law work. 30. Oktober. https://www.pbs.org/newsh

our/show/sen-mitch-mcconnell -health-reform-law-can-t-work [aufgerufen am 2.8.2019].

Public Religion Research Center (2023): Are Immigrants a Threat? Most Americans Don't Think So, but Those Receptive to the "Threat" Narrative Are Predictably More Anti-immigrant. 17. Januar. https://www.prri.org/research/are-immigrants-a-threat-most-americans-dont-think-so-but-those-receptive-to-the-threat-narrative-are-predictably-more-anti-immigrant/ [aufgerufen am 16.3.2024].

Public Religion Research Center (2024): Views on LGBTQ Rights in All 50 States: Findings from PRRI's 2023 American Values Atlas. 12. März. https://www.prri.org/research/views-on-lgbtq-rights-in-all-50-states/ [aufgerufen am 16.3.2024].

Quinnipiac University (2019): National Poll. 22. Mai. https://poll.qu.edu/images/polling/us/us05222019_usch361.pdf/ [aufgerufen am 3.8.2019].

Reagan, Ronald (1961): Ronald Reagan Speaks Out Against Socialized Medicine. https://www.americanrhetoric.com/speeches/ron aldreagansocializedmedicine.htm [aufgerufen am 2.8.2019].

Reagan, Ronald (1964): A Time for Choosing. 27. Oktober. https://www.presidency.ucsb.edu/documents/address-behalf-senator-barry-goldwater-time-for-choosing [aufgerufen am 2.8. 2019].

Reagan, Ronald (1980): 1980 Republican National Convention Acceptance Address. https://americanrhetoric.com/speeches/ ronaldreagan1980rnc.htm [aufgerufen am 2.8.2019].

Reagan, Ronald (1982): Remarks at a White House Ceremony in Observance of National Day of Prayer. 6. Mai. https://www. reaganlibrary.gov/research/speeches/50682c [aufgerufen am 2. 8.2019].

Reagan, Ronald (1983): Abortion and the Conscience of a Nation. In: The Human Life Review. https://humanlifereview.com/abort ion-and-the-conscience-of-the-nation-ronald-reagan-the-10th-anniversary-of-the-supreme-court-decision-in-roe-v-wade-is-a-good-time-for-us-to-pause-and-reflect-our-nationwide-policy-of-abortion-o/ [aufgerufen am 2.8.2019].

Republican Party (1976): Republican Party Platform of 1976. 18. August. https://www.presidency.ucsb.edu/documents/republica n-party-platform-1976 [aufgerufen am 2.8.2019].

Republican Party (1984): Republican Party Platform of 1984. 20. August. https://www.presidency.ucsb.edu/documents/republica n-party-platform-1984 [aufgerufen am 2.8.2019].

Republican Party (2013): Growth & Opportunity Project. http://online.wsj.com/public/resources/documents/RNCreport03182013.pdf [aufgerufen am 2.8.2019].

Reuters/Ipsos/UVA Center for Politics (2017): Race Poll – Crosstabs. http://www.centerforpolitics.org/crystalball/wp-content/ uploads/2017/09/Condensed_FINAL_Tables_Aug21_to_Sep5_ UVA_Race_prot.xlsx [aufgerufen am 2.8.2019].

Reuters/Ipsos/UVA Center for Politics (2018): Race Poll – Crosstabs. http://www.centerforpolitics.org/crystalball/wp-content/ uploads/2018/08/Reuters_Tracker_Daily_MA_Aug_2_6_Top line_Tables_Charlottesville_Anniversary_locked.xls [aufgerufen am 2.8.2019].

Rhodes, Jesse H./Brian F. Schaffner/Sean McElwee (2017): Is America More Divided by Race or Class? Race, Income, and Attitudes among Whites, African Americans, and Latinos. The Forum 15 (1), S. 71–91.

Richardson, Heather Cox (2014): To Make Men Free: A History of the Republican Party. New York: Basic Books.

Rooks, Noliwe (2018): Cindy Hyde-Smith is Teaching us What Segregation Academies Taught her. In: New York Times, 28. November. https://www.nytimes.com/2018/11/28/opinion/cin dy-hyde-smith-mike-espy-senate-mississippi.html [aufgerufen am 2.8.2019].

Roper Center for Public Opinion Research (2021): How Groups Voted. https://ropercenter.cornell.edu/data-highlights/elections-and-presidents/how-groups-voted [aufgerufen am 2.3.2023].

Rovere, Richard (1965): The Goldwater Caper. New York: Harcourt, Brace and World.

Royden, Laura/Michael Li (2017): Extreme Maps. In: Brennan Center for Justice. https://www.brennancenter.org/sites/de fault/files/publications/Extreme%20Maps%205.16_0.pdf [aufgerufen am 3.8.2019].

Rueb, Emily S./Niraj Chokshi (2019): The Violence Against Women Act is Turning 25. Here's how it has Ignited Debate. In: New York Times, 4. April. https://www.nytimes.com/2019/04/04/us/ violence-against-women-act-reauthorization.html [aufgerufen am 2.8.2019].

Saad, Lydia (2019): U.S. Still Leans Conservative, but Liberals Keep Recent Gains. In: Gallup, 8. Januar. https://news.gallup.com/ poll/245813/leans-conservative-liberals-keep-recent-gains.aspx [aufgerufen am 3.8.2019].

Saad, Lydia (2023): Democrats' Identification as Liberal Now 54 %, a New High. In Gallup, 12. Januar. https://news.gallup.com/poll/467888/democrats-identification-liberal-new-high.aspx [aufgerufen am 16.3.2024].

Saad, Lydia (2023): A Steady Six in 10 Say Global Warming's Effects Have Begun. In: Gallup, 20. April. https://news.gallup.com/poll/474542/steady-six-say-global-warming-effects-begun.aspx [aufgerufen am 16.3.2024].

Salvanto, Anthony/Jennifer De Pinto/Kabir Khanna/Fred Backus (2021): CBS News poll: Still more to learn about January 6, most Americans say. In: CBS News,

20. Juli. https://www.cbsnews.com/news/january-6-opinion-poll/ [aufgerufen am 16.3.2024].

Sears, David O./Victoria Savalei (2006): The Political Color Line in America: Many „Peoples of Color“ or Black Exceptionalism? In: Political Psychology 27 (6), S. 895–924.

Schlapp, Matt (Hg.) (2019): Reagan at CPAC: The Words That Continue to Inspire a Revolution. Washington: Regnery Publishing.

Schmitt, Eric (2024): Nearly every Republican Senator under the age of 55 voted NO on this America Last bill. https://twitter.com/Eric_Schmitt/status/1757368160116670818 [aufgerufen am 16.3.2024].

Sefton, James E. (1968): The Impeachment of Andrew Johnson: A Century of Writing. In: Civil War History 14 (2), S. 120-147.

Shane, Scott (2008): Obama and ’60s Bomber: A Look Into Crossed Paths. In: New York Times, 3. Oktober. https://www.nytimes. com/2008/10/04/us/politics/04ayers.html [aufgerufen am 2.8. 2019].

Silver, Nate (2016): The Mythology of Trump’s ‚Working Class‘ Support. In: FiveThirtyEight, 3. Mai. https://fivethirtyeight.com/ features/the-mythology-of-trumps-working-class-support/ [aufgerufen am 2.8.2019].

Silver, Nate (2024): Nikki Haley’s problem is America’s problem. 6. März. https://www.natesilver.net/p/nikki-haleys-problem-is-americas [aufgerufen am 16.3.2024].

Silver, Nate (2024): Democrats are hemorrhaging support with voters of color. 15. März. https://www.natesilver.net/p/democrats-are-hemorrhaging-support [aufgerufen am 16.3.2024].

Sinha, Manisha (2003): The Caning of Charles Sumner: Slavery, Race, and Ideology in the age of the Civil War. In: Journal of the Early Republic 23 (2), S. 233–262.

Skelley, Geoffrey (2018): The House Will Have Just as Many Moderate Democrats as Progressives Next Year. In: FiveThirtyEight, 20. Dezember. https://fivethirtyeight.com/features/the-house-will-have-just-as-many-moderate-democrats-as-progressives-next-year/ [aufgerufen am 3.8.2019].

Skelley, Geoffrey/Kyle Kondik (2017): 2018 Governors: The Battle Lines for Drawing the Lines. In: Sabato’s Crystal Ball, 23. Februar. http://www.centerforpolitics.org/crystalball/articles/2018-governors-the-battle-lines-for-drawing-the-lines/ [aufgerufen am 3.8.2019].

Skrentny, John D. (2014): Zigs and Zags: Richard Nixon and the New Politics of Race. In: Kenneth Osgood/Derrick E. White (Hg.): Winning While Losing: Civil Rights, The Conservative Movement and the Presidency from Nixon to Obama. Gainesville: University Press of Florida, S. 26–54.

Smeltz. Dina (2023): Americans Continue to See Benefits from US Alliances. In: The Chicago Council on Global Affairs, Oktober. https://globalaffairs.org/sites/default/files/2023-10/CCS%202023%20Alliances.pdf [aufgerufen am 16.3.2024].

Smeltz, Dina/Craig Kafura (2024): Majority of Trump Republicans Prefer the United States Stay out of World Affairs. In: The Chicago Council on Global Affairs, 16. Februar. https://globalaffairs.org/research/public-opinion-survey/majority-trump-republicans-prefer-united-states-stay-out-world [aufgerufen am 16.3.2024].

Smith, Ben (2008): McCain camp: Obama is ‚radical,' pals around with terrorists. In: Politico, 4. Oktober. https://www.politico. com/blogs/ben-smith/2008/10/mccain-camp-obama-is-radical-pals-around-with-terrorists-012797 [aufgerufen am 2.8.2019].

Smith, Gregory A. (2016): Churchgoing Republicans, once skeptical of Trump, now support him. In: Pew Research Center Fact Tank, 21. Juli. https://www.pewresearch.org/fact-tank/2016/07/ 21/churchgoing-republicans-once-skeptical-of-trump-now-support-him/ [aufgerufen am 2.8.2019].

Smith, Gregory A./Alan Cooperman (2024): Has the rise of religious 'nones' come to an end in the U.S.? In: Pew Research Center, 24. Januar. https://www.pewresearch.org/short-reads/2024/01/24/has-the-rise-of-religious-nones-come-to-an-end-in-the-us/ [aufgerufen am 16.3.2024].

Smith, Robert C. (2010): Conservatism and Racism, and Why in America They Are the Same. Albany: State University of New York Press.

Sokol, Jason (2017): Which Martin Luther King are we Celebrating Today? In: New York Times, 16. Januar. https://www.nytimes. com/2017/01/16/opinion/which-martin-luther-king-are-we-celebrating-today.html [aufgerufen am 2.8.2019].

Stecula, Dominik (2021): Nearly half of Republicans agreeing that "patriotic Americans" may have to take the law into their own hands... 29. Juli. https://twitter.com/decustecu/status/1420826717678047234 [aufgerufen am 16.3.2024].

Stewart III, Charles (2023): How we voted in 2022: A topical look at the survey of the performance of American elections. In: MIT Election Data + Science Lab. https://electionlab.mit.edu/sites/default/files/2023-05/HowWeVotedIn2022.pdf [aufgerufen am 16.3.2024].

Stiles, Matt (2024): How each member of the Senate voted on foreign aid package. In: CNN, 13. Februar. https://edition.cnn.com/2024/02/13/politics/senate-vote-foreign-aid-ukraine-israel-dg/index.html [aufgerufen am 16.3.2024].

Stohr, Greg (2019): Hold the Revolution: Roberts Keeps Joining High Court Liberals. In: Bloomberg, 1. März. https://www. bloomberg.com/news/articles/2019-03-01/

hold-the-revolution-roberts-keeps-joining-high-court-liberals [aufgerufen am 3.8. 2019].

Stroope, Samuel/Paul Froese/Heather M. Rackin/Jack Delehanty (2021): Unchurched Christian Nationalism and the 2016 U.S. Presidential Election. In: Sociological Forum 36(2), S. 405–425.

Sugrue, Thomas J./John D. Skrentny (2008): The White Ethnic Strategy. In: Bruce J. Schulman/Julian E. Zelizer (Hg.): Rightward Bound: Making America Conservative in the 1970s. Cambridge: Harvard University Press, S. 171–192.

Sumner, Charles (1856): Speech of Hon. Charles Sumner in the Senate of the United States, 19th and 20th May. https://heinonline.org/HOL/Page?collection=beal&handle=hein.beal/criksapotr0001&id=5&men_tab=srchresults; [aufgerufen am 2.8.2019].

Szalai, Jennifer (2019): Impeachment, the First Time Around. In: New York Times, 15. Mai. https://www.nytimes.com/2019/05/ 15/books/review-impeachers-andrew-johnson-brenda-wineap ple.html [aufgerufen am 2.8.2019].

Tanenhaus, Sam (2013): Original Sin. In: The New Republic, 10. Februar. https://newrepublic.com/article/112365/why-republica ns-are-party-white-people [aufgerufen am 2.8.2019].

Taylor, Paul/Mark Hugo Lopez/Jessica Martínez/Gabriel Velasco (2012): When Labels Don't Fit: Hispanics and Their Views of Identity. In: Pew Research Center, 4. April. https://www.pew hispanic.org/2012/04/04/v-politics-values-and-religion/ [aufgerufen am 2.8.2019].

Teixeira, Ruy (2013): Will the Future of White Voters be Republican? Don't be too Sure. In: ThinkProgress, 9. August. https://thinkprogress.org/will-the-future-of-white-voters-be-republican-dont-be-too-sure-ce72a9f9c8fb/ [aufgerufen am 2.8. 2019].

Tesler, Michael (2016): Trump is the first modern Republican to win the nomination based on racial prejudice. In: Washington Post, 1. August. https://www.washingtonpost.com/news/mon key-cage/wp/2016/08/01/trump-is-the-first-republican-in-modern-times-to-win-the-partys-nomination-on-anti-minority-sentiments/ [aufgerufen am 2.8.2019].

The American Presidency Project (2023): Ron DeSantis with Tucker Carlson at the FAMiLY Leadership Summit. 14. Juli. https://www.presidency.ucsb.edu/documents/desantis-campaign-press-release-icymi-ron-desantis-with-tucker-carlson-the-family [aufgerufen am 16.3.2024].

The Economist (2016): Trump and the Academy. 1. September. https://www.economist.com/united-states/2016/09/01/trump-and-the-academy [aufgerufen am 2.8.2019].

The Economist Intelligence Unit (2024): Democracy Index 2023: Age of Conflict. https://www.eiu.com/n/campaigns/democracy-index-2023/ [aufgerufen am 21.2.2024].

The Green Papers (2021): 2022 – 2030 Federal Representation by People per House Seat, Senate Seat, and Electors. https://www.thegreenpapers.com/Census20/FedRep.phtml [aufgerufen am 19.3.2024].

The Heritage Foundation (2019): Judicial Appointment Tracker. https://www.heritage.org/judicialtracker [aufgerufen am 3.8. 2019].

Thomas, Evan (2016): Being Nixon: A Man Divided. New York: Random House.

Thomas, John D. (1996): Invisible Legacy. In: Emory Magazine. http://www.emory.edu/EMORY_MAGAZINE/spring96/wallace.html [aufgerufen am 2.8.2019].

Thurber, Timothy N. (2007): Goldwaterism Triumphant? Race and the Republican Party, 1965–1968. In: The Journal of the Historical Society 7 (3), S. 349–384.

Tomasky, Michael (2019): Do the Republicans Even Believe in Democracy Anymore? In: New York Times, 1. Juli. https://www.nytimes.com/2019/07/01/opinion/republicans-trump-democracy.html [aufgerufen am 3.8.2019].

Tope, Daniel/Justin T. Pickett/Ted Chirico (2015): Anti-minority attitudes and Tea Party Movement membership. In: Social Science Research 51, S. 322–337.

Trump, Donald (2015): Announcement Speech. 16. Juni. https://time.com/3923128/donald-trump-announcement-speech/ [aufgerufen am 2.8.2019].

Trump, Donald (2020): The recent statement by Chris Krebs on the security of the 2020 Election was highly inaccurate... 17. November. https://twitter.com/realDonaldTrump/status/1328852352787484677 [aufgerufen am 16.3.2024].

Trump, Donald (2021): I spoke to Secretary of State Brad Raffensperger yesterday... 3. Januar. https://twitter.com/realDonaldTrump/status/1345731043861659650 [aufgerufen am 16.3.2024].

Tyson, Alec/Shiva Maniam (2016): Behind Trump's victory: Divisions by race, gender, education. In: Pew Research Center Fact Tank, 9. November. https://www.pewresearch.org/fact-tank/ 2016/11/09/behind-trumps-victory-divisions-by-race-gender-education/ [aufgerufen am 2.8.2019].

Uggen, Christopher/Ryan Larson/Sarah Shannon (2016): 6 Million Lost Voters: State-Level Estimates of Felony Disenfranchisement, 2016. In: The Sentencing Project. https://www.sentencing project.org/wp-content/uploads/2016/10/6-Million-Lost-Voters. pdf [aufgerufen am 3.8.2019].

United States Census Bureau (2018): QuickFacts California. https://www.census.gov/quickfacts/CA [aufgerufen am 2.8. 2019].

United States Census Bureau (2019): CPS Historical Time Series Tables, Table A-4: Detailed Years of School Completed by People 25 Years and Over: 2000 to

2018. https://www.census.gov/ data/tables/time-series/demo/educational-attainment/cps-historical-time-series.html [aufgerufen am 2.8.2019].

United States Census Bureau (2019): Voting and Registration. https://www.census.gov/topics/public-sector/voting/data/tables. html [aufgerufen am 2.8.2019].

United States Census Bureau (2021): Voting and Registration in the Election of November 2020; Tabelle 4b: Reported Voting and Registration, by Sex, Race and Hispanic Origin, for States: November 2020.

United States Census Bureau (2023): Projected Population Distribution by Race and Hispanic Origin. 31. Oktober. https://www.census.gov/data/tables/2023/demo/popproj/2023-summary-tables.html [aufgerufen am 21.3.2024].

United States Courts (2023): Judgeship Appointments By President. https://www.uscourts.gov/file/21619/download [aufgerufen am 21.2.2024].

United States Department of Justice (2015): Jurisdictions previously covered by Section 5 at the time of the Shelby County decision. https://www.justice.gov/crt/jurisdictions-previously-covered-section-5 [aufgerufen am 3.8.2019].

United States Environmental Protection Agency (2017): EPA Launches Back-To-Basics Agenda at Pennsylvania Coal Mine. 13. April. https://www.epa.gov/newsreleases/epa-launches-back-basics-agenda-pennsylvania-coal-mine [aufgerufen am 3. 8.2019].

Vandermaas-Peeler, Alex/Daniel Cox/Molly Fisch-Friedman/Rob Griffin/Robert P. Jones (2018): American Democracy in Crisis: The Challenges of Voter Knowledge, Participation, and Polarization. In: Public Religion Research Institute, 17. Juli. https://www.prri.org/research/American-democracy-in-crisis-voters-midterms-trump-election-2018/ [aufgerufen am 2.8. 2019].

Voteview (2016): The Polarization of the Congressional Parties. https://legacy.voteview.com/political_polarization_2015.htm [aufgerufen am 2.8.2019].

Wald, Kenneth D./Allison Calhoun-Brown (2011): Religion and Politics in the United States. 6. Aufl. Lanham: Rowman & Littlefield.

Wall Street Journal (2013): Rand Paul Delivers Speech at Howard University. 10. April. https://blogs.wsj.com/washwire/2013/04/ 10/rand-paul-delivers-speech-at-howard-university/ [aufgerufen am 2.8.2019].

Wallace, George C. (1964): The Civil Rights Movement: Fraud, Sham, and Hoax. 4 Juli. http://www.fordham.edu/halsall/mod/ 1964WALLACE.html [aufgerufen am 2.8.2019].

Wan, William (2016): Inside the Republican creation of the North Carolina voting bill dubbed ‚monster' law. In: Washington Post, 2. September. https://www.washingtonpost.com/politics/courts _law/inside-the-republican-creation-of-the-north-carolina-voting-bill-dubbed-the-monster-law/2016/09/01/79162398-6adf-11e6-8225-fbb8a6fc65bc_story.html [aufgerufen am 3.8.2019].

Webster, Gerald (1992): Demise of the Solid South. In: Geographical Review 82 (1), S. 43–55.

Whitaker, Morgan (2014): Paul Ryan blames poverty on lack of work ethic in inner cities. In: MSNBC, 13. März. http://www. msnbc.com/politicsnation/ryan-generations-men-not-working [aufgerufen am 2.8.2019].

White House (2018): Statement by the Press Secretary on the Presidential Advisory Commission on Election Integrity. 3. Januar. https://www.whitehouse.gov /briefings-statements/stateme nt-press-secretary-presidential-advisory-commission-election-integrity/ [aufgerufen am 3.8.2019].

White, Ismail K. (2007): When Race Matters and When it Doesn't: Racial Group Differences in Response to Racial Cues. In: American Political Science Review 101 (2), S. 339–354.

Whitehead, Andrew L./Samuel L. Perry/Joseph O. Baker (2018): Make America Christian Again: Christian Nationalism and Voting for Donald Trump in the 2016 Presidential Election. In: Sociology of Religion 79 (2), S. 147–171.

Wilcox, Clyde/Carin Robinson (2011): Onward Christian Soldiers? The Religious Right in American Politics. 4. Aufl. Boulder: Westview Press.

Will, George (2012): Suddenly, a fun candidate. In: Washington Post, 4. Januar. htt ps://www.washingtonpost.com/opinions/ suddenly-a-fun-candidate/2012/01/04/gIQAnn0jaP_story.html [aufgerufen am 2.8.2019].

Williams, Daniel K. (2010): God's Own Party: The Making of the Christian Right. Oxford/New York: Oxford University Press.

Wineapple, Brenda (2019): The Impeachers: The Trial of Andrew Johnson and the Dream of a Just Nation. New York: Random House.

Wines, Michael (2019): Deceased G.O.P. Strategist's Hard Drives Reveal new Details on the Census Citizenship Question. In: New York Times, 30. Mai. https://www.ny times.com/2019/05/ 30/us/census-citizenship-question-hofeller.html [aufgerufen am 3.8.2019].

Wines, Michael/Alan Blinder (2016): Federal Appeals Court Strikes Down North Carolina Voter ID Requirement. In: New York Times, 29. Juli. https://www.nyt imes.com/2016/07/30/us/feder al-appeals-court-strikes-down-north-carolina-voter-id-provision.html [aufgerufen am 3.8.2019].

Woods, Randall B. (2006): LBJ: Architect of American Ambition. New York: Free Press.

Wu, Jennifer/Chenoa Yorgason/Hanna Folsz/Cassandra Handan-Nader/Andrew Myers/Tobias Nowacki/Daniel M. Thompson/Jesse Yoder/Andrew B. Hall (2020):

Are Dead People Voting By Mail? Evidence From Washington State Administrative Records.

Yokley, Eli (2021): Most Voters Oppose Republican Push to Overturn Biden's Electoral College Victory. In: Morning Consult, 5. Januar. https://pro.morning consult.com/articles/congress-gop-electoral-college-trump-poll [aufgerufen am 16.3.2024].

Zeitz, Josh (2016): How Trump Is Recycling Nixon's ‚Law and Order' Playbook. In: Politico Magazine, 18. Juli. https://www. politico.com/magazine/story/2016/07/donald-trump-law-and-order-richard-nixon-crime-race-214066 [aufgerufen am 2.8. 2019].

Zeskind, Leonard (2012): A Nation Dispossessed: The Tea Party Movement and Race. In: Critical Sociology 38 (4), S. 495–509.

Zitner, Aaron/Dante Chinni (2018): The Yawning Divide That Helps Explain American Politics. In: Wall Street Journal, 30. Oktober. https://www.wsj.com/articles/t he-yawning-divide-tha t-explains-american-politics-1540910719 [aufgerufen am 2.8. 2019].

Stichwörter und Personen

Abbildungsverzeichnis

Tabellenverzeichnis